범죄 청소부 마담 B

범죄 청소부 마담 B

상드린 데통브 지음

김희진 옮김

다산
책방

차례

일러두기

· 원주라고 밝히지 않은 주석은 모두 옮긴이주다.

그대에게… 당연히… 언제나 언제까지나!

I

마지막으로 전체 점검만 마치면 블랑슈 바르자크는 그 아파트의 문을 다시 닫을 수 있었다. 이제 얼룩 하나만 남았고 서둘러 집에 돌아가고 싶었다. 어깨가 쑤시는 데다가 밤새 쭈그리고 있었더니 무릎이 불타는 것 같았다. 카펫을 갈고 자잘한 장식품들의 배치를 바꾸는 일이 남아 있었지만, 전반적으로는 꽤 만족스러웠다.

당장 운동을 다시 시작해야 했다. 온몸의 근육이 그렇게 부르짖었다. 아드리앙이 경고했었다. 특정 나이가 지나면 이 일은 무엇보다도 육체적으로 큰 부담이라고. 하지만 아드리앙은 76세였고 그의 말은 전부 얼마간은 현자의 충고 같았으니, 블랑슈는 그때그때 귀에 쏙 들어오는 말만 골라 듣는 게 습관이었다. 관절과 류머티즘을 걱정하기에는 아직 멀었다. 연말이면 그녀는 서른아홉이 된다. 부족한 것은 약간의 운동뿐, 그것 말고는 없었다.

몇 달 전부터 블랑슈는 쓰레기를 분리배출하기 시작했다. 재활용이 가능한 쓰레기봉투를 들고 다녔다. 사소하고 개인적인 노력이었다. 손이 좀 가지만, 각자 자기 할 일을 다해야 하는 거니까. 물론 언제나 분류하기 어려운 쓰레기, 인터넷을 찾아도 아무 정보가 없거나 그냥 버릴 수 없는 쓰레기는 있기 마련이었다. 보통 그런 것은 아드리앙에게 처리를 맡겼다. 그의 기술은 사십 년의 경험을 통해 대부분 확실히 검증된 것이었다. 그는 자신의 지식을 블랑슈에게 남김없이 전수하려고 몹시 노력했지만, 블랑슈는 그가 자기만의 비결을 약간 남겨두길 바랐다. 아직 전수해 줄 것이 남아 있는 한, 그가 자기 곁에 있을 거라고 확신했다.

블랑슈는 나가면서 문소리를 내지 않게 주의했다. 집주인은 그 층에 다른 사람이 아무도 살지 않는다고 장담했지만, 언제나 신중해서 나쁠 건 없었다. 특히 그렇게 늦은 시각에는. 블랑슈는 언제나 눈에 띄지 않는 옷차림을 하고, 어떤 상황에서든 고개를 숙이고 다녔다. 혹시라도 누군가 그녀를 본다면, 눈에 띄는 건 여러 색의 봉투가 실린 청소용 카트뿐이었다. 그 역시 그녀에겐 유리했다. 청소부를 굳이 관찰하는 사람은 아무도 없으니까. 키나 대략적인 인상은 기억할 수 있겠지만, 누구도 그녀의 얼굴을 정확히 묘사할 수는 없을 터였다.

주차장으로 이어지는 엘리베이터에서 블랑슈는 자신의 삶을, 자신의 직업을 돌이켜 보았다. 지금까지는 완전무결하게 일을 처리했지만 그게 앞으로 얼마나 갈까? 아드리앙은 더 이상 젊지 않았고,

그가 없이는 그녀도 일을 그만두어야 하리라. 지금까지 모은 돈으로 꽤 버티겠지만 뭘 하며 하루하루를 보낼까? 어머니라면 안심되는 말을 해 주었을 테지만 어머니는 이제 없었고, 얼마 전부터 어머니가 사무치게 그리웠다.

블랑슈는 여러 차례 이를 악물었다. 시간으로 보나 장소로 보나 지금은 미래를 두려워하거나 과거를 곱씹을 때가 아니었다. 현장 사진을 보내기 전에 할 일이 산처럼 쌓여 있었다.

아드리앙의 집으로 돌아가려면 적어도 한 시간은 걸렸고, 쓰레기 처리장도 들러야 했다. 다음으로 아파트에서 수거한 컴퓨터와 휴대폰의 데이터를 확인해야 했다. 관련 있어 보이는 화면을 캡처한 다음 두 기기를 철저하게 파괴해야 했다. 마지막 남은 증거들과 자신이 입었던 옷까지 불태우고 나면 비로소 가족끼리 오붓한 아침 식사를 즐길 수 있다.

청소부라는 일에는 상당한 철저함이 필요했고 블랑슈 바르자크는 일류에 속했다.

2

블랑슈가 얌전히 새 계약을 기다린 지도 일주일이었다. 그녀는 파리 14구에 있는 알Halle 거리의 원룸 아파트로 돌아와 있었다. 다른 곳이었다면 하루 종일 집 안을 빙빙 돌았겠지만, 이 작은 다락방에는 다섯 걸음 이상 직선으로 걸을 만한 공간이 없었다. 그녀는 이 강제 휴식을 기회 삼아 개인 서류를 정리했다.

공식적으로, 블랑슈는 자신이 개입했다는 흔적을 전혀 남기지 않으려 노력했다. 일단 임무가 완료되면 고객들은 그녀를 두려워할 일이 전혀 없었다. 그건 그녀의 평판이 달린 문제였다. 아드리앙은 고객이 자신의 안전을 걱정하는 상황을 대비해 적절한 답변을 일러 주었다. 그러나 아드리앙은 동시에 그 일에 따르는 위태로움을 경고하고 몇 가지 대비책을 준비해야 한다고 조언하기도 했었다. 전업으로 일하기 시작한 초기에 저축 예금을 들어 두라고 한 것 외에도, 이 노인은 그녀에게 예기치 못한 상황에 대비하는 법을 알려 주었다. 그것은 협박이 아니라 생명 보험에 가까웠다. 블랑슈의 고객 중 누군가가 체포될 경우 자기까지 끌고 들어가는 게 얼마나 현명치 못한 짓인지를 고객에게 일깨울 수 있어야 했다. 그런 이유에서 블랑슈는 임무마다 제법 명백한 기념품 하나를 소중히 보관했다. 범행의 무기, 사진, 편지… 꼭 집어 무엇이라고 정해 둔 건 아니었지만 대청소를 하고 나면 지금껏 언제나 쓸 만한 것을 수확할 수 있었다. 물건들은 아드리앙이 자기 집 헛간에 보관해 두었고, 다른 형태의 증거물들은 디지털화되어 블랑슈의 컴퓨터에 보관되었다.

데이터베이스 덕분에 그녀는 매일 서류들을 정리할 수 있었다. 블랑슈는 막 92번째 파일을 다 작성했고 100번째가 되면 어떤 기분일까 생각해 보았다. 어쩌면 기념으로 자신에게 여행을 선물할지도 모른다. 아르헨티나에 가 보고 싶었지만 언제나 미룰 핑계를 찾아내고야 말았다. 사실 블랑슈는 아드리앙과 멀리 떨어질 수 없었다. 그는 그녀의 기준점이고, 안전장치였다. 얼마 전부터 그는 좀 더 거리를 두고, 며칠 정도는 소식 없이 지내도록 그녀를 독려했다. 그 결과는 그리 신통찮았다고 할 수밖에 없었다. 블랑슈는 다시 손톱을 물어뜯기 시작했고 매번 약 먹는 것을 잊었다. 다른 무엇보다도 그 점에 마음이 약해진 나머지 아드리앙은 결국 그녀를 기다렸다. 그동안 블랑슈는 최선을 다해 일했다.

최근 임무를 파일로 정리하는 데에는 삼십 분밖에 걸리지 않았다. 손댈 것도 거의 없는 고전적인 청소 건이었다. 두 아이를 둔 유부남 사업가가, 가족이 쿠르슈벨에서 스키를 즐기는 동안 집에 남자 매춘부를 불렀다가 그만 손버릇이 좀 과격하게 나가고 말았다. 반사적으로 그는 즉시 자기 변호사에게 전화를 걸었고 변호사는 레퀴르넷 & 아소시에사社에 맡기기를 권했다.

처음에 블랑슈는 아드리앙의 고객 명부에 의지해서 일했다. 이후에는 자기 힘으로 고객 목록을 제법 늘렸다. 그녀는 몇 주씩 법정 방청석에서 변호사들이 고객을 변호하는 것을 관찰했다. 논증이 편향적인 사람일수록, 이름이 목록 위쪽으로 떠올랐다. 이 첫 조사를 거친 후 블랑슈는 가장 덕망 없어 보이는 이들에게 영업을 시도했다. 물론 접근은 이 업계의 규칙에 따라 이루어졌고, 매우 교묘한 말로 치장되었다. 설령 대화가 녹음되더라도 양측 어느 쪽에도 불리해질 말은 한마디도 나오지 않았다. 협의가 이루어지면 마지막으로, 그럴 만한 일이 생겼을 때 변호사가 좋은 가택 청소 업체를 추천하는 일만 남았다. 일주일 내내 하루 어느 시간이든, 형식적인 고용 계약 없이 일을 처리할 수 있다는 뛰어난 장점을 지닌 업체였다. 그런 식으로 블랑슈 바르자크는 삼 년 만에 수익을 두 배로 불렸다.

따라서 무슈 R은 밤 열한 시에 레퀴르넷 & 아소시에의 전화번호를 눌렀고, 침실의 저렴한 깔개에는 젊은 남자의 시체가 누워 있었다. 처음에는 공황 상태였던 무슈 R은 블랑슈가 요금을 안내하자 금세 냉정을 되찾았다. 깔개는 스웨덴의 대형 체인점에서 구입한 제품이었는데, 거기에는 그럴 만한 이유가 있었다. 무슈 R은 남들이 자신을 부자로 알아주길 바랐지만 겉으로 드러나지 않는 부분에는 돈을 쓸 가치가 없다고 여겼다. 따라서 블랑슈는 그에게 훨씬 경제적인 해결책을 추천했다. 그녀는 시장 상황에 맞춰 다양한 제안을 선보일 줄 알았다. 무슈 R이 직접 시체를 처리한다면, 정가의 3분의 1만 받기로 했다. 그녀는 유죄의 빌미가 될 단어는 전부 피해 가며 전화로 최대한의 정보를 전해 듣고 가장 적절한 제품들과 소도구들을 선택했다.

현장에서 블랑슈는 피해자의 휴대전화와 의뢰인의 컴퓨터를 회수했다. 의뢰인은 온라인으로 먹잇감을 사냥한다고 시인한 바 있었다. 그는 동일한 닉네임으로 여러 SNS를 드나들었고 때로는 자기 장난질을 사진으로 남겨 보관했다. 블랑슈는 몇몇 자기 고객의 어리석음에 더 이상 놀라지 않았다. 사회적 지위가 높을수록, 그들은 자기 보호에 소홀했다. 허영심이 분별력을 몽땅 가로막는 것 같았다. 한편 아드리앙은 그 위험성이 그들을 흥분시킨다고 생각했다. 어쨌든, 어려운 점이라고는 의뢰인의 약점이 될 정보가 너무 많아 무엇을 챙길지 하는 고민뿐이었다.

이러한 종류의 임무라면 블랑슈는 일 년에 족히 열두 번은 맡았다. 말하자면 그녀의 장사 밑천인 셈이었다. 덕분에 여러 청구서 대금을 지불할 수 있었고 총액을 합산하면 꽤 괜찮은 돈벌이였다. 그런 작업이 딱히 마음에 들지는 않았다. 처음 몇 년간은 완벽해지기 위해 스스로를 갈고닦으려는 초심자의 열정을 지니고 그런 임무들을 수행했으나, 언젠가부터 더 이상 아드레날린이 솟지 않았다. 십오 년이나 같은 일을 하고도 일을 잘했다고 기뻐할 청소부가 어디 있을까? 십오 년간 92건을 하고도 말이다. 단순히 계산하면 일 년에 고작 여섯 건이었지만 그렇게 셈할 일은 아니었다. 그녀가 명성을 얻기까지는 오 년 가까이 걸렸다. 아드리앙이 고객들에게 자신은 일에서 손을 뗄 것이며 후임자는 스물네 살의 젊은 여성이라고 알렸을 때, 반응은 좋게 말해 봐야 미적지근한 정도였다.

블랑슈는 자신의 능력을 증명해야 했다. 보수가 적은 임무들을 수락하고, 원칙적으로 자기 소관이 아닌 작업들까지 수행했다. 그녀의 일 처리에 누구도 트집을 잡을 수 없기까지 긴 시간이 걸렸다. 오늘날, 그녀는 시장의 기준이었고 무슈 R의 계약을 거절할 수도 있었다. 그처럼 적은 보수에도 움직이겠다고 수락한 것은 완벽한 마무리를 위해서일 뿐이었다. 그녀의 회사는 잘 알려져 있었으나, 황금빛 은퇴를 보장해 줄 건수들은 분명 대놓고 공표할 수 없었다.

그리하여 블랑슈는 아무런 감정 없이 무슈 R의 기록 정리를 마쳤다. 컴퓨터를 끄려던 순간 화면 위쪽에 메시지 알림이 떴다. 블랑슈의 무감각함은 즉시 날아갔다.

3

'사냥개'의 메일을 받으면 그녀의 반응은 언제나 같았다. 전기가 통하는 느낌, 뒤이어 심장의 두근거림. 블랑슈는 그의 메시지들을 기다린다기보다는 고대했는데, 사냥개의 연락은 그 자체가 보너스였기 때문이었다. 사냥개는 그녀를 신뢰한 첫 번째 거물급 고객이었다. 아드리앙은 족히 이십여 년 동안 그의 일을 맡았고 블랑슈는 이따금 그가 어떻게 생겼을지 궁금했다. 그렇지만 아드리앙이 이야기해 주길 바라는 것은 아니었다. 상상해 보는 편이 더 좋았다. 아드리앙을 제외하면 누구도 그를 본 적 없고 그의 사생활에 대해서는 아무도 전혀 아는 바가 없었다. 반면, 그가 그 분야의 최고라는 점에는 모두가 동의했다. 사냥개에게 도움을 청하면 몸과 마음의 평온이 보장됐다. 다시 말해, 이 남자는 매번 완전 범죄를 실행한다는 의미였다. 블랑슈는 그의 명성이 부러웠다. 그는 업계의 기준이었다. 매번 그들이 협력하고 나면―사냥개는 그녀에게 요청하는 것을 '협력'이라 표현했기 때문인데―블랑슈는 일주일 내내 신문을 사서 정보를 찾았다. 살인이나 사고, 심지어 걱정스러운 실종관련 기사를 한 줄이라도 발견한 적은 한 번도 없었다. 사냥개는 희생자들 외에 아무런 흔적도 남기지 않았다. 블랑슈가 온전한 정신이 아니었다면, 자신이 손을 댔었는지조차 의심했을 것이다. 이런 경우 작업은 단순한 봄맞이 대청소 따위가 아니었다. 사냥개에겐 다른 요구사항들이 있었고 항상 군말 없이 그에 대한 대금을 지불했다.

시체를 사라지게 하는 것은 핏자국을 사라지게 하는 것보다 훨씬 어려웠다. 대상의 체격, 위치한 장소, 혹은 주어진 일정 등은 블랑슈가 임무를 실행하기에 앞서 파악해 두어야 할 변수들이었다. 아무 욕조에서나 시체를 수산화나트륨 수용액으로 녹일 수 없었고, 적절한 수레 없이는 120킬로그램짜리 남자를 옮길 수 없었다. 블랑슈의 지식은 모조리 양아버지인 아드리앙에게 얻은 것이었다. 그는 시체 공시소에서 막 나온 시체들을 두고 몇 달간 그녀를 교육했다. 어디서 조달하는 거냐고 묻자, 그는 빚이라는 단어를 입에 올렸으나 그 이상 자세히 설명하지 않았다. 그때 블랑슈는 그녀가 보관하는 증거들이 생명 보험 외에 다른 목적일 수 있음을 깨달았다.

사냥개는 단연 그녀가 함께 일하기 좋아하는 전문 킬러였다. 그에게 대충이란 절대 있을 수 없었다. 모든 것이 딱 치밀하게 계산됐다. 그는 며칠 전에 정확한 날짜, 시간, 장소를 공지했다. 사냥개가 시체가 주방 타일 바닥에 누워 있을 거라 확언하면, 의심할 이유는 전혀 없었다. 그렇기에 블랑슈는 옛 친구의 메시지를 발견할 때 느낄 법한 즐거운 마음으로 메일을 열었다.

임무 예정 시간은 월요일 저녁이었다. 주말 동안 준비할 시간이 있었다. 예비 희생자는 예순두 살의 남자이며, 키 180센티미터에 몸무게 96킬로그램이었다. 사냥개는 그 인물이 휠체어에 의지해 움직이며 그 휠체어도 함께 처리해야 한다고 명확히 일러두었다. 물론 메시지가 그렇게 뚜렷하게 작성된 것은 아니었지만 블랑슈는 단골 고객들의 지시를 해독하는 법에 익숙했다. 저마다 암호가 있었다. 사냥개의 암호는 너무나 익숙해져서 이젠 굳이 옮겨 적을 필요도 없었다. 시한부 선고를 받은 이 남자가 무슨 짓을 했고 누가 그의 죽음을 바라는지, 블랑슈는 결코 알 수 없을 것이었고 그 점은 아주 편했다. 활동을 시작했을 때 그녀가 세운 규칙은 단 하나였다. 어린아이의 시체 처리는 절대 맡지 않겠다는 것. 다른 피해자 역시 죽어 마땅하다고 단언할 만한 이유는 전혀 없었으나, 양심의 가책이 드는 밤이면 블랑슈는 적어도 그럴싸한 사연을 지어낼 수 있었다.

작업 희망 시간은 새벽 한 시였고 현장은 파리에서 세 시간 거리였다. 남자는 뒤통수에 한 발을 맞고 죽기로 되어 있었으며 혈흔은 약하거나 거의 없을 것이라고 사냥개는 예상했다. 현관에는 여행 가방 하나가 놓여 있을 것이다. 블랑슈의 임무는 그것을 수거하고 내용물을 전부 파괴하는 것이었다. 사냥개는 주의 깊게도 그 목록을 작성해 두었고 블랑슈는 머릿속으로 폐기물을 분류했다. 보통 때라면 약국에 가져가 처리해야 할 약품 목록이 있었지만, 그건 어쩔 수 없다는 것을 잘 알았다. 그러기엔 위험이 너무 컸고 그녀의 환경 보호 의식에도 한계가 있었다. 시체, 가방, 휠체어가 있으니 블랑슈는 어차피 영업용 차량을 가져가야 했고, 그러니 그녀의 탄소 배출량 결산서에서 가장 막중한 무게를 차지할 것은 알약 세 개가 아니었다.

늘 그렇듯, 사냥개는 진심 어린 안부 인사로 메일을 끝맺고 추가적인 정보가 필요하면 언제든 편히 물어보라고 덧붙였다. 다시 말해, 그는 선수금 지급을 위해 그녀가 확인하기를 기다리는 중이었는데, 잔금은 일반적으로 청소 서비스 일주일 이후에 지불되었다. 블랑슈는 오래 고민할 필요가 없었다. 이러한 종류의 임무야말로 그녀가 몇 주 동안 기다려 오던 것이었다.

모르세르프◆에 도착하면서, 블랑슈는 이곳에 정착하기로 한 아드리앙의 선택을 이해하려고 다시 한번 애써 보았다. 노인은 이 지방과 아무런 인연도 없었고 언제나 자신은 도시를 사랑한다고 주장했었다. 집은 시골 한복판에 덩그러니 있었고 가장 가까운 이웃은 1킬로미터도 넘게 떨어져 있었다. 그녀가 그 얘기를 꺼낼 때마다 그는 그거야말로 성공적인 은퇴 생활의 비결이라고 받아쳤다. 그날 밤에도 둘은 그런 입씨름을 벌일 터였고 블랑슈는 그 생각만으로도 미소가 떠올랐다.

아드리앙은 문 앞에서 그녀를 기다리고 있었다. 아직 완전히 날

◆ 파리에서 동쪽으로 약 50킬로미터 떨어진 곳에 있는 소도시.

이 저물지 않았는데도 그는 외부 테라스에 조명을 밝혀 두었다. 블랑슈가 땅거미 지는 그 시간을 두려워한다는 것을 그는 알고 있었다. 결코 떨쳐 버리지 못한 어린아이의 두려움이었다. 그녀를 속속들이 알고 있었기에 그는 그녀가 발에 땅을 딛는 순간부터 뭔가 할 말이 있다는 것을 알아챘다.

블랑슈는 그가 기뻐할 거라고, 자신의 꾸준함을 칭찬할 거라고 기대했으나, 노인은 그녀가 거실 소파에 주저앉은 이후로 아무 말도 하지 않았다. 오히려 그의 얼굴은 굳어 있었다.

"기뻐할 줄 알았는데요! 사냥개가 주는 임무는 영광으로 여겨야 한다고 늘 말했잖아요."

"그야 그렇지." 아드리앙이 벽난로에 불을 지피며 말했다.

"그럼 뭐가 문제인 거죠?"

"넌 일주일밖에 쉬지 못했잖니."

"쉰다고요?" 블랑슈는 기가 차서 되풀이했다. "언제부터 제가 두 건 사이에 쉬어야 했죠?"

"요즘 우울한 생각이 든다고 분명 그랬잖아?"

블랑슈는 양아버지가 이야기를 어느 쪽으로 끌어가려는지 즉시 눈치챘지만, 고집을 피웠다.

"난 멀쩡해요! 정말이에요."

"요즘 들어 내가 보기엔 그렇지 않은데."

블랑슈는 대놓고 한숨을 쉰 다음 철통같은 방어의 말을 늘어놓았다.

"제가 이맘때면 늘 좀 기운 없어 하는 거 아시잖아요. 그런 거예요. 어쩔 수 없어요. 그 생각을 하지 않으려고 애써 봤지만, 저로서는 어쩔 수가 없는걸요. 흥미로운 일이 들어와서 오히려 너무 잘된 거죠!"

"확인하기까지는 이틀 남았어."

"난 이미 일을 수락했어요!" 블랑슈가 쏘아붙였다. "이제 와서 취소한다는 건 있을 수 없어요."

"우리 상황이 어떤지 넌 줄곧 알고 있었잖니." 그가 강경하게 대꾸했다.

4

"손날, 주먹, 손바닥."[♦] 블랑슈가 하늘을 쳐다보며 손을 흔드는 동안 아드리앙이 다섯 번째로 되풀이했다.

"한 번 더, 집중해라! 손날, 주먹, 손바닥."

"우리 한 바퀴 돌지 않았어요? 근육통이 생길 지경이라고요!"

"네가 이 운동을 진지하게 받아들일 때 멈출 거다!"

"두 시간이나 됐어요, 아드리앙! 좀 쉬면 안 될까요?"

노인은 더 이상 억지로 계속해 봐야 소용없다는 걸 알 만큼 그녀를 잘 알았다.

"그럼 날 도와서 식탁을 좀 차려 주렴." 그는 양보 삼아 말했다. "닭고기가 다 됐을 게다."

♦ 신경인지기능을 테스트하는 간단한 검사 동작.

블랑슈는 미소를 억누르기 힘들었다. 이 작은 장난은 여러 해 전부터 계속되었고, 매일같이 조금 더 부담스러워지고는 있지만, 그녀가 시련을 마주했을 때 혼자가 아닐 거라는 증거였다. 그날은 올 것이고, 그녀는 그 사실을 알았으니까.

"이야기 좀 할래?" 아드리앙이 그녀의 생각을 훤히 들여다보고 물었다.

"무슨 얘기요?" 그녀는 무뚝뚝하게 대꾸했다. "내 상태에 대해서요? 엄마에 대해서요? 날씨에 대해서요?"

"모두 조금씩 연관이 있지." 그가 침착하게 말했다. "날씨는 빼고 말이다. 매년 때마다 힘든 기념일도 있잖니. 이십 년은 결코 짧은 세월이 아냐."

"긍정적인 면을 보자고요! 절 돌봐 주신 지 이십 년이고 여전히 여기 계시잖아요. 결국 아드리앙은 엄마보다 더 오래 버티실걸요!"

"잠깐이라도 그 냉소주의 좀 거둬 주지 않겠니? 네 엄만 널 버린 게 아냐, 블랑슈. 너 때문에 그런 선택을 한 게 아니야."

"날 조금이라도 더 사랑했다면, 엄마는 자살하지 않았을 거예요!" 그녀는 격분해서 대꾸했다.

"그렇게 단순한 문제가 아니란 걸 잘 알면서! 내 생각엔 네 엄마가 그랬던 건 바로 널 무엇보다도 사랑했기 때문이었어. 네게 피해를 주고 싶지 않았던 거야."

"한참 더 사실 수도 있었어요!"

"그건 모를 일이다. 게다가 그게 정말로 네가 바라는 일일까? 네 엄마가 차츰차츰 광기에 빠져드는 걸 보는 게."

"엄마가 그렇게 되기까지는 세월이 한참 걸릴 수 있다고 온갖 연구가 증명하고 있어요."

"그 연구들은 당시에 없었어. 의사들조차 그들의 진단을 의심했지. 네 엄마는 하루하루 어쩔 줄 모르게 되어 갔어. 네게 짐이 되고 싶지 않았던 거다."

"내가 엄마를 돌봐 드릴 수도 있었어요."

"넌 열아홉 살이었어!"

"그럼 아드리앙은요? 엄마를 보살필 수 있었을 거예요."

"그 사람이 원하는 바가 아니었어." 아드리앙이 냉정하게 대답했다.

블랑슈가 선을 넘은 것이었다. 그녀는 민감한 부분을 건드렸고 그 사실을 완벽히 알았다. 어머니와 그 사이의 이야기는 그녀 소관이 아니었다. 그것은 그들의 일이었고 그녀가 그 점에 대해 지적할 권리는 없었다. 하지만 적어도 그의 기분이 어떤지 걱정할 수는 있을 것이다. 왜냐하면 결국, 그들은 이 저주받은 날을 둘이서 나눠 감당해야 했으니까.

블랑슈는 그의 손을 부드럽게 쥐었다. 그들 사이의 암호였다. 말만큼이나 강한 단순한 동작. 아드리앙은 고개를 끄덕였다. 그걸로 마무리되었다.

점심 식사는 훨씬 누그러진 분위기 속에서 진행되었다. 아드리앙은 토지를 정비할 계획이었고 블랑슈는 그가 은퇴 생활을 그런 식으로 즐기는 걸 보는 게 재미있었다. 노인은 채소밭을 개간하고 싶어 했는데, 블랑슈가 그의 집에서 본 초록 식물이라곤 조화가 유일했다. 그는 또 어떤 예술 활동을 할지 아직 정하지도 않았으면서 다락방을 예술가의 작업실로 개조할 생각이었다.

커피 마실 시간이 되어서야 그들은 사냥개의 다음 임무에 착수했다. 아드리앙이 식탁 위에 도로 지도를 펼쳐 두었다. 그는 4색 빅Bic 볼펜을 쥐고 붉은색, 녹색, 검은색으로 바꾸면서 구역을 표시했다. 블랑슈에게 범례는 전혀 필요 없었다. 붉은색은 피해야 할 구역이며, 다른 색들은 우선순위에 따른 안전 지역이라는 것을 알았다. 뜻밖의 난관이 일어날 수 있으니 필요한 경우가 생기면 피난 지점에 의지할 수 있어야 했다. 그녀는 최신식 컴퓨터를 제안하며 양아버지의 기술을 현대적으로 바꾸려 무진 애썼지만, 아드리앙은 고집을 꺾지 않았다. "전체적인 조망을 하기에 더 낫다"라는 게 그의 설명이었다. 블랑슈는 그의 지도들이 현재와 꼭 들어맞으리라는 법은 없다고 대꾸할 수도 있었지만 그러지 않았다. 매 임무 전날, 그녀는 참을성 있게 그가 잠들기를 기다렸다가 지도에 표시된 정보가 정확한지 확인했다.

사용할 용품들과 현장을 떠나기 전에 점검해야 할 방들에 대해 그들은 신속하게 의견 일치를 보았다. 사냥개는 그들의 고객 중 단연 최고의 선견지명을 지녔지만 한 번 더 훑어보는 건 언제나 바람직했다.

휠체어는 무시하지 못할 이점이었다. 블랑슈는 신속하게 시체를 빼낼 수 있을 터였다. 그렇지만 모든 돌발 상황에 대비해야 했다. 만일 희생자가 휠체어에 있지 않고 바닥에 쓰러져 있을 경우, 블랑슈는 장비가 필요했다. 그녀의 체구로 96킬로그램의 시체를 들어 올리는 건 무모한 짓이었다. 관절들이 쑤시기 시작했을 때 아드리앙은 거금을 들여 환자용 리프트를 구입했다. 그는 블랑슈에게 사용법을 알려주었고, 덕분에 아담한 체구 때문에 곤란했던 적은 한 번도 없었다. 따라서 리프트도 양동이, 쓰레기봉투, 청소용품들과 함께 영업용 차에 실을 예정이었다. 이제 시체를 어떻게 처리하느냐를 결정하는 일만 남았다.

"마음에 드는 방법 있니?" 아드리앙이 커피를 더 따라 주며 물었다.

"거기서 50킬로미터 떨어진 곳에 호수가 있어요."

"너무 위험해. 거긴 지금도 찾는 이들이 너무 많아."

"무거운 걸 달아서 한복판에 가라앉힐 생각이에요. 10도인데 그렇게 멀리까지 수영할 사람들이 있진 않을 거예요."

"낚시꾼들이 있잖니. 게다가 초봄이 되어도 시체는 사라지지 않을 거다!"

"다른 방법을 쓰죠. 시체가 몇 주 동안 분해되게 놔두었다가 뼈만 처리하면 될 거예요."

"그래도 네가 회수하기 전에 누군가 발견할 수도 있어. 여전히 위험한 데다가 사냥개가 좋아할지 모르겠구나."

"생각해 둔 방법이 있어요?"

"라파르주♦를 쓰는 거지. 고전적이지만 깔끔해."

라파르주란 건설 중인 공사장을 찾아 희생자를 콘크리트로 파묻

♦ 시멘트와 콘크리트를 주력으로 하는 프랑스의 건축 자재 회사.

는 것이었다. 공사장이 크면 클수록 작업도 쉬웠다. 작업 진척 상태를 알아 두었다가 계획표에 지반 공사가 공지되기를 기다리기만 하면 되었다. 그러면 블랑슈는 운명의 날짜까지 시체를 보관했다. 인부들이 출근하기 몇 시간 전, 구덩이에 희생자를 던지고, 그 공사장에서 사용하는 특정 재료로 덮으면 끝이었다. 메울 공간이 1세제곱미터 줄었다고 불평하는 이는 지금껏 아무도 없었다.

블랑슈는 이 방식을 딱히 좋아하지는 않았다. 이렇게 하려면 시체에 손댈 일이 많았는데, 시체를 차량에 며칠씩 보관할 수는 없었기 때문이었다. 이동하는 시간 동안은 문제가 아니었다. 블랑슈는 차 뒤쪽에 철판으로 된 일종의 궤짝을 설치해 두었고 궤짝은 96킬로그램의 남자를 감출 만큼 크고 깊었다. 뚜껑을 덮으면, 그녀는 원래부터 거기에 있던 것처럼 완벽하게 도구들을 죄다 그 위에 배치했다. 그래도 한 가지 걱정거리는 남았다. 시체가 부패하는 냄새는 감추기 어려웠다. 최선의 방책은 처리할 수 있을 때까지 아드리앙의 집 창고에 있는 냉동고에 보관하는 것이었다.

"가까운 곳에 공사장 아는 데 있어요?" 결국 그녀는 물었다.

아드리앙은 눈썹을 찌푸렸다. 블랑슈는 그가 말을 조심스레 고른다는 느낌이 들었다. 그녀는 그의 침묵을 지켜보다 못해 말했다.

"아는 데 있어요, 없어요?"

"그래, 한 군데 안다."

5

아드리앙은 블랑슈가 어머니와 함께 어린 시절을 보낸 건물이 얼마 전 철거되고 대신 종합 스포츠 시설이 들어선다는 사실을 알고 있었다. 공사는 이미 시작되었다. 그 말을 꺼내기 전 그는 오랫동안 주저했다. 최근 들어 블랑슈는 불안정했기에 그 공사장에서 시체를 처리하는 일이 블랑슈에게 동요를 일으킬까 두려웠다. 그리하여 그는 그 작업은 자기가 하겠다고 제안했다. 일에서 손을 뗀 지 오래지만, 시체 하나 처리하는 것쯤은 아직 거뜬했다. 블랑슈는 딱 잘라 거절했다. 잘 해낼 수 있다고, 그녀는 장담했다.

사냥개가 지목한 희생자의 집에 잠입하기 위해 영업용 차 안에서 홀로 새벽 한 시가 되기를 얌전히 기다리고 있자니, 그녀는 자기 역량을 과대평가한 게 아닌가 하는 의문이 들었다. 어린 시절을 지켜 주었던 벽들이 불도저에 밀렸다는 것을 알게 되자 어퍼컷을 맞은 듯했다. 블랑슈에게 어머니와 관련된 것은 거의 아무것도 남아 있지 않았다. 당시에는 너무나 화가 나서 차분히 생각할 수 없었다. 카트린 바르자크는 1999년 12월 31일에 자기 머리에 총을 쏘았고, 블랑슈 홀로 남아 새천년을 맞이하게 했다. 소식을 전해 준 것은 아드리앙이었다. 블랑슈는 제야를 기념하려고 파리를 벗어나 친구들을 만나고 있었다. 돌아오는 길에 목구멍이 너무나 꽉 조여 흐느끼는 소리도, 한마디 말도 나오지 않았다. 그녀는 단 한순간이라도 행복했던 시간이 있었음을 일깨우는 것은 손에 닿는 대로 모조리 버렸다. 블랑슈는 거칠게 눈물을 닦고 몇 차례 숨을 내쉬었다. 새벽 한 시였다.

약속대로 문은 잠기지 않았고 현관에 여행 가방이 놓여 있었다. 블랑슈는 곧장 거실로 향했다. 62세 남자는 휠체어에 있었다. 고개를 앞으로 숙인 채 벽난로를 마주하고 있었다. 모르는 사람이 보면 이 작은 시골 별장의 주인이 불길의 따스함에 못 이겨 평화로이 잠든 것처럼 보일 정도였다. 뒤통수에 난 구멍만이 사냥개가 자신의 계획을 한 치도 틀림없이 실행했다는 증거였다.

블랑슈가 범죄 현장을 속속들이 청소하는 데에는 한 시간밖에 걸리지 않았다. 모든 방을 신속하게 검사했으나 예상대로 사냥개는 아무런 흔적도 남기지 않았다. 침실 머리맡 탁자에 잘 보이게 놓인 사진 액자에서 그녀는 조금 시간을 끌었다. 지금은 차갑게 식은 남자는 여섯 살에서 열두 살까지 다양한 나이의 아이들 무리에 둘러싸여 있었다. 가장 어린아이는 그의 무릎에, 휠체어 위에 불편하게 자리 잡고 있었다. 그의 눈빛에는 슬픔이 묻어났다. 블랑슈는 구역질을 꾹 참았다. 그녀에겐 그 사진으로부터 무엇이건 추측해 낼 재간도, 권리도 없었으나, 그럼에도 이 남자의 실종이 여러 사람에게 축복이 될 거라고 내심 확신하고 있었다. 아드리앙이 곁에 있었다면, 자기 감정을 스스로 통제하는 법을 배워야 한다고 말했을 것이다. 그녀가 도덕관념에서 벗어날 때도 되었다고 말했을 것이다. 블랑슈는 그것이 이 직업에서는 약점이라는 것을 알았으나 진심으로 벗어 버리고 싶은지 확실하지 않았다. 아무런 의견 없이 로봇처럼 행동하는 업계 경쟁자들처럼 되고 싶지는 않았다. 그래서 블랑슈는 자신이 콘크리트 속에 빠뜨린 피해자들이 그렇게 되어 마땅했다고 믿는 편이 좋았다. 이 남자가 반대로 불우한 아이들을 돌보는 자선가였다거나, 그 귀여운 아이들이 모두 실제로 그의 손주들일지 모른다고 상상하는 건 도움이 되지 않았다.

오전 여섯 시, 블랑슈는 모르세르프로 돌아와 커피를 준비했다. 머지않아 아드리앙이 일어나 그녀가 잠자리에 들기 전에 그녀의 소식을 듣고 싶어 할 것이었다. 하루 중 그 순간이야말로 그녀가 가장 좋아하는 때였다. 블랑슈는 많은 가족들처럼 마음이 통하는 느낌을 받았다. 물론 완벽하게 이상적인 광경이 되려면 아드리앙이 질문하기 전에 어느 정도 시간을 두어야 했다. 핏자국이 전부 제대로 사라졌는지 여부는 정말이지 아침 식사에 어울리는 대화 주제가 아니었다.

블랑슈는 여행 가방 속 내용물을 꺼내며 기다렸다. 으레 나올 법하게, 옷 몇 벌, 세안용품이 든 작은 가방, 책갈피가 끼워진 책 한 권이 있었다. 요컨대, 남자가 어디까지나 자발적으로 떠났음을 가리킬 물건들이었다. 사냥개는 확실히 사건의 추이를 내다보았다. 남자가 돌아오지 않으면, 가까운 이들이 알아챌 것이다. 어쩌면 경찰서까지 갈지 모른다. 사냥개의 탁월한 솜씨는 바로 거기에 있었다. 어떻게 손을 쓰는지는 몰랐지만 블랑슈는 어떤 조사도 이뤄지지 않으리라는 것을 마음 깊이 확신했다. 대단히 능숙한 책략임이 틀림없을 터인데, 휠체어에 의지해 움직이는 사람이 누구에게도 알리지 않고 어느 날 갑자기 사라지는 건 흔한 일이 아니기 때문이었다. 하지만 사냥개는 해낼 것이다. 그녀는 알았다.

가방 검사를 거의 다 마쳤을 때 어떤 물건 하나가 블랑슈의 눈길을 붙잡았다. 하얀 실크 스카프로, 핏자국이 묻어 있었다. 그녀는 최면에 걸린 듯이 오랫동안 그 스카프를 손가락으로 쓸었다.

"있을 수 없는 일이야." 마침내 그녀는 나지막이 중얼거렸다.

"뭐가 있을 수 없는 일이냐?"

블랑슈는 소스라치게 놀랐다. 아드리앙이 헝클어진 머리를 하고 그녀의 뒤에 서 있었다. 계단이 삐거덕거리는데도 그녀는 그가 내려오는 소리를 듣지 못했다. 그녀는 곧장 대답하지 않고 눈길을 피하며 엎지른 커피를 치우는 데 열중했다.

"표정이 왜 그러니!" 아드리앙이 자리에 앉으며 말했다. "유령이라도 본 사람 같구나. 난 아직 안 죽었어, 알고 있지?"

"참 재밌군요!"

"내 목욕 가운 때문에 그런 거냐? 지난주에 시장에서 샀는데."

"목욕 가운은 아주 근사해요!" 블랑슈는 괜스레 식탁을 문질러 닦으며 초조하게 대꾸했다.

아드리앙은 차분히 커피 한 잔을 따르고, 몇 모금 마시더니 계속해서 미친 듯이 움직이는 블랑슈의 손목을 마침내 꽉 잡았다.

"무슨 일인지 내게 말해 줄 거냐, 아니면 청소하는 김에 빗자루까지 갖다줄까?"

이 말과 행동은 제대로 먹혀들었다. 블랑슈는 속눈썹에 눈물이 맺힌 채 그를 마주 보고 앉았다. 아무 말 없이, 주머니에 숨겼던 스카프를 꺼내 식탁 위에 조심스레 내려놓았다. 아드리앙은 떨리는 손을 뻗었으나 차마 만지지는 못했다.

"이걸 어디서 찾았니?" 그가 숨이 막히는 듯한 목소리로 물었다.

"가방에서요. 희생자 거예요."

"그럴 리 없다!" 그가 이번에는 화를 내며 말했다. "창고를 뒤졌지, 그런 거지?"

"맹세하는데 아니에요, 아드리앙. 거기 있었어요. 가방 안에요."

"거짓말하지 말아라! 거짓말이라면 질색하는 걸 알잖니."

"절 믿어 주셔야 해요." 블랑슈는 흐느끼며 소리쳤다. "어떻게 된 일인지는 몰라도 맹세컨대 사실이라고요! 난 미치지 않았어요. 절 믿어 주셔야 해요!"

아드리앙은 말없이 일어섰다. 블랑슈는 그에게 어디로 가는지 물을 필요도 없었다. 붙들지도 않았다. 그는 확인해 보아야 했다. 그녀를 위해서, 그리고 자신을 위해서도.

6

블랑슈가 양손으로 쥐고 있던 스카프는 분명 어머니의 것, 어머니가 목숨을 끊겠다고 결심한 날 착용하고 있던 것이었다. 아드리앙은 무거운 눈빛을 한 채 빈손으로 창고에서 돌아왔다. 그는 아무 말 없이 그녀 맞은편에 앉았으나, 블랑슈는 어머니가 너무도 소중히 여겼던 그 스카프를 뚫어져라 바라보느라 넋이 나가 있었다. 그 피는 어머니의 것이었다. 어머니의 혈관에서 흘러나왔다. 블랑슈는 그 생각을 곱씹으며 손가락으로 천을 어루만졌다. 핏자국 하나하나가 실크의 부드러움과 대조적으로 감각을 날카롭게 파고들었다. 스카프에 얼굴을 파묻어 보았지만, 어머니의 향기는 사라진 지 오래였다. 매캐한 냄새가 그 자리를 대신했다. 먼지와 습기가 섞인 냄새였다.

블랑슈는 마침내 넋 나간 상태에서 빠져나와 양아버지의 시선을 마주했다. 그의 생각을 읽을 수 있었다. 그녀는 어깨를 곧게 펴고, 그가 머릿속 생각을 소리 내어 말하기를 기다렸다. 아드리앙은 아무런 감정도 드러내지 않았다. 블랑슈가 먼저 꺾이고 말았다.

"날 믿어 주세요, 아드리앙! 스카프는 내가 사냥개의 희생자 집에서 수거한 가방 안에 있었어요."

이 첫 마디는 분명 그가 예상했던 말은 아니었다. 그는 양손으로 얼굴을 문지르더니 식탁 위에 나란히 펼쳤다. 기운이 하나도 없어 보였다.

"좋아, 네 말이 진실이라고 치면⋯."

"진실이에요!" 그녀가 격하게 말을 끊었다.

"끝까지 말하게 해 주겠니? 그러니까, 그 스카프가 가방 안에 있었다고 치자. 네 말대로라면, 누가 그걸 거기 넣었겠니? 희생자? 사냥개가?"

"그 가방을 싼 게 희생자가 아니라는 건 저만큼 잘 아시잖아요. 사냥개가 직접 짐을 꾸린 거예요."

"좋아! 그러면, 사냥개가 가방을 꾸리고, 안에 스카프를 넣고, 너에게 처분해 달라고 요청했다는 거냐?"

"그렇게 내려다보는 말투 제가 질색하는 거 아시죠!"

아드리앙은 미안하다는 뜻으로 손바닥을 들어 보이고는 그녀에게 대답하라고 손짓했다.

"이상해 보인다는 건 알지만 제 생각은 그래요, 정말로요."

"그렇다고 하자꾸나." 그가 달래듯 말했다. "자, 그러면, 그가 어떻게 그리고 어째서 그런 짓을 했는지 말해 주겠니? 아니, 그보다! 그 스카프가 네 엄마 거였다는 걸 그가 어떻게 알아냈는지 말해 보란 말이다!"

"나라고 전부 답할 수 있는 게 아니에요, 스스로 생각해 보세요!"

하지만 아드리앙은 인내심이 바닥났다. 그는 손바닥을 내려치고 격분하여 말했다.

"그 스카프를 챙긴 건 나다! 네 엄마의 목에서 그걸 푼 건 나야! 나뿐이라고! 그 추억은 내 것이란 말이다!"

블랑슈는 본능적으로 움츠러들어 의자에 등을 딱 붙였다. 아드리앙이 이러는 것은 단 한 번도 본 적 없었다. 물론 이따금 발끈하는 일은 있었지만 이 정도로 화낸 적은 없었고 무엇보다도 그녀를 상대로 그런 적은 더더욱 없었다. 블랑슈는 그를 가라앉힐 말을 찾으려 했지만 아드리앙은 말을 끝낸 게 아니었다.

"그 스카프는 이십 년 동안 같은 상자에 들어 있었어. 똑같이 생긴 다른 상자들 틈에 있는 아주 작은 상자 속에."

"알아요. 제가 이 일을 시작했을 때 보여 주셨죠. 그 방에서 유일하게 약간의 그리움 말고는 아무것도 불러일으키지 않는 기념품이라고 하셨잖아요."

"바로 그거다! 그런데 사냥개가 어떻게 바로 그 상자를 훔쳐야 할지 알았겠니? 내 주소를 알아내서 내가 눈치채지 못하게 창고에 침입할 수 있었다는 점은 접어두고 말이다."

"어디 사는지 알아내는 것쯤이야 그런 사람에게 어려울 리 없겠죠." 그녀는 천연덕스레 대꾸했다. "게다가 늘 집에 계시는 건 아니잖아요. 경보 장치도 설치하지 않았죠, 제가 알기로는요!"

"좋아, 네가 모든 답을 알고 있으니, 그가 이 상자의 존재를 어떻게 알았는지도 설명해 주겠니?"

블랑슈는 생각을 정리하느라 손톱을 물어뜯었다. 머릿속에 분명 떠오르는 건 있었지만 제대로 이해받기 위해서는 명확하게 설명해야 했다.

"엄마의 상자는 똑같이 생긴 상자들 사이에 있었다고 하셨죠."

"그래서?"

"그런데 꼭 그렇지는 않아요." 그녀가 조심스레 말했다.

아드리앙은 그녀가 무슨 이야기를 하려는지 몰랐지만 설명을 계속하길 기다렸다.

"우리 상자들은 전부 이름표가 붙어 있어요. 우리끼리만 아는 암호로 되어 있지만, 어쨌든 그런 특징이 있죠."

"하지만 네 엄마의 상자는 아니지." 그가 덤덤한 목소리로 거들었다. "그것만 내가 목록으로 정리해 놓지 않으니까."

아드리앙은 드디어 그녀를 믿을 준비가 된 것 같았다. 그때까지 살얼음판을 걷고 있던 블랑슈는 기운이 나서 말을 이었다.

"사냥개가 우리가 위험한 증거품들을 보관한다는 사실을 알아냈다고 쳐 봐요. 그는 자신을 위태롭게 할 증거들을 회수하겠다고 결심해요. 몰래 들어올 기회를 노리다가 창고를 뒤지기 시작하는데, 상자를 전부 열어 볼 시간은 없으리란 걸 깨닫죠. 주변을 둘러보고 주변 상자와 다른 한 상자로 향해요. 당연히 그는 그 상자에 특별한 의미가 있다고 생각했겠지만, 그 스카프가 우리에게 어떤 의미인지는 알 수 없죠. 그는 우리에게 메시지를 전하겠다고 결심한 거예요."

"좀 억지스러운 시나리오라는 걸 너도 인정하겠지."

아드리앙은 납득하지 않았을 뿐 아니라 블랑슈가 너무나 잘 아는 시선으로 그녀를 바라보았다.

"제발 그러지 마세요!"

"뭘 말이냐?"

"잘 아시잖아요! 그 시선… 무슨 의미인지 제가 모를 줄 아세요?"

"무슨 말을 하는지 모르겠구나!"

"내가 엄마처럼 되었다고 생각하는 거죠, 그렇죠?"

"진정하렴, 블랑슈."

하지만 블랑슈는 진정할 수가 없었다. 오히려 그 반대였다. 이 주제는 얼마 전부터 그들 사이를 맴돌았고 이제는 고름을 짜낼 때였다.

"스카프를 가져간 게 나라고, 내가 미쳐 가고 있다고 생각하시는 거죠! 어서 말해 봐요!"

아드리앙은 천천히 커피 머신 쪽으로 걸어가 등을 돌린 채 뜸을 들이다가 대답했다.

"난 네가 미쳤다고 생각하지 않아, 블랑슈. 네 엄마도 그렇지 않았고. 네 엄만 아팠던 거야, 그뿐이야."

"그리고 이번엔 내 차례라고 생각하는 거잖아요."

"넌 아직 젊어." 그는 돌아서며 말했다. "하지만 우린 신중해야 한다. 아주 사소한 조짐이라도 날카롭게 살펴야 해."

"어떤 조짐 말이에요?" 그녀가 고함쳤다. "난 모든 테스트에 통과했어요!"

"잠을 잘 못 자잖니. 우울한 생각에 빠져 있고."

"이맘때면 늘 그래요! 다음 달이 되면 나아질 거예요."

"기분도 오락가락하고⋯."

"잊으셨을까 봐 말하는데, 전 여자라고요!"

"농담하는 게 아니다, 블랑슈."

반박할 말이 떨어졌기에, 그녀는 기운이 빠져 더 이상 아무 말 하지 않았다. 무거운 침묵이 내려앉았다. 아드리앙은 굳이 자기의 존재감을 강조하려는 듯 발을 질질 끌며 조리대를 떠났다. 그는 식탁을 빙 돌아 그녀 뒤에 섰다. 그가 블랑슈의 어깨를 주무르기 시작하자마자 그녀의 눈은 흐려졌다. 등이 점점 격하게 떨리기 시작했다. 아드리앙은 떨림이 잦아들 때까지 그녀의 머리칼을 쓰다듬었다.

"네 말이 옳다고 해 보자." 그가 다정하게 말했다. "사냥개가 정말로 우리에게 메시지를 전하려고 했다고 치자. 어떻게 답할 생각이니?"

블랑슈는 그와 눈을 마주 볼 수 있을 정도로 고개를 젖혔다. 소맷부리로 코를 닦고 미소를 지었다. 아드리앙은 그녀에게 윙크했고 블랑슈는 도로 아홉 살이 된 기분이었다. 그녀는 그와의 첫 만남을 떠올렸다. 둘이 사는 작은 아파트에 어머니가 처음으로 남자를 데려왔던 그날을. 블랑슈는 그를 환영하지 않았으나, 아드리앙은 참을성을 발휘할 줄 알았다. 그는 블랑슈의 불평을 무시하고 말없이 그녀의 괴롭힘을 참았다. 떠나면서 그는 블랑슈에게 윙크했다. 원망을 품지 않았으며 또 찾아오겠다는 뜻이 담긴 윙크였다. 아드리앙은 방금 그때와 똑같은 윙크를 했고 그것은 그녀를 진정시키기 충분했다.

그녀는 정신을 집중해 그 질문을 진지하게 생각해 보았다.

"만일 그의 짓이라면, 우리에게 그를 협박할 거리가 있다는 걸 그가 안다는 뜻이에요. 대응하지 않고 있을 수는 없어요."

"동감이다! 게다가, 사냥개가 제 마음대로 내 집을 어슬렁거릴 수 있다는 건 딱히 달갑지 않구나."

"그에게 선의를 입증해 보여야 해요!"

"무슨 말인지 모르겠구나!"

"우리에게 있는 그에게 불리한 증거물 전부를 내준다면, 그냥 넘어가 줄지도 모르죠."

"증거 전부를?"

"네, 전부!"

아드리앙은 머리를 긁적였다. 난처할 때 늘 나오는 반사적인 버릇이었다.

"전부라, 그러면 일이 복잡해지는데…."

7

아드리아노 알베르티니는 서른한 살에 청소부로서의 경력을 시작했다. 그가 그 직업을 가질 운명이라는 징조는 아무것도 없었다. 그는 전쟁이 끝나기 몇 개월 전 이탈리아에서 태어났고, 겨우 여섯 살이 되었을 때 프랑스로 옮겨 와 부모님과 네 형제자매와 한방에서 자야 했다. 그는 그 선택을 도무지 이해할 수 없었다. 그곳, 고향 롬바르디아에서 그들은 부자는 아니었겠지만 제집에 살았다. 프랑스 북부의 광재鑛滓 더미들은 결코 고향의 언덕들을 대신할 수 없었으나, 그에게 상처를 준 것은 그게 아니었다. 그의 어머니는 미소를 잃었다. 언제나 그들의 일상을 밝혀 주었던 그 미소를. 그녀는 아드리아노가 이탈리아어로 말하면 목소리를 낮추라고 했고, 이곳에 잘 동화되지 않는다고 꾸짖었다. 언제나 어머니의 자부심이었던 그가 이제는 어머니의 골칫거리인 것 같았다. 그 모든 이유와 그 외의 수많은 다른 이유로, 아드리아노는 어디에서도 제자리에 있지 않은 듯한 기분으로 성장했다.

십 년 후 아버지가 그에게 자신과 함께 광산에서 일할 때가 되었다고 선언하자, 아드리아노는 집 문을 쾅 닫고 나와 다시는 돌아가지 않았다. 그때부터 그는 아드리앙이라는 이름으로 임시직을 전전했다. 이런 불안정성은 그와 잘 어울렸는데, 어느 정도의 자유가 보장되었기 때문이었다. 야간 경비, 식당 직원, 혹은 화물 운반, 밥벌이를 할 수 있는 일이라면 무엇이든 상관없었다.

아버지를 따라 땅속 깊은 탄광에 들어가길 거부했던 아드리앙이었건만, 그 역시 대낮의 빛을 잘 보지 못하기는 마찬가지였다. 그는 밤에 할 수 있는 일을 우선으로 택했는데, 밤의 자유분방한 무리들과 그들의 시끄러운 소리를 좋아했기 때문이었다. 야행성 친구들 덕분에 그의 수입원은 점차 다양해졌다. 한동안은 도박과 노름으로 한몫 잡아 볼까 하는 생각도 했으나 이내 빚이 따라붙었다. 그리하여 그는 할 수 있으리라고 상상조차 못 한 몇 가지 일들을 수락해야만 했다. 채권자가 모든 부채를 없애 주기로 동의했을 때, 아드리앙은 이미 탄탄한 명성을 지닌 청소부가 되어 있었다.

그러나 그가 블랑슈에게 전수한 규칙이 전부 스스로 만들어 낸 것만은 아니었다. 그가 초반에 수집했던 불리한 증거들은 자신의 생명 보험이라기보다 고용주를 위한 것이었다.

"그 당시에 벌써 사냥개의 일을 맡았다는 거예요?" 아드리앙의 이야기가 어떻게 이어질지 알아차린 블랑슈가 끼어들었다.

"사냥개가 내 두목에게 도움을 청했고, 두목이 나를 불렀지!" 아드리앙이 정정했다. "나는 명령에 따랐을 뿐이야."

"그렇다면 사냥개를 위험에 빠뜨릴 증거들을 쥐고 있는 건 그 사람이로군요!"

"일부에 지나지 않아. 게다가 두목의 후계자들이 그것들을 보관하고 있을지 모르겠다."

"죽었어요?"

"그는 나보다 적어도 서른 살은 더 먹었었거든!"

"알겠어요, 사냥개에게 그 증거들을 돌려줄 수는 없지만 거기엔 시효가 있을 거 아니에요? 지금 말씀하시는 일들은 얼마나 오래되었죠? 삼십, 사십 년?"

"그보다 좀 더 오래됐지."

"그럼 분명 문제없을 거예요!" 블랑슈는 그 이야기를 끝내기로 결심하고 결론을 내렸다.

그녀는 사냥개에게 보낼 메일을 작성하기 위해 주방 식탁에 자리 잡고 앉았다. 두 시간이 넘게 걸렸다. 블랑슈는 암호를 해석하는 데 익숙했지, 짓는 데는 익숙하지 않았다. 그녀가 쓰는 문장은 보통 '맡겨 두시죠'나 심지어 그저 'OK' 정도가 고작이었다. 작성하는 법도 문제였다. 블랑슈는 단어 하나하나를 저울질해야 했다. 대뜸 변명을 내세워 자충수를 둘 수는 없었다. 그건 이쪽의 잘못을 시인하는 셈이 될 터인데, 사냥개와 계속 협력하고 싶다면 어느 정도 힘의 균형 관계를 유지해야 했다. 이 바닥에서는, 그 어디보다 더, 약한

자를 신뢰하지 않았다.

　블랑슈는 몇 번이나 주저한 끝에 쓴 정중하면서 사실에 근거한 글에 만족했다. 핵심은 두 문장이었다. 그의 메시지를 잘 받았으며 그의 의도에 귀 기울일 의사가 있다는 것. 발송 아이콘을 클릭하자 무거운 짐을 내려놓은 기분이 들었다. 공은 상대에게 넘어갔고 이제 부족한 잠을 보충할 수 있었다. 답장은 때가 되면 오리라.

　약 덕분에 잠들 수 있었지만 결코 편안히 쉬지는 못했다. 몇 주 전부터 블랑슈는 눈이 감기는 순간부터 새로운 악마들과 싸웠다. 그건 어린 시절의 악마들, 침대 밑에 숨어 있는 귀신이나 관 속에 누워 있는 어머니의 모습은 아니었다. 지금 블랑슈를 떨게 하는 것은 미래였다. 하루하루 조금씩 더 두려워지는 불확실한 앞날. 스스로의 생각을 통제할 수 있는 동안 블랑슈는 평온한 세상 속의 자기 모습을 그렸다. 여러 가지 인생을 상상했는데, 대부분은 사회에서 완전히 동떨어진 인생이었다. 햇빛이 비치는 정원에 있는 행복한 자기 모습을 보았다. 가끔은 곁에 아이 하나가 놀고 있었다. 다정하게 그녀의 손을 잡은 남자가 나오는 밤들도 있었다. 그러나 줄거리가 어쨌든, 결말은 가차 없이 똑같았다. 관자놀이에 총을 대고 눈에는 눈물이 가득한 채 블랑슈는 손가락으로 방아쇠를 당겼다.

　오후 여섯 시, 날이 저물었을 때 블랑슈는 소스라치게 놀라 잠에서 깼다. 앞머리는 축축하고 티셔츠는 젖은 채로.

　아드리앙은 거실 벽난로 앞에서 책을 읽고 있었다. 블랑슈의 초췌한 얼굴을 보고도 그는 아무런 반응도 하지 않았다. 아무리 웃어 보여도 그를 속이는 불가능했다. 마늘과 올리브유 향이 집 안에 가득했다.

"요리하셨어요?"

"잠에서 깨면 네가 배고플 것 같았지."

블랑슈는 레인지 쪽으로 달려갔다. 토마토소스가 약불에서 뭉근히 끓고 있었다. 그녀는 나무 숟가락째로 맛을 보다가 혀끝을 데고 말았다.

"세월이 흘러도 그 버릇은 여전하구나." 아드리앙이 블랑슈의 등 뒤에서 놀렸다. "앉으렴, 십 분이면 완성된다."

이번에 블랑슈는 이를 활짝 드러내며 웃었다.

"절대 제 곁을 떠나지 않으실 거죠, 네?"

"네가 내 곁을 떠나겠지." 아드리앙이 바삐 손을 놀리며 말했다. "나만큼 근사한 뇨키를 만들 줄 아는 남자를 찾아내기만 하면!"

기다리는 동안 블랑슈는 메일을 확인했다. 수신 메시지 목록 맨 위에 사냥개의 주소가 떠 있었다. 놀랍게도, 목표가 눈앞에 있는 지금 그녀는 손가락을 버튼 위에서 멈춘 채 기다려 온 순간을 미루고 있었다. 가장 놀라운 것은 그 정보를 아드리앙과 공유하고 싶지 않다는 점이었다. 그는 2미터 떨어진 곳에서 그녀만큼이나 그 답신을 기다리고 있었다. 언제부터 그에게 숨기고 싶은 일들이 생겼을까? 전에는 전혀 없던 일이었다.

초조함을 견딜 수 없어, 블랑슈는 메시지를 클릭하고 머릿속으

로 해독했다. 일 분밖에 걸리지 않았다. 아주 짧은 일 분이었으나 그
녀를 어찌할 바 모르게 하기에는 충분했다.

8

블랑슈 바르자크에게는 사냥개의 답변을 추측해 볼 시간이 넉넉했다. 두 차례의 악몽 사이에, 그녀는 온갖 시나리오를 짜냈다. 밤이 저물 무렵 폐건물 창고에서의 만남, 사냥개의 물건들을 보낼 사서함 주소. 각각의 시나리오마다 그녀는 자신의 반응을 상상했고, 적절한 말을 준비했다. 사냥개나 다른 의뢰인을 한 번도 만난 적 없었으나, 이번만은 예외로 삼을 준비를 하고 있었다. 이제 현실을 마주하고 나니 블랑슈는 더 이상 무엇을 생각해야 할지 몰랐다.

정신을 집중하기가 어려웠다. 심장 박동이 빨라져 자신의 맥박이 울리는 소리 외엔 아무것도 들리지 않았다. 아드리앙은 아무것도 눈치채지 못했다. 레인지 쪽으로 몸을 돌린 채 그는 그녀와 대화를, 아니 대화라기보다 독백을 계속하고 있었다.

블랑슈는 메시지를 한 번 더 읽어 보려고 힘을 짜냈다. 어쩌면 해석을 잘못했는지도 모른다. 그녀는 연필과 종이를 집고 답장을 한 글자 한 글자 베껴 적었다. 초보 때 그랬던 것처럼 주의 깊게, 체계적으로 암호를 해독했다. 결과는 똑같았다. 사냥개는 그녀가 보낸 세 통의 메일을 이해하지 못했고, 무엇보다도 최근 청소 방식을 못마땅하게 여겼다.

— 집을 태우는 건 불필요한 일이었고 이 사건에 시선을 집중시킬 뿐입니다. 당신의 일 처리 방식은 보다 섬세한 줄로 알았는데요. 당신은 편리한 쪽을 택했고 따라서 잔금은 반으로 줄어들 것입니다. 더 이상 내게 연락하지 않는다면 고맙겠습니다.

"식사 준비 다 됐다"라는 아드리앙의 말에 블랑슈는 깜짝 놀랐다. 그의 눈길을 피하기 위해 그녀는 욕실에 다녀오겠다는 핑계를 댔다. 무슨 말이라도 하기 전에 마음을 가라앉혀야 했다. 얼굴에 찬물을 끼얹고, 몇 차례 숨을 내쉰 다음 거울에 비친 자기 모습을 보았다. 전부 앞뒤가 맞지 않았다. 블랑슈는 현관문을 잠그기 전 최종 점검을 했던 것을 확실하게 기억했다. 조명을 전부 껐고 가져온 가연성 청소용품을 챙겼다. 어떻게 사냥개는 그녀가 고의로 집에 불을 질렀다고 믿을 수 있을까? 그녀가 그렇게 조잡스럽게 일을 망쳐 놓을 사람이 아니라는 것쯤은 그가 알고 있어야 했다. 블랑슈는 프로였고 그에게 그 점을 충분히 증명해 보였다. 물론 현장을 떠나기 전 벽난로 숯불에 물을 뿌리지는 않았지만 불은 꺼져가고 있었다. 불똥이 깨끗해진 바닥에 떨어지려면 2미터가 넘게 날아야 했다. 그런 일은 거의 있을 법하지 않았고, 블랑슈가 두 배로 희석한 암모니아 용액에 적신 헝겊만으로 얼마 안 되는 혈흔을 없앨 수 있었기에 더욱 그랬다. 그리고 설령 우연히 불이 났다 치더라도 해명되지 않는 점은 여전히 있었다. 사냥개는 그녀에게서 세 통의 메일을 받았다고 했다. 블랑슈는 두 통밖에 보내지 않았고, 첫 번째 메일은 임무를 수락한다는 확인이었다. 뭔가를 놓치고 있었으나 그 좁은 방 안에서는 집중할 수가 없었다.

지금 그녀를 괴롭히는 딜레마는 이 정보를 아드리앙과 나누어야 할지 판단하는 것이었다. 자신이 스카프와 아무 관련 없다고 설득하느라 엄청난 고생을 했는데, 사냥개는 그 이야기를 언급조차 하지 않았다. 만일 그녀에게 메시지를 전달할 생각이었다면, 메일을 보내는 김에 뜻을 전하는 게 타당했다. 심한 질책을 하더라도 그 질책만으로 그칠 리 없었다. 게다가 그녀의 작업을 두고 아드리앙이 뭐라 말할까? 정말 그녀의 부주의로 집에 불이 났다면, 그녀의 능력은 다시 한번 도마 위에 오를 테고 블랑슈는 그 문제로 싸우는 데 지쳤다. 얼마 전부터 그녀는 갈피를 잃고 있었으며 사냥개의 메일로 그런 감각은 한층 심해졌다. 아드리앙의 시선에 조금이라도 의심이 담기면 끝장나리라는 것을, 그녀는 알았다.

블랑슈는 몇 시간의 유예를 두기로 결정했다. 어쨌거나 아드리앙이 즉시 알아야 할 필요는 없었다. 스스로도 사냥개의 신속한 답장에 놀란 터였다. 보통 그는 그렇게 재빨리 반응하지 않았다. 차분한 머리로 상황을 명확히 짚어 볼 필요가 있었다. 그녀는 충고 한마디보다 이 밤이 설명의 시작이 되기를 기대했다. 일단 그 화재에 대해 알아봐야 했다. 지방 언론사에서 분명 현장에 보도원을 파견했을 것이며, 아직 아무 기사도 나오지 않았지만 틀림없이 정보를 찾을 수 있을 터였다. SNS도 훑어볼 생각이었다. 아마 호기심 많은 이웃이 현장을 촬영했을 것이다. 블랑슈는 화재에 대해서는 잘 알지 못했고 불이 어디서 시작되었는지 알아내겠다는 헛된 생각은 없었으나 그 점을 설명해 줄 만한 자세한 정보가 나오리라 여겼다.

메일이 여러 통이었다는 점도 어떻게 된 일인지 밝혀내야 했다. 사냥개에게 물어볼 수는 없었다. 지금은 더더욱 그랬다. 메시지의 마지막 부분에는 오해의 여지가 없었다. 그러니까 혼자서 알아봐야 했다. 그는 그녀로부터 이미 여러 통의 메시지를 받았다고 믿었고, 이는 누군가 그녀의 계정을 도용했다는 의미였다. 다른 설명은 있을 수 없었다. 블랑슈는 컴퓨터 기술을 잘 몰랐다. 그 방면에서 유일하게 도와줄 만한 사람은 그녀에게 신세를 진 적 있는 마흔 살쯤의 엔지니어였다. 그녀가 손을 쓰지 않았다면, 그는 지금쯤 6제곱미터 넓이의 감방 속에서 곰팡이를 피우는 중이리라.

사실 블랑슈에게 그 일은 서비스 목록에도 들어가지 않는 간단한 청소였다. 그녀가 수락한 이유는 오직 의뢰인이 그녀에게 가장 많은 일거리를 제공한 변호사 중 하나인 바르드였기 때문이었다. 문제의 사내는 그의 조카였다. 블랑슈는 새벽 한 시에 변호사 때문에 잠에서 깨었다. 그는 새벽에 조카의 주거지에 가택 수색이 예정되어 있다는 사실을 막 알았는데, 조카와 영 연락이 닿지 않았다. 블랑슈는 군소리 없이 나섰다. 삼십 분 뒤 그녀는 엔지니어의 집 잠긴 현관문을 열었다. 세드리크 콜랭, 이제 막 청소년 티를 벗은 서핑 선수처럼 생긴 그는 귀에 헤드폰을 끼고 손에 시리얼 그릇을 든 채 복도에 서 있었다. 파리 7구의 방 네 칸짜리 집에 낯선 여인이 나타났는데도 전혀 놀란 기색 없이, 그는 블랑슈의 변명을 건성으로 듣고 나서 마음껏 행동하게 해 주었다. 아침 여섯 시 전까지 대마 화분들을 내놓고 THC✦의 흔적들을 모조리 지우느라 그녀가 고군분투하는 동안, 세드리크 콜랭은 아침 식사나 준비하는 게 낫겠다고 여겼다. 그 결과, 경찰관들은 사각팬티 차림의 남자와 앞치마를 두른 청소부 여자에게 재스민 차와 토스트를 대접받는 형편이 되었다. 아파트에서는 표백제 냄새가 코를 찔렀으나 그건 범죄 행위가 아니었다. 세드리크 콜랭은 평온하게 대마를 계속 재배할 수 있었다. 일 년 전 일이었지만, 블랑슈가 생각하기에 그가 잊었을 것 같지는 않았다.

그녀는 이 임무에 대한 보수를 일절 받지 않았다. 도량이 넓어서도 아니고, 그가 매력적이라고 여겨서도 아니었다. 이따금 그녀는 실용주의자가 될 줄 알았다. 채무자 가운데 컴퓨터 엔지니어가 하나 있으면 유용하게 써먹을 일이 있을지 몰랐고 그럴 일이 방금 생겼다.

✦ 대마초에서 환각 작용을 일으키는 성분.

9

블랑슈는 한 그릇도 다 먹기 힘들면서 뇨키를 세 번이나 덜었다. 지나치게 긴 논의를 피하기 위해 찾아낸 유일한 방법이었다. 아드리앙에게 거짓말을 하고 싶지 않았다. 저녁 내내 애써 입안 가득 음식을 물고 아드리앙이 대화를 이끌도록 맡겼다. 두 차례 있는 힘껏 하품을 한 후, 그녀는 사회성이라곤 전혀 없는 사춘기 소녀처럼 자기 방으로 사라졌다. 아드리앙은 기분 상해 하지 않았다. 그보다 훨씬 더 다루기 힘든 시기들도 겪었으니까.

침대에 누워 배 위에 컴퓨터를 얹은 채 블랑슈는 한 시간 전부터 엔지니어의 답장을 기다렸다. 그녀는 줄곧 메신저를 새로고침했고, 연결 상태를 확인하기 위해 자기 앞으로 메일을 보내기까지 했으나, 세드리크 콜랭은 모니터 앞에서 저녁 시간을 보내기보다 더 재미있는 일에 열중하는 게 분명했다. 동시에, 그녀는 화재에 관한 정보를 찾아 블로그 커뮤니티를 훑었다. 사냥개의 말은 사실이었다. 시골 별장이 불탄 것은 그녀가 떠난 지 얼마 안 되었을 때, 즉 스물네 시간 전이었다.

자동차 운전자 하나가 갓길에 멈춰 서서 연속 촬영을 했다. 이미지는 지나치게 확대되어서 뭐가 뭔지 분간할 수 없었고 어두운 밤과 불길이 대조되어 화면이 꽉 찬 느낌만 더했다. 트위터에는 어느 기자가 82자로 소방관들의 분투를 묘사했다. 첨부된 사진에 별다른 추가 정보는 없었다. 집에서 멀지 않은 곳에 구급차 한 대가 서 있었고 블랑슈는 소용없다는 댓글을 달고 싶은 마음을 억눌렀다. 그녀가 알아낸 얼마 안 되는 정보는 실시간으로 게시된 것들이라 추측과 예상이 많았고 제대로 된 기사는 없었다. 집주인의 이름은 어디에도 언급되지 않았다.

블랑슈는 그 사실을 확인한다 해도 사냥개의 분노가 누그러들지는 않을 거라 여겼다. 피해자가 없으니 피에 굶주린 대중이 이끌리지는 않겠지만, 조사가 속행될 것이며 집주인의 실종은 수많은 의문을 일으킬 게 뻔했다.

새벽 세 시, 반쯤 잠들어 있던 블랑슈는 마침내 메시지 수신음을 들었다.

처음이자 단 한 번 만났을 때부터 그녀는 세드리크 콜랭이 말을 아끼는 사람이라는 점을 확실히 알 수 있었다. 그런 특성에 맞게 자신도 간결한 문장으로 메시지를 보냈다. 그렇기는 하지만 이 '편할 때 전화 바람'보다는 좀 더 내용이 있는 답장을 기대했다.

평소라면 적절한 시간대를 골라 전화하겠지만, 상대는 올빼미였고 지금은 평소가 아니었다. 세드리크는 통화 연결음이 울리자마자 받았다.

늘 앞일을 내다보려고 하는 블랑슈였지만, 메시지를 주고받으며 대화가 진행될 거라 여겼었기에 그의 목소리를 듣고 당황할 줄은 예상치 못했다. 그의 목소리가 얼마나 근사한지 잊고 있었다. 어쩌면 그저 알아차리지 못했던 것일지도 몰랐다. 그들이 나눈 대화는 급박한 상황에 대처할 방법에 대해서였을 뿐이고, 아파트 가구들을 문질러 닦는 동안에는 목소리의 톤에 주의를 기울일 겨를이 없었다.

"통화 괜찮아요?" 그녀는 어이없는 질문인 줄 알면서도 물었다.

"이제는 존댓말이 됐어?"

"미안." 그녀는 곧바로 대꾸했다. "잠이 덜 깨서."

"그런 것치고는 내가 메시지를 보낸 지 일 분도 안 되어서 전화 줬는데."

말투는 가벼웠고 블랑슈의 거북함은 커져만 갔다. 물론 요청을 간략히 적기는 했지만 그래도 상황이 심각함을 강조했었다. 세드리크는 마치 오래된 두 친구, 심지어는 두 연인이 잠 못 드는 밤 시시한 잡담이라도 나누는 것처럼 굴었다. 그녀는 목소리를 가다듬었다. 겉으로나마 침착함을 되찾고 앞으로의 대화에서는 훨씬 단호한 어투를 취하기 위해 침대 가장자리에 앉았다.

"당신 도움이 필요해."

"잘 알았습니다!"

"중요한 일이야."

"새벽 세 시에 전화 걸 정도니, 물론 그렇겠지."

"약에 취한 거야?"

질문이 입 밖으로 나오고 말았고 블랑슈는 입술을 깨물었다. 도와줄 수 있는 유일한 사람을 공격하는 건 현명하지 않았다. 그녀는 초조하게 상대의 반응을 기다렸다.

"난 취하지 않았어, 긴장을 풀고 있지." 그가 재미있다는 듯 미묘하게 표현했다. "당신도 한번 해 봐야 해. 도움이 될 것 같은데."

"내 긴장을 풀어 주려거든, 그냥 도와주겠다는 말이나 해!"

"이거 기분 상하는데!" 그가 여전히 태평하게 말했다. "난 곤란에 처한 여성을 내버려두는 녀석이 아니거든. 게다가 당신을 다시 만날 수 있는 기회라면….."

"그런 소린 그만둬! 만날 필요는 없고, 굳이 육성으로 얘기할 필요도 없어. 내게 필요한 건 당신의 정보력이야."

세드리크 콜랭은 전화에 대고 한숨을 쉬었지만 블랑슈는 그의 장난에 다시 말려들지 않을 작정이었다. 그녀에겐 원칙이 많지 않았지만 직무 중에 불장난하지 않는 것은 그중 하나였다.

"진지하게 얘기할 수 있는 거야, 없는 거야?"

"저녁 식사를 사 준다면, 뭐든 해 드리지!"

"첫 번째로, 댁이 나에게 빚이 있는 거지, 그 반대가 아니야! 다음으로, 내가 공갈 협박은 고이 넘기지 못한다는 걸 알아 둬."

"그러니까 내가 빚을 졌다는 그 말은 전혀 공갈 협박이 아니다, 그런 거야?"

"사업상의 일이지!" 그녀는 뻔뻔하게 나갔다.

"아… 사업상의 일이라면야!" 그가 여전히 놀리는 어조로 대꾸했다.

"저기 말이지. 없었던 일로 해. 다른 데서 알아볼게!"

"알았어, 기분 풀어! 허튼수작 없기, 유머도 접어 두기. 그냥 그래본 거야. 무엇 때문에 그렇게 고민인지 말해 봐."

블랑슈는 자기의 유머 감각은 친구들에게만 보여 준다고 말하려다 참았다. 사실 아드리앙을 제외하면 그녀에게 친구라고는 없었고, 한밤중에 필사적으로 그를 불러낸 것은 그렇다는 슬픈 증거였다. 그녀는 상심을 억누르고 전화를 건 목적에 집중했다.

그녀는 지나치게 자세히 드러내지 않으면서 상황을 요약하려고 애썼다. 세드리크는 그녀의 활동 분야가 얼마나 넓은지 몰랐고 모르는 대로가 좋았다. 자신의 직업이 부끄러운 것은 아니었지만 이 남자를 잘 아는 건 아니었으니까.

"내가 제대로 이해한 거라면, 누군가 당신 계정을 쓰고 있다고 생각하는 거야?"

"논리적인 설명은 그것뿐이야!" 그녀는 아드리앙이라면 이렇게 단호하게 대답하지 않았으리라고 생각하며 말했다.

"보낸 메일은 확인해 봤어?"

"내가 그렇게 멍청할 것 같아?"

"진담인데, 정말로 가끔은 대마초 해 보는 게 좋을 것 같아! 아니면 요가를 하든지. 그 나이대 여자들은 요가를 좋아하더라."

"내 나이대 여자들?" 블랑슈는 난데없이 나이 이야기가 왜 나오는지 영문을 모르고 되물었다.

"알았어, 방금 실수는 인정할게. 피차 비슷한 나이일 텐데."

블랑슈는 그가 자기만 이렇게 대놓고 조롱하는 건지 아니면 원래 그런 사람인지 파악하려고 애썼다. 세드리크 콜랭에게 심각한 상황을 가볍게 하는 재주가 있다는 것은 인정해야 했다.

"그 메일들 말인데." 그가 한층 진지하게 말했다. "나에게 보내 줄 수 있어?"

"나에겐 없어."

"그럼 그 메일이 존재한다는 걸 어떻게 알지?"

"한 고객과의 교류를 통해 알게 되었다고 말해 두지."

"고객이라는 건, 나처럼 도움을 줬던 사람을 말하는 거야?"

"응, 그렇다고 볼 수 있지."

"그러면 그 사람에게 재전송해 달라고 해야지."

"그러면 일이 복잡해지는데…."

"그게 없으면 나로서는 별달리 해 줄 수 있는 게 없어. 웹메일을 통하면 누구라도 당신 계정을 사용했을 수 있어. 로그인 정보를 수집하기만 하면 되니까."

"누구라도 내 로그인 정보를 수집할 수 있는 거야?"

"암호화해 놨어?"

"아니."

"그렇다면, 그래! 꼭 아무나라고 할 수는 없지만, 컴퓨터 지식이 조금이라도 있는 사람이면, 그래, 할 수 있어. 그럼 컴퓨터는, 비밀번호 걸어 놨어?"

"물론이지!"

"좋아. 적어도 주변 사람은 아니겠네. 하지만 내가 뭘 더 알려 주려면, 그 메일들을 내게 보내 줘야 해. 확실히 약속할 수는 없지만 적어도 어떤 IP 주소에서 발송되었는지는 알아볼 수 있을 거야. 어쩌면 그게 정보가 되겠지."

블랑슈는 이미 귀를 기울이고 있지 않았다. 도중에 그녀의 정신을 빼놓은 건 세드리크가 사용한 용어들이 아니라 그가 말했던 한 문장이었다.

10

심장이 제멋대로 뛰는 것을 느끼며, 블랑슈는 황급히 전화를 끊어야 했다. 공황 발작은 처음 겪는 일이 아니었고, 이때 해야 할 일은 오직 심호흡을 하고 머릿속을 비우는 것뿐임을 알았다.

그녀를 어찌할 바 모르게 한 건 세드리크가 말한 문장 자체는 아니었다. 그는 그저 정보를 제시했을 뿐이었다. 그녀를 마비시킨 것은, 한순간, 찰나에 지나지 않은 아주 짧은 한순간이었다. 블랑슈는 아드리앙이 자기 컴퓨터를 들여다보는 모습을 떠올렸다. 물론 비밀번호를 설정해 두었다. 내용물을 감안하면 그러지 않을 수 없었다. 물론, 아드리앙은 그 비밀번호를 알았다. 두 사람 사이에는 한 번도 비밀이 없었다. 마지막으로 블랑슈는 임무를 수행할 때면 컴퓨터를 그의 집에 놓아두었다! 전부 너무나 자연스러운 일이었다. 아드리앙은 양아버지 이상이었다. 그는 그녀의 멘토이고, 친구이고, 비밀을 털어놓을 수 있는 사람, 유일한 가족이었다. 그런데 어째서 세드리크 콜랭이 측근의 계정 도용을 언급한 순간 그런 장면이 떠올랐을까? 말도 안 되는 일이었다. 몇 주 전부터 블랑슈는 더 이상 스스로의 생각을 제어할 수 없는 기분이었다. 신뢰할 수 있는 단 한 사람을 의심하기 시작한다면, 그녀는 무너지고 말 터였다.

블랑슈는 늘 병원에 가길 거부했다. 아드리앙이 여러 차례 권했으나 그녀는 결코 병원에 갈 생각이 없었다. 어머니를 괴롭혔던 병을 물려받았다면, 그 사실을 가능한 한 나중에 아는 편이 좋았다. 전문가들도 카트린 바르자크가 광기에 빠진 원인을 끝까지 정확히 진단하지 못했기 때문에 더 그랬다. 어떤 이들은 때 이른 알츠하이머라고 한 반면 픽병♦을 거론한 이들도 있었다. 아드리앙은 부검 결과를 살펴봤지만 거기서도 아무런 해답이 나오지 않았다. 머리에 총을 쏨으로써, 카트린 바르자크는 전문가들이 자신의 뇌를 해부하지 못하게 했다. 어머니의 자살 이후 십여 년 동안 블랑슈는 자료를 찾아보았다. 전두측두엽퇴행을 다루는 모든 연구를 읽어 본 끝에 자신이 판결에 손을 쓸 수 없음을 받아들였다. 그때부터 더 이상 그 일로 걱정하지 않겠다고 결심했다. 정신분석가라면 분명 부인 단계라는 진단을 내렸겠지만 결과는 똑같았다. 블랑슈는 그 주제에 대해 더 이상 아무것도 읽고 싶지도 듣고 싶지도 않았다. 그렇게 된 거였다. 아드리앙은 그 선택을 존중했고, 무슨 일이 닥치든 곁에 있겠

♦ Pick's disease. 전두측두엽퇴행의 한 종류로 성격 변화, 행동 장애 등 여러 증상이
  나타나는 퇴행성 뇌 질환이다. 어느 정도 유전적 경향성이 있다고 알려져 있다.

노라고 약속했다. 그는 둘만의 행동 방침을 정하자고 제안했고, 그녀는 수락했다. 아드리앙은 규칙적으로 그녀에게 능률성과 연속 운동 동작 테스트를 받게 했다. 그들이 그 문제를 입 밖에 내는 일은 거의 없었으나, 최근 들어 그는 강도를 올렸다. 블랑슈는 아드리앙이 걱정하고 있음을 알아챘다. 그런 과보호가 스트레스에 일조한다고 그녀는 확신했다. 일주일에 두 번씩 주먹을 쥐었다 폈다 하거나 과일들을 색깔과 연결하면서 어떻게 정상적으로 살 수 있겠는가? 그때가 왔을 때 아드리앙이 곁에 있어 주겠다고 약속한다면, 그거야말로 유일한 안심이 될 터였다. 손을 잡아 주기 위해서가 아닌, 어머니가 그랬듯 떠날 수 있도록 도와주기 위해서. 지금까지 아드리앙은 그 약속을 거부해 왔다.

여전히 숨을 고르려고 애쓰던 블랑슈는 머리맡 탁자에 놓아두었던 스카프를 다시 쥐었다. 상자에 도로 넣어야 하겠지만 그 천 조각은 그녀의 정신을 빼앗았다. 단 한 번밖에 보지 못한 스카프가 이토록 오랜 세월이 흘러서까지 감정을 들썩이게 만들 줄은 생각지 못했다. 실크가 손가락 사이로 흐르자 자기도 모르게 미소가 떠올랐다. 딸이 남의 쓰레기를 수거하고, 털고, 모으는 일을 생업으로 삼을 거라는 말을 들었다면, 카트린 바르자크는 믿지 않았을 것이다. 그녀는 귀담아듣는 이 누구에게나 자기 딸이 칠칠치 못하다고 말하곤 했다. 제멋대로 군다는 점에서는 사내아이도 못 당할 지경이라고. 그 말이 비난이 아님을 블랑슈가 이해하기까지는 시간이 걸렸다. 정반대였다. 카트린 바르자크는 딸에게서 어떤 자부심을 느꼈다. 자유로운 영혼을 지닌 그녀는 딸이 자신이 보기에 시대에 뒤처진 모범들을 따르지 않기를 바랐다. 완벽한 주부가 되는 것도 거기속했다. 그녀 자신은 어느 날 혼자 아이를 갖겠다고 결심했고 블랑슈를 제외한 누구와도 단 한 뼘의 공간조차 공유하길 거부했다. 아드리앙은 그 때문에 괴로워했으면서도, 그 때문에 그녀를 열렬히사랑했다.

블랑슈는 길게 숨을 내쉬며 눈물 한 방울을 닦았다. 발작은 지나갔다.

지난 스물네 시간으로 기진맥진해진 나머지, 블랑슈는 곤한 잠에 빠져들었다. 깨어났을 때 그녀를 어지럽혔던 생각들은 오래된기억에 지나지 않았다. 커피 향기가 집 안에 감돌았고 방까지 새어들어왔다. 아드리앙이 일어나 아침 식사를 준비하기 위해 그녀를기다리는 게 틀림없었다. 블랑슈는 사냥개의 메일 때문에 여전히심란했으나 간밤의 불안으로 깨달은 게 하나 있었다. 이 문제를 믿을 만한 사람과 나누어야 하고 그 사람은 아드리앙일 수밖에 없다는 것. 그녀는 그가 자신의 말을 쉽게 믿어 주지 않을 것을 각오했고, 그가 바란다면 병원에 갈 각오까지도 되어 있었다. 지금 중요한것은 그가 곁에 있어 주는 것뿐이었다.

아드리앙은 빵을 썰며 휘파람을 불었다. 그가 자신에게 미소 짓자 블랑슈는 어깨에서 엄청난 무게를 덜어 낸 기분이었다. 사춘기때, 그녀는 이 남자는 다른 방에 있을 때조차 자기 생각을 읽어 낸다고 믿었다. 등골을 오싹하게 하는 일종의 육감, 마치 실제로는 없는 혈연으로 이어진 듯이. 그날 아침에도, 계단을 내려갈 때 그녀의 가장 큰 두려움은 아드리앙이 단 한 순간이라도 자신이 그를 의심했음을 알고 있으리라는 것이었다. 안도감이 너무나 커서 그녀는 그에게 달려들어 껴안았다.

"이런, 이런, 아가씨!" 아드리앙이 놀렸다. "누구십니까? 원래 여기 사는 괴팍스러운 꼬마에게 무슨 짓을 한 거죠?"

"난 괴팍스럽지 않아요!"

"그럼 까탈스러운가?"

"그것도 아니고요!"

"그럼 아침형 인간이 아니라고 하자! 이 말만은 아니라고 못 하겠지!"

블랑슈는 미소를 짓고는 반박하지 않고 식탁에 앉았다. 갖고 내려온 컴퓨터를 보란 듯이 열고 전원을 켰다.

"좀 이따 할 수 없니?" 아드리앙이 물었다.

블랑슈는 별일 아니라는 듯 어깨를 으쓱했다. 사실은 신중히 계산된 동작이었다. 아드리앙에게 비밀을 털어놓으려면, 이야기를 시작할 구실이 있어야 했다. 사냥개가 간밤에 답신을 했고 아드리앙과 동시에 메시지를 발견한 척하려는 것이 그녀의 생각이었다. 물론 그러려면 좀 연극을 해야 했고, 놀라고 이해할 수 없다는 태도를 꾸며야겠지만, 그녀가 아무 말 않고 있었다는 사실을 아드리앙이 알았을 때 느낄 배신감에 비하면 별일 아니었다.

계획을 실행할 준비를 하고 있을 때, 아드리앙이 맞은편에 앉는 바람에 그녀는 깜짝 놀랐다. 그의 미소는 완전히 사라지고 없었다.

"일할 준비가 된 것 같으니 말인데, 우리 얘기 좀 해야겠다. 문제가 생긴 것 같구나!"

11

블랑슈는 숨도 쉬지 못하고 아드리앙의 자세한 이야기를 기다렸다. 1000분의 1초 동안, 그녀는 자신이 펼쳐 보일 수 있는 온갖 감정들을 돌이켜 보았다. 놀라움, 두려움, 심지어 분노까지. 아드리앙이 하려는 얘기에 맞게 적절한 태도를 취해야 했다. 물론 모조리 털어놓는 게 제일 단순한 해결책이겠지만 블랑슈는 자기에게 그럴 힘이 있을 것 같지 않았다.

아드리앙이 마침내 입을 열기로 결심했을 때, 블랑슈는 아무런 어려움 없이 놀라움을 표할 수 있었다. 단순한 물건 처리 문제 때문에 그가 그토록 비장한 표정을 지었을 거라곤 상상조차 하지 못했다. 그 문제는, 창고에 전기가 끊겼다는 것이었는데 그게 왜 그렇게 중요한지 그녀는 어리둥절했다.

"문제는 말이다, 얘야, 우리 냉동고에 예민한 상품이 있다는 사실을 네가 잊고 있다는 거야!"

"빌어먹을, 시체!"

아드리앙은 눈빛으로 그녀를 꾸짖었다. 그는 자기 집에서 욕설을 일절 허용하지 않았다. "B급 청소부로 취급당하고 싶지 않거든," 그는 종종 말했다. "어떤 상황에서도 흠잡을 데 없이 행동해야 한다. 이 바닥에서 명성을 얻으려면 욕설을 해선 안 돼!" 무슨 상관인지 블랑슈로서는 알 수 없었지만 그 싸움은 오래전에 포기한 터였다.

"그래, 시체!" 아드리앙이 몹시 심각하게 대꾸했다. "이미 해동되기 시작했어. 더 기다릴 수 없다. 오늘 안에 치워야 해."

"하지만 아직 공사장 계획을 연구할 시간이 없었는걸요! 게다가 전 벌건 대낮에 그 일을 하기는 싫어요!"

"알아. 다른 해결책을 찾아야지. 생각해 보고 있단다."

"정말 오늘 밤까지 기다릴 수 없어요?"

"그건 현명한 방법이 아니야. 전기를 다시 연결하려고 애써 봤지만 실패했다. 조금만 있으면 개가 시체 썩는 냄새를 맡을 수도 있어. 이쪽엔 지나다니는 사람이 별로 없긴 하지만, 그래도 너무 위험해!"

"발전기는요?"

"고장 난 지 몇 주 됐어. 손볼 겨를이 없었다."

블랑슈는 그 대답에 놀랐다. 아드리앙은 용의주도한 성격이었고, 게다가 발전기를 마련한 것은 바로 이런 상황에 대비해서였다. 그녀는 그 점을 굳이 강조하지는 않았지만 그대로 포기하지도 않았다.

"옷만 갈아입고 나서 같이 새 걸 사러 가요. 그래도 그 편이 제일 간단해요."

"귀찮게 그럴 거 없다!" 아드리앙이 눈을 마주치지 않고 대꾸했다. "게다가 수리하는 것보다 훨씬 더 비쌀 거야. 안 돼, 가능한 한 빨리 시체를 처리하는 게 제일이야, 날 믿으렴."

블랑슈는 아드리앙이야말로 진실을 모두 말하지 않았다는 확신이 들었다. 그는 낭비하는 성격은 아니었지만, 고작 돈 문제 때문에 임무를 위태롭게 할 사람이 결코 아니었다.

"무슨 일인지 끝내 말 안 해 줄 거예요?"

아드리앙은 머리를 긁적이며 여전히 그녀의 시선을 피했다. 블랑슈는 그의 손을 잡고 참을성 있게 기다렸다.

"나쁜 예감이 든다, 블랑슈."

"무슨 말씀이세요?"

"누군가 우릴 궁지에 몰아넣으려 하고 있어."

"편집증이에요?"

"오늘 아침, 우편함에 카드가 있었다."

블랑슈는 양아버지의 말투에서 사태가 심각함을 깨달았다.

"그 카드에 뭐라고 쓰여 있었는데요?"

"아무것도. 아무것도 쓰여 있지 않았어. 머리카락 한 줌이 붙어 있을 뿐이었지."

"보여 줘요!"

아드리앙이 일어섰고 블랑슈는 그가 십 년쯤 늙은 것 같다고 느꼈다. 등을 구부정하게 숙이고, 그는 힘겹게 현관까지 갔다. 그녀는 그가 벌써 카드를 서랍에 넣어 둔 데 주목했다. 아예 입을 다물고 있을 생각이었다가 결국 마음을 바꾼 것일까? 블랑슈는 그 생각을 떨쳐 냈다. 그런 일로 그를 탓할 처지가 아니었다.

"사냥개의 다른 메시지일까요?" 그가 돌아오자 그녀는 물었다.

"모르겠다. 개인적으로, 난 머리카락을 보관한 적은 한 번도 없어. 내가 알기로는 너도 그렇고."

아드리앙이 옳았다. 그건 집에 있던 물건이 아니었다.

블랑슈는 손가락 사이에 카드를 끼고 투명 테이프로 고정된 스무 가닥 남짓한 머리카락을 오랫동안 관찰했다. 머리카락은 제법 뻣뻣하고 흰색과 짙은 검은색이 섞여 있었다. 그녀는 종이를 뒤집어 보았다. 아무런 글귀도, 특징적인 기호도 하나 없었다. 그것은 백지 명함으로, 일반적으로 경조사 알림이나 감사장에 쓰이는 크기였다. 그 외에는 알아낼 만한 게 전혀 없었다. 블랑슈는 다시 머리카락에 집중했고 별안간 깨달았다. 이 희끗희끗한 색을 최근에 본 적 있었다.

"누구 머리카락인지 알 것 같아요!"

"말해 보렴."

"우리 손님의 머리에서 나온 게 분명해요!"

"사냥개의 희생자?"

"지폐 한 장을 걸어도 좋아요!"

전직 도박사였던 아드리앙은 내기에 응하지 않았다. 그는 찬장에서 손전등을 꺼내고 카드를 손에 든 채 집을 나섰다. 블랑슈는 현관에서 제일 먼저 보이는 대로 자기 발에 너무 큰 장화를 꿰어 신고 그 뒤를 따랐다.

바깥 기온은 8도를 넘지 않았고 그건 적어도 그들에게 유리했다. 시체가 부패하는 데 시간이 더 걸릴 테니까.

아드리앙은 한 차례 더 스위치를 작동시켜 보았지만 전기는 복구되지 않았고, 그래서 창고는 숨 막히는 어둠에 잠겨 있었다. 그는 창고 안 배치를 구석구석 다 알았지만 블랑슈는 전혀 아니었다. 그녀는 한 손을 앞으로 뻗어 더듬거리며 아드리앙의 뒤를 따랐다.

냉동고 앞에 이르자, 블랑슈는 도굴할 채비를 하고 무덤 앞에 선 기분이 들었다. 전에도 그 안에서 시체를 꺼낸 적 있지만 희생자를 자세히 검사하러 온 적은 한 번도 없었다. 거리 두기는 그녀의 또 다른 방어벽이었다. 이제 무너뜨려야만 하는 보호막.

아드리앙과 블랑슈는 함께 냉동고 뚜껑을 들어 올렸다. 사냥개의 희생자는 이미 시퍼랬다. 얼굴은 축축했고, 실온에도 아직 녹지 않은 얼음 결정이 군데군데 있었다. 블랑슈는 시체가 완전히 녹기까지 아직 몇 시간은 남았다고 추정했다. 밤까지 기다렸다가 처리해도 된다는 확신이 들었다. 그 밖의 행동은 아무래도 위험할 것이다. 성급하게 일하는 것, 특히 대낮에 일하는 것은 무엇보다 피해야 했다. 그건 아드리앙이 일러 준 최우선 규칙들 중 하나였다. 새로운 계획을 짜기 전 무슨 일인지를 파악하는 것이 시급했다.

아드리앙은 카드를 희생자의 머리칼 가까이 가져갔다. 머리칼 역시 축축해져 색조가 달라 보였다. 딱 한 가지 차이가 없었다면 눈치채기 어려웠을 것이다. 귀 위쪽 머리카락 한 줌이 잘린 빈자리가 남아 있었다.

시체 앞에서 기묘한 인상을 받은 블랑슈는 손전등을 낚아챘다. 재빨리 시체를 훑어보았다. 더 이상 의심의 여지가 없었다. 누군가 분명 그들에게 메시지를 보내려고 했다.

I2

침입자는 머리카락 한 줌을 자르는 데서 그친 게 아니었다. 사냥개의 희생자 오른손에는 손가락 네 개가 없었다. 엄지만이 남아 있었는데, 그것이 마치 상황에 동의한다는 듯 손가락이 잘려 나간 부분과 직각을 이루며 곧게 세워져 있어 한층 더 눈에 띄었다.

먼저 반응을 보인 쪽은 블랑슈였다. 그녀는 급히 냉동고 뚜껑을 닫았다. 시체를 그 이상 더 따뜻한 공기에 노출해서 좋을 건 없었다. 손전등을 아드리앙 쪽으로 비췄으나, 노인은 생각에 잠겨 정신이 다른 곳에 가 있었다.

"아드리앙, 이렇게 가만히 당하고만 있을 수는 없어요!"

눈앞의 상황이 어떻게 돌아가는지 지금으로서는 전혀 감을 잡을 수 없었으므로, 어떻게 할 것인지는 블랑슈도 말하기 어려웠다. 협박장을 받거나 공갈범의 압박을 받을 준비를 해야 하는 것인가? 지금까지의 메시지는 어떻게 봐도 난해했으나, 이 협박에는 분명 목적이 있었다.

"사냥개를 공격하겠다는 거냐?"

무슨 상관인지 모르겠다고 쏘아붙이려던 차에 블랑슈는 아드리앙의 질문이 얼마나 타당한지 깨달았다. 어제까지만 해도 그 말은 그녀의 입에서 나왔을 것이다. 어둠 속에서 아드리앙이 자기 얼굴을 보지 못한다고 생각하고는 부끄러운 거짓말을 했다.

"사냥개가 어제 답신을 했어요. 말씀드리려 했는데 그 카드 얘기 때문에 기회가 없었죠."

아드리앙은 아무 말 하지 않았고 블랑슈는 그와 눈을 마주칠 수 없다는 데 안도했다. 거리낌 없는 말투를 유지하기 위해 그녀는 초인적인 노력을 발휘했다.

"그는 스카프 사건과 아무 관계가 없는 것 같아요."

여기까지만 고백할 수도 있었겠지만, 일단 말을 꺼내자 블랑슈는 스스로를 짓누르는 짐을 얼마나 내려놓고 싶었는지 깨달았다. 그녀는 사냥개의 메일에 대해 아무것도 숨기지 않았고 화재에서 자신의 잠재적 책임을 축소하려고도 하지 않았다. 블랑슈는 용서와 무엇보다도 위로의 몸짓을 기대하며 제 잘못을 털어놓는 아이가 된 것 같았다. 그녀는 아드리앙이 괜찮다고 달래 주길 기다렸다. 그들은 늘 그런 식이었다. 양아버지가 아무 말도 하지 않고 손전등을 켠 채 창고 안에 홀로 블랑슈를 남겨두고 나가자 그녀의 가슴은 미어졌다.

블랑슈는 벽난로 앞에 앉아 아드리앙이 외출에서 돌아오기를 참을성 있게 기다렸다. 창고에서 나오는 길에 그녀는 자기 차 쪽으로 가는 그와 안뜰에서 마주쳤었다. 블랑슈는 감히 그를 불러 세울 수 없었다. 그가 어디로 가서 언제 돌아올지 전혀 알 수 없었다. 아드리앙은 혼자 있기를 좋아하는 사람이었고, 어머니가 죽었을 때 그녀를 돌보아 주기는 했지만, 이따금 자세한 이야기도 없이 며칠씩 사라지는 일이 있었다. 블랑슈는 그런 성격을 존중하는 법을 익혔다. 그럼에도 그의 부재가 너무 길어지지 않기를 바랐다.

그녀는 이 고독한 시간을 새로운 계획을 구상하는 데 사용했다. 밤에 시체를 처리하려면 빨리 해결책을 찾아야 했다. 공사장은 쓸 수 없고 처음 생각했던 호수는 이제 보니 그렇게 적절치 않은 것 같았다. 대안 하나가 남아 있었다. 아드리앙이라면 시기상조라고 말하겠지만, 단순하고 효과적인 해결책이.

블랑슈가 아는 사람 중에, 에손Essonne의 화장터에서 일하는 사람이 있었고, 여기에서 그곳까지는 80킬로미터가 조금 안 되었다. 그녀는 이곳을 늘 조커 카드로 여겨 왔다. 위급한 순간 단 한 번만 쓸 수 있는 최후의 수단으로. 화장은 그녀가 원하는 순간에 이뤄질 것이다. 그녀가 삼 년 전 도와준 사람이 그렇게 해주겠다고 약속했었다. 그러나 그는 그런 일은 딱 한 번 뿐이라고 다짐을 놓았다. 단 한 번으로 그들 사이의 계산은 끝나는 거라고. 블랑슈에게는 필요하다면 그가 생각을 고쳐먹게 할 증거가 있었지만, 고객을 협박하는 건 직업을 바꾸어야 한다는 거나 마찬가지였다. 중요한 것은 무슈 V를 호출할 만큼 상황이 절박한지 판단하는 일이었다.

평소라면 블랑슈는 사실에 기초하여 판단할 것이다. 해가 저물기 전에 개를 데리고 산책하던 사람이 우연히 이 근처를 지날 가능성을 따져볼 것이다. 새 발전기를 구해서 냉동고를 다시 작동시킬 때까지 필요한 시간을 계산할 것이다. 평상시라면 그 모든 점을 검토했겠지만, 오늘은 한 가지밖에 고려할 수 없었다. 누군가가, 어딘가에서, 그 냉동고 안에 무엇이 있는지를 정확히 안다는 사실이었고 그 단순한 사실은 충분한 답이 되었다. 우물쭈물할 때가 아니었다. 블랑슈는 무슈 V의 번호를 눌렀다.

그가 블랑슈를 기억해 내기까지는 몇 초가 걸렸다. 그는 열렬한 기쁨도 실망도 내비치지 않았다. 무슈 V는 그날이 오리라는 것을 알았고 각오하고 있었다. 약속은 자정으로 잡혔다. 그는 무아노Moineaux의 오름Orme 묘지 입구 앞에서 최대 삼십 분까지 블랑슈를 기다리기로 했다. 그 시간이 지나면, 그는 그곳을 떠나 두 번다시 그녀의 연락을 받지 않을 것이었다.

그 문제가 해결되자 블랑슈는 상황을 면밀히 검토하려 했다. 어떤 남자, 혹은 여자가 그녀인 척 메일들을 보냈다. 받은 사람은 사냥개뿐일까? 단언할 수는 없었다. 동일 인물이 아닐 가능성은 희박한 이 인물이 아드리앙의 창고에 적어도 두 차례 왔다. 첫 번째는 스카프를 빼내기 위해, 두 번째는 시체에 손대기 위해. 그자는 지난번 작업부터 블랑슈에게 바싹 붙어 뒤를 밟은 게 분명했다. 그녀가 희생자의 침실에 있는 틈을 타 스카프를 여행 가방에 슬쩍 넣은 후, 떠나기를 기다렸다가 불을 냈음이 틀림없었다. 시체를 냉동고에 보관하리라는 것을 어떻게 알고 있었는지, 그건 또 다른 의문이었다. 아마 처음 왔을 때 냉동고를 보고 추론해 냈을 것이다. 이렇게 초안을 그려 보자 블랑슈는 마음이 가라앉았다. 이 음모의 이유는 아직 앞으로 알아내야 하지만 이제는 막연하게나마 도식을 파악하고 거기 매달릴 수 있었다. 허둥대지 않는 것이 가장 중요했다.

블랑슈는 거기서 멈출 생각은 없었다. 그녀를 고문하는 자가 제 공작을 이해하도록 새로운 메시지를 보낼 때까지 얌전히 기다릴 생각은 추호도 없었다. 그는 그녀에게, 혹은 아드리앙에게 어떤 불만을 품고 있을까? 이유야 어쨌든 그들의 활동과 자유가 위험에 처해 있었다. 블랑슈는 과거의 임무를 전부 검토하기로 했다. 아드리앙의 경우는 그 일이 좀 더 힘들겠지만, 그래도 그들은 해낼 것이다.

블랑슈는 컴퓨터에서 고객 파일을 열었다. 검토해야 할 임무 93개. 조사해야 할 이름 93개. 그녀가 개입한 이후 그들의 인생에 무슨 일이 일어났을까? 고객 중 하나가 귀찮은 일을 겪고 블랑슈에게 책임이 있다고 여겼을까? 문제는 고객이 아니라 피해자와 관계가 있을 수도 있었다. 가깝거나 먼 친지가, 사랑하는 이의 행방을 찾으려는 수사가 전혀 이뤄지지 않는 이유를 알아냈을지 모른다. 그런 경우라면 조사해야 할 이름이 두 배가 된다. 일은 엄청난 규모가 될 듯했다.

작업에 착수하려던 차에 블랑슈에게 다른 생각이 떠올랐다. 몇 달 전, 그녀는 인터넷으로 지문 채취 도구 세트를 구입했다. 초보적인 수준의 장비였지만 바라는 바를 이루기에는 충분할 터였다. 과정은 지겹고 분명 무척 오래 걸리겠지만, 방정식에서 옛 고객을 한 명 한 명씩 지워 갈 수 있을 것이다. 다만 그러려면, 그녀의 신경줄을 갖고 노는 걸 즐기는 이 사디스트가 카드에 지문을 남기는 실수를 저질렀어야 했다. 어쨌거나 그는 아드리앙과 블랑슈가 절대 경찰에 도움을 청하지는 못하리라는 것을 알고 있으니 아마 주의할 필요를 느끼지 않았을 것이다.

　블랑슈는 현관 수납장으로 달려갔다. 아드리앙이 세 시간 전에 했던 것처럼 맨 위 서랍을 열고 카드를 꺼냈다. 그러나 이해할 수 없게도, 바로 옆에 피투성이 전정가위가 놓여 있었다.

13

블랑슈의 확신은 다시금 산산조각이 났다. 그 전정가위는 사냥개의 피해자 손가락을 자르는 데 쓰였던 것이 틀림없었다. 아드리앙이 카드를 서랍에 도로 넣으면서 그것을 보지 못했을 리가 없었다. 가위는 뻔히 보이는 곳에 놓여 있었다. 그것이 평소에는 다른 원예 도구들과 함께 창고에 보관되어 있다는 것을 블랑슈는 알고 있었다. 이 이상 징후에 아드리앙은 심상치 않음을 감지했을 것이다. 이 가위를 보고서 아드리앙이 자신을 이 집에 혼자 남겨두었다니 그녀로서는 상상하기 어려운 일이었다. 생각들이 머릿속에서 서로 부딪쳤다. 설명할 수 있는 이유는 두 가지뿐이었다. 아드리앙이 블랑슈가 열리라고는 전혀 생각하지 않고 전정가위를 서랍에 넣었거나, 집 안에서 그것을 발견하고 범인이 블랑슈라고 믿었다는 것. 그렇다면 그가 황급히 떠난 이유가 설명된다. 그는 그녀와 대면하기보다 정보를 소화하기 위해 혼자 있을 필요성을 느꼈던 것이다. 블랑슈는 어느 가설이 더 끔찍한지 알 수 없었다.

그녀는 천천히 깊게 호흡하려고 노력했다. 머리가 빙빙 돌고 벽난로 불 앞에서 쬐었던 온기는 사라진 지 오래였다. 블랑슈는 부들부들 떨며, 현관에 축 처져 있었다. 불안이 엄습해 오고 있었다. 전화기는 거실 테이블 위에 놓인 채였다. 도와줄 사람은 아무도 없었고, 냉정을 되찾아야 했다. 그녀는 두 손을 펴서 벽에 대고 폐를 여러 차례 부풀렸다 비웠다. 위기의 순간은 지나갔고, 그녀는 균형을 잡기 위해 양팔을 벌린 채 천천히 주방으로 향했다. 얼굴에 찬물을 끼얹고 행주로 박박 닦았다. 피부를 문지르는 면직물은 사포 같은 효과를 냈고 아픔 때문에 약간 정신이 돌아왔다.

머릿속에 세 번째 가설이 떠올랐다. 그리 있을 법하지 않지만 받아들이기 쉬웠다. 아드리앙이 떠난 후 블랑슈는 내내 거실에 있었지만 샤워를 하고 옷을 입느라 십오 분 정도 욕실에 있었다. 침입자는 근처에 머물러 있었을지 모른다. 적절한 때를 기다리며 구석에 도사리고 있다가 집에 침입했을 수도 있다. 이 생각은 그들을 괴롭히는 자가 오전 내내 그들을 감시하고 있었다는 의미였으므로 그것대로 무시무시하지만, 그래도 다른 가설보다 나았다.

그녀는 아드리앙의 휴대전화로 연락해 보았다. 그가 나가기 전에 전정가위가 이미 서랍 안에 있었는지 알아야만 했고 그에게 물어보아야만 했다. 전화는 곧장 음성 메시지로 연결되어 그녀는 아드리앙에게 자세한 말은 않은 채 전화해 달라고만 했다. 전화를 끊자 집 안에 내려앉은 정적이 온몸을 짓눌렀다. 만일 침입자가 주변을 어슬렁거리고 있다면 아무것도 하지 않고 쉴 수는 없었다.

사람들의 상상 속에서, 범죄 청소부는 반드시 거물 갱에게 걸맞은 무기들로 무장하고 무술이나 비밀 기관에서 검증한 싸움 기술에 통달한 모습이다. 현실에서, 블랑슈의 무기는 청소용품과 여러 색의 쓰레기봉투가 고작이었다. 스프레이로 눈을 겨냥한다면 모를까 적을 물리칠 만한 것은 아니었다. 이 일이 화려하지 않다는 것은 블랑슈가 누구보다도 앞서 인정하는 사실이었고, 자신부터 아드리앙에게 어떤 일인지 설명을 들었을 때 실망했다. 그랬기에 그녀는 스스로가 안전하다고 여길 만큼 무모하지는 않았다. 물론 파리의 원룸 아파트로 돌아갈 수 있었지만 그런다고 문제가 해결되는 건 아니었다. 변함없이 혼자인 채 아주 작은 소리에도 바싹 경계하게 될 터였다.

블랑슈는 자신이 무엇을 하는지 제대로 이해하지 못한 채 세드리크 콜랭의 전화번호를 눌렀다. 그건 아무 의미 없고 전혀 논리적이지 않은 행동이었다. 대마초에 중독된 컴퓨터 엔지니어는 그녀를 도와주기에 가장 동떨어진 사람임이 틀림없었으나, 그의 목소리를 듣자 블랑슈는 무한한 안도를 느꼈다.

"스물네 시간도 안 되어 두 번이나 전화를 걸다니, 이건 사랑을 넘어 집착인걸!"

"지금 통화 괜찮아?" 블랑슈는 그의 인사말을 회피하며 물었다.

"그 말 좀 그만해! 내가 전화를 받는 건, 통화하기 괜찮으니까 받는 거야. 단순하고, 기본적이기까지 하지만, 효율적인 체계지."

지난밤과 달리 세드리크 콜랭은 똑떨어지게 이야기했다. 어조는 여전히 장난스러웠으나 확실히 더 분명했다. 블랑슈는 대마초가 저녁의 즐거움일 뿐인 듯하다고 생각했다. 어쩌면 그는 기대했던 것보다 더 나은 이야기 상대일지 몰랐다. 이제 가장 어려운 일은 어떻게 말을 꺼낼지 궁리하고 어디까지 털어놓을지를 결정하는 일이었다.

"여전히 날 도와줄 마음이 있어?"

"물론이지! 고객에게 보내진 메일들 구했어?"

"아니, 하지만 컴퓨터 기술 때문에 전화한 건 아니야."

"아! 마침내 나한테 저녁 살 마음이 생긴 거야?"

"오늘 저녁이랑 다음번 저녁, 점심이랑 간식도 살게!"

찾아든 침묵에 블랑슈는 아주 오랜만에 미소를 지었다.

"당신 집에 가고 싶어!"

"언제 말이야?"

"지금! 그리고 무기한으로."

"좀 성급하지 않아? 내 말은, 앞날을 약속하는 게 싫다는 건 아니지만, 그 전에 우리 서로를 좀 알아가야 하지 않을까?"

궁지에 몰려 있으면서도 세드리크는 유머 감각을 잃지 않았고 블랑슈는 그것이야말로 자신에게 가장 유익할 거라고 생각했다.

"걱정 마, 당장 부모님을 만나 뵙겠다는 게 아니라 며칠 몸을 숨겨야 해서 그래. 신세를 져도 될까?"

"우리 집 주소는 알고 있지?"

너무나 쉽게 해결되어서 블랑슈는 그가 다시 전화해 생각이 달라졌다고 하지 않을까 두려웠다. 서둘러 소지품을 챙기고 주방 식탁 위에 아드리앙에게 '쓰레기를 좀 배출하기 위해' 밤에 다시 들르겠다는 쪽지를 남겼다. 무슈 V와의 약속은 미룰 수 없었고 시체를 세드리크의 집까지 가져가는 건 말도 안 됐다. 침입자가 그의 손가락을 더 자르지 않기만을 바라는 수밖에 없었다.

블랑슈는 부패 상태를 확인하기 위해 다시 창고에 갔다. 시체는 아직 해동되지 않았고 냉동고에서는 아무런 악취도 나지 않았다. 한두 시간 후면 외부 기온이 몇 도 오르겠지만, 그녀가 찾아본 일기예보에서는 오후 중에 기온이 상당히 떨어지리라고 예고했다. 적어도 그 문제에 대해서는 마음 편히 떠날 수 있었다.

블랑슈는 아쉬워하며 아드리앙의 집에서 멀어졌다. 그곳은 그녀의 아늑한 고치이자 유일한 안식처였다. 백미러를 통해 마지막 시선을 던지는 순간 은은한 분노가 그녀를 사로잡았다. 자신을 고문하는 이를 향해 느낀 증오가 불러일으킨 분노였다. 단 하나뿐인 안식처에서 도망치도록 만든 자를 결코 용서치 않으리라.

14

청바지와 셔츠 차림의 세드리크 콜랭은 완전히 다른 사람 같았다. 블랑슈는 머리에서 발끝까지 그를 살펴보고 다른 상황에서라면 그를 알아보았을까 의문을 품었다. 그는 입꼬리에 미소를 띤 채 그녀의 가방을 받으면서 들어오라고 말했다. 그는 아무런 질문이나 지적도 하지 않았다. 블랑슈의 물건들을 거실에 내려놓은 후 일하던 자리로 가서 앉았다.

"난 아직 한 시간쯤 더 일해야 하지만 내 집처럼 편하게 있어. 집 구조는 잘 알지?"

블랑슈는 구구절절한 말을 늘어놓을 필요가 없는 것에 안도했다. 본인이 그러라고 권했으므로, 그 드넓은 아파트에서 격리된 공간을 찾아내 집주인에게 신경 쓰지 않고 하고 싶은 일을 할 수 있었다. 거실 한복판에 가만히 우뚝 서 있는 대신, 온갖 일을 할 수도 있을 것이다.

"집에서 일하는지 몰랐어." 마침내 침묵을 깨기 위해 그녀가 말했다.

"난 집에서 일해." 그는 등을 돌리고 화면에 눈을 고정한 채 대답했다. "난 채식주의자고, 고양이 털에 알레르기가 있고, 하루 한 번 엄마한테 전화하고, 다림질은 할 줄 몰라. 여전히 여기 머물고 싶은 거 확실해?"

블랑슈는 굳이 대답하지 않았다. 세드리크에게 자기가 보이지 않는다는 걸 알면서 그녀는 미소를 지으며 주방으로 향했다. 그가 자기소개에서 한 가지 빼먹은 게 있었다. 그녀와 마찬가지로 그도 차 애호가였다.

해가 저물 무렵 세드리크는 컴퓨터에서 손을 떼었다. 블랑슈는 갈 생각이 없는 방을 포함해 아파트의 모든 조명을 켜 놓았다. 블랑슈는 늘 그래 왔다. 어쩔 수 없는 일이었다. 어머니가, 이후에는 아드리앙이 아무리 지적해도 떨쳐 낼 수 없는 버릇이었다. 세드리크는 배려 깊게도 전혀 잔소리하지 않았고 그녀는 말없이 감사히 여겼다.

아드리앙은 여전히 연락이 없었다. 블랑슈는 그 침묵의 의미를 해석하려 들지 않으려 애썼다. 그렇게 하려는 순간, 해로운 생각들이 머릿속을 지나갔다. 깨물 손톱은 하나도 남지 않았고 그녀는 진심으로 세드리크가 무슈 V와의 약속 시간까지 걱정을 좀 잊게 해주길 바랐다.

세드리크는 여전히 그녀가 찾아온 이유를 묻지 않았으나, 블랑슈는 느닷없이 들이닥친 자신을 받아 주어야 하는 이유를 알 권리가 그에게 있다고 여겼다.

"지금 걱정거리가 좀 있어."

"그럴 거라 생각했지."

"누군가 내게 악의를 품고 있는 것 같아."

"그런 것 같은 거야, 확실한 거야?"

"확실히 말하긴 어려워. 나를 노리는 게 아니라면, 내 양아버지겠지, 어차피 똑같지만."

"나한테는 다르지!"

"무슨 말이야?"

"우리 집에 당신 양아버지를 모셔야 한다면, 난 아마 두 번은 곰곰이 생각해 봤을걸. 물론 근사하신 분일 게 분명하지만!"

"그런 걱정은 마." 그녀는 머릿속에 떠오른 장면에 재미있어하며 말했다. "그분은 사람을 좋아하지 않는 성격이고 혼자 잘 알아서 하는 양반이야."

"난 당신도 그럴 줄 알았지!"

블랑슈는 세드리크의 말투에서 그가 상황을 진지하게 받아들였음을 깨달았다. 이 마지막 대꾸에 조롱하는 기색은 전혀 없었다. 그는 그녀를 걱정하고 있었다. 적어도 그런 인상을 풍겼다.

"누군가 날 협박할 목적으로 내 일거수일투족을 감시한다는 확신이 들어."

"하는 일이랑 관련해서?"

"그 밖에 뭐겠어?"

"난 그저 물어보는 것뿐이야. 당신이 한밤중에 모르는 사람들 집을 청소하는 재주가 있다는 건 알지만, 그것 말고는 별로 아는 바가 없으니까."

블랑슈는 전적으로 모든 걸 털어놓을 수는 없었지만, 그래도 어느 정도는 그를 신뢰할 준비가 되어 있었다.

"난 온갖 청소를 다 해." 그녀는 그의 시선을 마주하며 말했다. "초록 식물들을 치우는 건 처음이었어."

"난 바보가 아니야, 블랑슈. 내가 좀 껄렁하긴 하지. 약간 게으른 인간이기도 하고. 하지만 당신에 대해선 나도 알아본 게 있어. 당신이 무슨 일을 생업으로 삼는지 삼촌이 알려 주셨지. 이제 보니 삼촌도 전부 알고 계신 건 아닌 것 같지만."

블랑슈는 입술을 깨물고 시선을 떨구었다. 대화가 향하는 방향이 마음에 들지 않았다. 세드리크는 곧바로 한층 가벼운 어조를 취했다.

"그럴 것 없어! 난 불평할 생각 따윈 없으니까. 집에 살림 요정이 계시면, 신나는 일이 많을 거야!"

"내가 댁의 셔츠를 다림질해 줄 거라 믿는다면, 꿈 깨!" 블랑슈는 받아치고 다시 진지하게 말을 이었다. "질문에 답하자면, 그래, 내가 하는 일과 관련해서 날 협박하려는 것 같아. 삼촌이 전부 알고 계신 건 아니더라도, 숨길 만한 심각한 일은 더 없어."

"벽장 속에 시체도 없고?"

"벽장?" 블랑슈는 갑자기 거북해져 중얼거렸다.

"내가 알고 싶은 건, 살인 의뢰를 받아 부수입을 올리지는 않나 하는 거야."

"말도 안 되는 소리!" 마음먹은 것보다 더 높은 목소리가 나왔다.

"좋아! 그 협박범이 여기까지 따라왔다고 생각해?"

"알 수 없지."

"주의를 기울이지 않았어?" 세드리크가 놀랐다.

"물론, 당연히 그랬지, 하지만 내가 무슨 마타 하리♦는 아니잖아! 미행이라거나, 그런 건 내 전문 분야가 아니야."

"알겠어, 하지만 그런 직업이라면 몸 사리는 법을 알 거라 생각하는데!"

"나도 그런 줄 알았지, 그런데 나보다 더 몸을 잘 사리는 상대를 만난 게 분명해."

"무슨 말이야?"

"내가 미행당한다는 건 알지만, 누구인지, 얼마 전부터인지는 모르거든."

"아는 거야, 그렇게 생각하는 거야?"

"생각하는 거야." 블랑슈는 마지못해 인정했다. "어쨌거나 내가 보기엔 그게 유일하게 논리적인 설명이야. 그리고 이 이상은 말할 수 없어."

"좋으실 대로!" 세드리크가 어깨를 으쓱하며 답했다. "당신을 집에 받아 주면 나도 위험해지는지만 말해 줘."

♦ Mata Hari(1876-1917). 제1차 세계 대전 중 활동한 여성 스파이.

"그럴 거라고 생각했으면 절대 오지 않았을 거야!"

"그 말을 들으니 안심되는군!" 세드리크가 말을 맺으며 일어섰다. "배고파? 파스타를 만들까 했어."

"아직 저녁 여섯 시도 안 됐는데!"

"아… 까다로운 손님일 것 같은 느낌인걸!" 벌써 주방으로 향하며 그가 말했다.

블랑슈는 식탁에 앉아 숨도 쉬지 않고 파스타를 집어삼켰다. 어젯밤부터 아무것도 먹지 않은 데다 세드리크가 곁에 있자 식욕이 돋았다. 사냥개, 카드, 전정가위, 그 모든 것이 멀게만 느껴졌다. 다만 곧 한밤중에 혼자 밖으로 나가야 한다는 생각에 마음이 완전히 편치는 못했다. 세드리크에게 도움을 청할 수는 없었다. 그건 그가 도울 수 있는 부분이 아니었다. 게다가 앞으로 할 일에 대해 모호하게만 언급해 놨었다. 마무리해야 할 일이 있다고만 설명했던 것이다. 그는 더 이상 알려 들지 않고 그녀에게 여벌 열쇠를 주었다.

아홉 시쯤 세드리크는 조인트♦를 두 대째 즐기는 중이었고 블랑슈는 온 힘을 다해 잠들지 않으려 애썼다. 자기가 설거지를 하겠다고 고집했고, 손님용 방에 짐을 풀었고, 지금은 전문 용어를 반도 알아듣지 못하는 요리 프로그램을 보고 있었다. 청바지 뒷주머니에서 전화기 진동이 울렸을 때 그녀는 감전된 듯 소스라쳤다.

♦ 대마초 담배.

아드리앙에게 메세지가 온 것을 보고는 얼굴에 미소가 떠올랐으나 곧바로 피가 얼어붙었다. 의미를 이해하기 위해 메시지를 여러 차례 되풀이해 읽어야 했다. 블랑슈는 모든 시나리오를 예상했다고 여겼었다. 분명, 예상을 벗어난 게 하나 있었다. 무슈 V와의 약속은 이제 문제가 아니었다.

15

─ 시체를 어떻게 했니?

그 짧은 메시지는 불안한 정도를 넘어 따귀를 후려치는 것 같았
고, 블랑슈는 영업용 차를 전속력으로 몰면서 여전히 충격에서 헤
어나지 못했다. 모르세르프까지 십 분밖에 남지 않았고 그녀는 아
드리앙에게 다섯 번째 전화를 걸었다. 노인은 전화를 받지 않았다.
통화 연결음이 핸즈프리 장치로 증폭되어 조종弔鐘처럼 울렸다.

세드리크는 같이 가겠다고 고집했다. 문자 메시지를 읽은 그녀
가 굳는 것을 보고, 그는 아무 말 없이 피코트를 걸치고 블랑슈가 거
실 테이블 위에 둔 열쇠 뭉치를 집어 들었다. 그녀는 말리려고 했지
만 그다지 열성적으로 말리지는 않았다.

세드리크는 가는 내내 대부분 얌전히 있었지만, 목적지가 가까

워질수록 블랑슈는 그가 초조해 하는 것을 느꼈다. 그에게 조인트를 피워도 괜찮다고 말했는데도, 두 손으로 스트랩을 쥐고 놓지 못하는 것을 보면 에너지가 지나치게 넘치는 게 틀림없었다. 10킬로미터 지점부터 그의 과묵함은 완전히 사라졌다. 세드리크는 말을 멈추지 않았다. 유일하게 침묵을 지키는 순간은 블랑슈가 응답 없는 전화를 시도할 때뿐이었다. 전화를 끊는 순간 그는 더 심하게 말을 쏟아 냈다.

"그러니까, 상황을 요약하면 이렇다는 거지. 냉동고에 시체를 보관해 놨는데 어떤 약삭빠른 악당이 시체를 조각내는 걸 즐기고 있다. 당신은 오늘 밤 시체를 처리할 예정이었는데 양아버지인 그분은 당신 직업의 온갖 비결을 전수해 주신 분이고 지금은 통화가 안 되는데, 시체가 제자리에 없다고 알려 오셨다. 내가 빠뜨린 것 있으면 말해 줘!"

어떻게 그리 쉽게 모든 걸 털어놓을 수 있었는지 블랑슈는 여전히 의아했다. 아드리앙은 달가워하지 않을 것이었고 그 생각을 하면 약간 만족스러워진다는 점이 자신도 놀라웠다.

"메시지가 그렇게 분명하진 않았지만," 그녀는 도로에서 눈을 떼지 않은 채 말했다. "그래, 대강 그런 거야!"

"미안하지만, 모든 게 별로 논리적인 것 같지 않아."

"모든 거라니 뭐가?"

"협박범이 시체를 사라지게 해서 좋을 게 뭐겠어?"

"나도 모르지. 날 미칠 지경으로 몰아넣거나, 어찌할 바를 모르게 하거나. 난들 알겠어?"

"그건 알겠지만, 시체가 당신들 사유지를 벗어나는 순간부터 협박범은 사실상 행동이 제한되는 셈이잖아. 그 남자를 사라지게 한 게 당신이라고 어떻게 증명하겠어? 시체 주머니에 명함을 넣어 두진 않았을 거 아냐."

블랑슈는 굳이 대답하지 않고 진지하게 궁리해 보았다.

"어쩌면 경찰에게 알리겠다고 날 협박하려는 게 아닐 거야."

"그럼 누구한테?"

"내 옛 고객 중 하나."

블랑슈는 이미 이 가능성을 생각했었다. 가짜 메일 때문에 그녀는 사냥개로부터 신용을 잃었다. 게다가 시체까지 잃어버렸다는 걸 알게 되면, 보수를 반으로 깎는 선에서 그치지 않을 것이다.

"그 고객들이 모두 나처럼 무해한 히피는 아니고 말이지!" 세드리크가 그녀의 추론을 이해하고 결론을 내렸다.

"바로 그거야!"

아드리앙의 집 안뜰로 진입할 때까지 더 이상 한 마디도 들리지 않는 것으로 보아, 세드리크는 그렇게까지 깊이 파고든 것을 후회하는 게 틀림없었다. 그녀는 시동을 끄고 집을 관찰했다. 일 층 불이 전부 밝혀져 있었다.

"당신은 여기서 기다리는 게 낫겠어." 그녀는 문손잡이에 손을 대고 말했다.

"그래도 되겠어?"

"그와 단둘이 말해야 해. 당신이 있으면 상황이 더 복잡해져."

블랑슈는 문지방을 넘으면서 소심하게 자기가 왔음을 알렸다. 그녀는 현관 수납장을 흘끗 쳐다보았다. 잘 보이는 곳에 놓아두었던 전정가위와 카드는 사라지고 없었다. 아드리앙이 서랍에 넣었거나 가져간 게 분명했다. 어느 쪽이든, 그는 그것들을 보았고 그녀에게 이야기해야 한다고 여겼을 것이다.

거실은 텅 비어 있었고 주방도 마찬가지였다. 아드리앙은 벽난로에 장작을 보충하지 않았다. 실내 기온이 바깥과 별 차이가 없어 블랑슈는 외투를 걸치고 있으면서도 떨었다. 아드리앙을 소리쳐 불렀으나 목소리는 대답하는 이 없이 벽에 부딪혔다. 그녀는 위층으로 올라가 재빨리 한 바퀴 살펴보고 노인이 집에 없다고 확신하며 내려왔다.

손전등은 집을 나서기 전 두었던 곳에 있었다. 아드리앙은 창고에 가는 데 손전등은 필요 없다고 판단했음이 틀림없었다. 블랑슈는 그들의 대면이 좀 더 따뜻하고 무엇보다 환한 곳에서 이뤄지길 바랐다. 머릿속 혹은 가슴속 한구석으로, 아드리앙이 이미 침착해져 벽난로 앞에서 상냥한 시선과 활짝 열린 품으로 자신을 기다리길 소망했다. 그녀는 손전등을 집어 들고 약간이라도 용기를 불어넣기 위해 크게 심호흡했다. 양아버지를 마주하기가 두려웠던 적은 지금껏 한 번도 없었다.

처음에 블랑슈는 전기가 복구되어 있어 놀랐다. 그녀는 습관적으로 스위치를 눌렀고 두 개의 네온등이 지직거리다가 불이 들어왔다. 창고는 30제곱미터 넓이였고, 상자들과 원예 도구와 그 밖의 종이 상자들이 아무렇게나 쌓여 있었음에도 블랑슈는 즉시 아드리앙이 그곳에 없다는 것을 알았다. 그 사실에 뱃속이 쥐어짜이는 듯했다. 그의 차는 안뜰에 있었다. 현관문은 잠겨 있지 않았고, 무엇보다도 아드리앙은 절대 전등을 전부 켜 둔 채 집을 비울 리 없었다. 그의 전화번호를 다시 눌렀다. 벨소리가 들리자 블랑슈는 비틀거렸다. 한 번 더 울리자 눈앞이 캄캄해졌다.

눈을 뜨자, 세드리크가 눈썹을 찌푸리고 걱정스러운 눈빛으로 그녀를 굽어보고 있었다. 어디에 있는지 깨닫기까지 몇 초가 걸렸다. 거실 소파에 누워 있는 그녀를, 세드리크가 자기 피코트로 덮어 주고 젖은 천으로 얼굴을 닦아 주고 있었다.

"구조대를 부를까 하다가 아마 안 그러는 게 좋을 것 같았어."

그는 미소를 지었으나, 블랑슈는 이제 정신이 완전히 돌아왔다.

"아드리앙!"

그녀는 몸을 일으키려고 했으나, 세드리크가 강하게 어깨를 붙들었다.

"진정 좀 해! 내가 의사는 아니지만 기절했을 때 조심해야 한다는 것쯤은 알아. 쓰러지면서 머리를 부딪쳤을 수도 있어."

"넌 몰라!" 그녀는 흥분해서 말했다. "아드리앙이….'

"그분은 여기 안 계셔, 블랑슈! 당신을 여기까지 옮기는 데 도움이 될까 해서 내가 사방을 찾아봤어."

"여기 있어, 있다니까! 창고로 다시 가야 해."

블랑슈는 일어나려고 세드리크를 세게 밀쳤다. 갑자기 바뀐 자세에 혈압이 적응하는 동안 비틀거리다가, 그녀는 집 밖으로 뛰쳐

나갔다.

창고에 도착한 세드리크는 블랑슈가 대형 냉동고 앞에 꼼짝 않고 있는 것을 발견했다. 냉동고에 앞에서 최면이라도 걸린 듯했다.

"못 하겠어." 그녀가 떨리는 목소리로 말했다.

그는 가만히 다가섰고 그녀가 말하지 않았던 것을 알아차렸다. 그는 두 손으로 뚜껑을 잡고, 잠시 망설이다가 곧장 들어 올렸다.

16

"앨라배마, 알래스카, 애리조나, 아칸소, 캘리포니아, 캐롤라이나, 콜로라도, 다코타….."

"블랑슈!"

"델라웨어, 플로리다, 조지아….."

"블랑슈, 그만해!"

"내버려둬!" 눈을 감고 주먹을 쥔 채 그녀가 악을 썼다.

세드리크는 그녀의 어깨를 움켜쥐고 가차 없이 흔들었다.

"눈 좀 떠 봐!"

하지만 블랑슈는 아무것도 들리지 않았다. 그녀는 현실을 대면하길 거부했다.

"하와이, 아이다호, 일리노이….."

"코네티컷을 빼먹었어!" 세드리크가 말했다.

"뭐?"

수법이 먹혔다. 그녀는 주절거림을 딱 멈추었으나, 그는 즉시 후회했다. 블랑슈의 호흡은 점점 더 거칠어졌고, 몸은 경련하며 흔들렸다. 얼굴이 너무나 창백해져 다시 기절할 것만 같았다. 이번에는 세드리크가 패닉 상태가 되었다. 그는 무턱대고 그녀의 뺨을 때렸다.

"진정하라니까, 망할! 아무것도 없어. 내 말 들려? 냉동고는 텅 비었다고, 블랑슈!"

그 정보가 도달하기까지는 시간이 좀 걸렸다. 블랑슈는 정신을 닫아걸고 있는 힘껏 자신을 방어하고 있다가 이제는 자신이 굳게 세운 장벽을 무너뜨리는 중인 듯했다. 손마디가 점차 정상적인 혈색을 되찾고 호흡이 점점 규칙적으로 돌아왔다. 블랑슈는 악물었던 턱을 열었고 마침내 눈을 뜨기로 했다.

냉동고는 과연 비어 있었다. 정확히 말하자면, 한가운데에 전화기 하나가 놓여 있었다. 손에 들어 보지 않고서도 블랑슈는 그것이 누구 것인지 알아보았다. 밀폐된 공간에 울려 퍼지던 아드리앙의 매우 독특한 벨소리가 그녀에겐 아직도 기억났다.

"양아버지 거야?"

블랑슈는 두 눈을 거기에 고정한 채 고개를 끄덕였다.

"적어도 왜 전화를 안 받는지 이유는 알겠네!"

"무슨 일이 생긴 거야." 그녀는 걱정스러워지는 무감각한 태도로 말했다.

"그야 알 수 없지! 모르는 새 떨어뜨렸을 수도 있잖아."

"자동차가 안뜰에 있어."

"걸어서 집을 나섰을 수도 있어. 그런 적 한 번도 없어?"

블랑슈는 더 이상 대꾸할 기력이 없었다. 아드리앙이 사라졌고 세드리크의 온갖 이론으로도 그 사실은 바뀌지 않았다. 그녀는 전화기를 붙들고 통화 내역을 살펴보았다. 한 시간 전부터 통화를 시도한 사람은 그녀뿐이었다. 반면 그녀에게 문자 메시지를 보내기 조금 전에 전화 한 통을 받은 기록이 있었다. 저장되지 않은 번호와 나눈 고작 이십여 초의 통화였다. 늦은 시각임에도 그 번호로 전화를 걸었지만 방금 건 번호를 확인해 주는 기계음이 나올 뿐이었다. 모르는 상대에게 메시지를 남기느니 끊는 편이 나았다.

"이 번호가 누구 건지 알 수 있어?"

"난 경찰이 아냐, 블랑슈!"

"알 방법이 있어, 없어?"

세드리크는 명령조에도 화를 내지 않았다.

"해 볼 수야 있지. 하지만 컴퓨터가 있어야 더 쉬울 거야."

"집에 하나 있어."

새로운 에너지를 얻어, 블랑슈는 거칠게 냉동고를 닫고 창고에서 나갔다.

소파의 쿠션을 전부 뒤집고, 벽장을 하나하나 열어 보고, 바닥에 엎드려 구석구석을 뒤지고 나서야 그녀는 아드리앙의 노트북 컴퓨터가 없다는 결론에 이르렀다. 노인은 그것을 잘 쓰지 않았지만, 블랑슈와 마찬가지로 매우 위험한 정보를 보관해 두었다.

"내 휴대전화로 해 볼게." 세드리크가 분위기를 풀기 위해 말했다.

"……."

"전화번호 말이야. 구글에 검색해 볼게. 인터넷에 자기 전화번호가 돌아다니는데 알지도 못하는 사람이 얼마나 많은지 모를걸."

블랑슈는 고개를 끄덕이고 자기도 아드리앙이 문자를 보낸 순간과 사라진 순간 사이에 무슨 일이 있었는지 알려줄 단서를 계속해서 찾았다.

"아무것도 없네." 세드리크가 여전히 몰두해서 말했다. "내가 알 수 있는 건, 그게 SFR✦ 번호라는 것뿐인데, 별로 도움이 되진 않지. 경찰에 알리는 건 선택지에 없겠지?"

"알아낼 다른 방법이 분명 있을 거야!"

"난 해커가 아니야, 블랑슈!"

"당신은 컴퓨터 엔지니어잖아!"

"삼촌이 그렇게 말하셨어?" 그가 웃음을 삼키며 말했다.

"아니라는 거야?"

세드리크는 인상을 쓰다가 지친 소리로 대답했다.

"학업을 마쳤다면 엔지니어가 될 수 있었겠지…."

"그럼 뭘 하는 건데? 내 말은… 뭘로 밥벌이를 하냐고."

"난 일종의 수리공이야. 그럴싸해 보일 만큼은 컴퓨터에 대해 알지. 노인들은 클릭하는 법을 배우려고 내게 돈을 내고, 어머니들은 애들에게 인터넷의 위험들을 경고하려고, 그리고 젊은 애들은, 내

✦ 프랑스의 이동통신 회사.

가 식물을 잘 키우니까 직접 만나러 오는 걸 좋아하지. 아파트는 우리 아버지 거라서 난 큰돈을 벌 필요는 없거든.”

블랑슈는 새로운 사실을 받아들이느라 잠시 멈췄다. 도움을 주기에 가장 적합한 사람을 불렀다고 단단히 믿은 나머지, 세드리크의 능력을 검증하려 하지도 않았었다. 그의 삼촌은 순전한 허영에서 그의 이력서를 부풀렸던 게 분명했다. 돌이키기에는 좀 늦었다. 그녀는 받을 수 있는 도움은 뭐든 받을 준비가 되어 있었다.

그녀는 아무 말도 덧붙이지 않고 벽난로 쪽으로 몸을 굽혔다.

“정확히 뭘 찾는 거야?”

“감도 안 잡혀! 평소와 다른 거라면 뭐든.”

“그분이 납치됐다고 생각해?”

“그러면 다행이지!” 그녀가 무뚝뚝하게 말했다.

세드리크는 그 대답에 놀랐다가 그 속뜻을 이해했다.

블랑슈는 한시도 가만히 있지 않았다. 거실 가구들을 움직인 다음에는 주방 식탁 위에 쓰레기통을 쏟아부었다. 세드리크는 그녀가 금을 찾는 사금 채취자처럼 쓰레기를 분류하는 것을 지켜보았다. 그녀를 제정신으로 돌려놓아야 했지만 흥분이 지나가면 그녀가 무너져 내릴까 두려웠다.

“당신의 최근 고객에게 연락해 봐야 할 때일지도 몰라.” 그는 별로 자신 없이 말했다.

블랑슈는 고개를 들었지만, 세드리크는 그녀 정신이 여전히 딴 데 팔려 있음을 알아보았다.

“사칭 메일들을 받은 사람 말이야. 연락해 보면 뭔가 나오지 않을까?"

"그가 이 일이랑 무슨 상관이야?"

"전에 말했잖아. 그가 받은 메시지들을 전송해 주면, 내가 정보를 캐낼 수 있을지도 몰라. 확실히 약속할 순 없지만, 해 볼 만은 하잖아. 그게 지금 우리에게 유일한 실마리야."

"번호를 몰라." 그녀가 퉁명스레 대꾸했다.

"하지만 메일 주소는 알잖아."

블랑슈는 그래야만 하는 때를 미뤄 왔지만 불가피하다는 것을 알았다. 사냥개, 혹은 적어도 그가 맡긴 임무가 이 모든 일의 시작이었다. 그는 더 이상 연락하지 말라고 단호히 못 박았지만 그 후로 여러 사정이 달라졌다. 아드리앙의 실종이 그와 직접적인 관련이 없더라도, 블랑슈는 자신이 처분해야 하는 시체가 탈취당했다는 사실은 알려야 했다.

손가락이 하도 떨려 메시지를 작성하면서 여러 번 고쳐야 했다. 그가 관심을 주길 바란다면 단어 하나하나가 중요했다. 그러면서도 그녀가 상황을 노련하게 다스리고 있다고 믿도록 해야 했다. 확실히 그 부분이 가장 어려웠다. 그의 도움을 청한다는 인상을 주고 싶지 않아 한참을 망설인 끝에 그녀는 아드리앙의 납치를 알렸다. 하지만 그의 도움이야말로 반드시 필요했다. 적당히 거리를 두고 있어 최근 사건들을 냉정하게 분석할 수 있는 프로의 도움. 이 문제를 해결하기 위해 손을 더럽히는 것도 두려워하지 않을 사내. 아드리앙은 사냥개를 삼십 년 넘게 알았고 언제나 대단한 경의를 담아 그에 대해 말하곤 했다. 블랑슈로서는 그 감정이 쌍방이기를 바라는 수밖에 없었다.

세드리크가 주방 정리를 맡은 동안 블랑슈는 아드리앙의 휴대전화를 조사했다. 전화번호부에는 백여 개의 이름이 저장되어 있었다. 그녀는 그중 3분의 1도 몰랐다. 블랑슈는 양아버지의 사생활을 그렇게 파헤친다는 것이 거북했다. 둘 사이에는 비밀이 없었으나, 그래도 사생활이라는 영역은 마땅히 있었다. 카트린 바르자크의 사망 이후 아드리앙은 여자 얘기라곤 입에 올리지도 않았고, 오랜 세월 동안 블랑슈는 그 점을 기쁘게 여겼다. 양아버지가 이 외딴 집에 혼자 살고 있는 지금, 그녀는 그게 얼마나 이기적인 마음이었는지 깨달았다. 전화번호부에는 여자 이름들, 프랑스계와 가끔은 이탈리아계 이름들이 있었으나, 아드리앙은 한 번도 그들에게 문자 메시지를 보내지 않았다. 혹은 일부러 신경 써서 지웠거나.

아드리앙이 보낸 메일은 거의 없었다. 그는 메일을 좋아하지 않았다. 반면 행정 기관에서 발송한 것이라면 어디서 온 것이든 저장해 두었다. 그녀는 노인이 지우지 않고 둔 스팸 메일 하나를 발견했다. 대신 지우려던 순간 발신자의 주소가 눈길을 끌었다.

사냥개의 주소와 혼동할 만큼 비슷한 주소였다.

17

세드리크의 손가락이 컴퓨터 자판 위에서 왔다 갔다 하는 동안 블랑슈는 상황을 한눈에 들어오게끔 정리했다. 그들은 전투 대형을 짜기 위해 7구에 있는 세드리크의 아파트로 돌아가는 게 낫다는 판단을 내렸다.

세드리크는 블랑슈에게 어떤 해커들은 피해자의 기존 연락처에 있는 메일 주소와 유사한 주소를 확보해서 피해자에게 접근한다고 설명했다. 수신자는 발신자가 아는 사람이라고 믿고, 의심 없이 유해한 링크를 클릭하는 것이다.

"당신 메일 주소가 'blanche.dupont'인데 내가 t를 d로 바꿔 쓴다고 해 봐, 그 사소한 차이를 살펴보느라 시간을 들이지는 않을 가능성이 높아. 왜냐하면 주소의 첫 부분만 읽고 바로 대화 주제로 넘어갈 거거든."

세드리크가 보기에는 블랑슈를 두렵게 하며 즐기는 이가 그 수법을 이용해 아드리앙뿐 아니라 사냥개에게도 메일을 보냈다는 데 의심의 여지가 없었다.

"당신 고객에게 연락하기 위해 계정을 도용할 필요는 없었어. 새로 만들어 냈지."

"그자의 흔적을 추적할 수 있겠어?"

"당신 양아버지께 연락한 계정을 닫지 않았다면, 쉽게 추적할 수 있을 거야."

그 일은 생각보다 어려운 게 분명했다. 세드리크는 삼십 분도 넘게 아무 말 없이 손가락을 놀리고 있었기 때문이다. 블랑슈는 잠시 그의 어깨 너머로 모니터를 지켜보았다. 무슨 의미인지 전혀 알 수 없는 수많은 데이터가 눈앞을 지나갔다.

그녀는 거실에 자리를 잡았고 낮은 테이블은 색색의 포스트잇으로 덮여 있었다. 때때로 그녀는 포스트잇 하나를 떼어 다른 곳에 붙였다. 블랑슈는 생각을 정리하려는 중이었고 해결해야 하는 문제를 트리 구조로 도식화하는 게 그 시작이었다.

파란 포스트잇은 아드리앙과 관련이 있었다. 그녀는 머릿속에 떠오르는 것을 전부 나열했다.

아드리앙은 냉동고에 있던 시체가 사라진 것을 확인했고 그 얼마 후에 실종되었다. 이것은 우연이었을까, 아니면 그의 납치는 계획되어 있었을까?

그는 누구인지 모르는 번호와 짧은 통화를 했고 사냥개인 척하는 인물에게 메일을 받았다. 메시지에는 아무 내용도 없었다. 아마 추어 비디오 사이트로 연결되는 링크가 들어 있었지만 내용은 내려가고 없었다.

아드리앙의 컴퓨터와 차 열쇠가 사라졌다. 블랑슈는 족히 한 시간은 찾다가 포기했다. 그녀는 극심한 두려움을 느끼며 르노 자동차의 트렁크를 강제로 열었다. 그 안에는 새 발전기가 들어 있었다. 블랑슈는 가슴이 메었다. 아드리앙이 집을 비운 것은 전기 문제를 해결하기 위해서였지 그녀를 피하기 위해서가 아니었던 것이다. 적어도 그녀는 그 생각에 위안받았다.

블랑슈가 놓아둔 자리에서 사라진 전정가위 문제가 남았다. 아드리앙이 그것을 보기는 했을까, 혹은 납치범이 그보다 앞서 가져갔을까?

블랑슈는 자신의 상상력이 날뛰게 놔두기 두려워서 한결같이 납치범이라는 말을 썼다. 아드리앙은 살아 있다, 다른 생각을 해선 안 되었다.

사냥개 역시 할당된 색이 있었다. 본의 아니게 그는 이 사건에 연루되었다. 가짜 메일은 사라진 시체가 가져올 결과에 비하면 아무것도 아니었다. 화재 사건 역시 언제든 그에게 불리해질 수 있는 방해물이었다.

블랑슈는 납치범의 동기를 도저히 짐작할 수 없었다. 얼마 안 있다가 버릴 거라면 시체의 네 손가락을 왜 잘랐을까? 블랑슈는 잠시 엽기적인 보물찾기를 상상했다. 비포장도로 한복판에 놓여 가야 할 방향을 지시하는 둘째 손가락.

"가운데 이름이 뭐야?"

그 질문에 블랑슈는 깜짝 놀랐다. 생각에 골몰한 나머지 세드리크의 집에 있으면서도 그의 존재를 잊고 있었다.

"진담이야? 지금 그게 중요해?"

"혹시 엘리즈 아니야?"

블랑슈는 몸을 곧추세우고 그의 설명을 기다렸다.

"당신 고객의 메일 주소를 생성한 건 블랑슈 엘리즈 바르자크라는 인물이야. 1981년 12월 29일생. 이거 당신이야?"

이번에 블랑슈는 당혹스러움을 숨기지 못했다. 세드리크는 그것이 흔히 쓰이는 수법이라고 설명했다. 해커들은 희생양을 만들어 내길 좋아했다. 그러기 위해서는 어떤 신원에 대해 정보를 최대한 수집하는 걸로 충분했다. 요즘에는 아이들 장난 같은 일이었다. 블랑슈는 사칭 계정이 자기 이름으로 등록되어 있는 것을 알았다면 아드리앙의 반응이 어땠을지 생각했다. 무죄 추정의 여지를 남겨두었을까? 세드리크는 그녀의 가족력을 몰랐고 그녀를 불신할 이유가 전혀 없었다.

"그렇다면 계정이 아직 살아 있나 보군!" 그녀는 세드리크 쪽으로 걸어가며 말했다.

"그래, 왜?"

"그자가 나와 이야기하려 하지 않으니, 내가 해야지."

"정말 그렇게 할 거야?"

"더 나은 수가 있어?"

세드리크는 어깨를 으쓱하고 다시 자판을 두드리기 시작했다.

"뭘 하는 거야?"

"새 계정을 만드는 중이야. 일 분이면 돼."

"그럴 필요 없어! 그에게 내 정체를 숨길 생각은 없어."

"당신 정체는 그럴지 몰라도, 그가 내 IP 주소를 알 필요는 없잖아! 그자가 쳐들어오길 바라는 게 아닌 다음에야."

"내 컴퓨터로 할 작정이었거든!"

세드리크는 너그러이 봐주겠다는 듯 그녀를 쳐다보고 하던 일을 계속했다.

블랑슈는 단어들을 불러 준다기보다 내뱉듯이 했다. 메시지를 작성하겠다고 나섰던 세드리크는 여러 차례 어조를 좀 누그러뜨리라고 권했지만 그녀는 타협적으로 보일 마음은 추호도 없었다. 적이 자신의 메일을 나약함의 증거로 해석하길 바라지 않았다. 그러기는커녕, 아드리앙을 되찾기 위해 뭐든 각오가 되어 있음을 상대가 이해하길 바랐다. 그러기 위해 경찰을 찾아가야 한다면, 일말의 후회도 없이 그렇게 하리라. 그것도 모자라다면 다른 수단을 쓸 것이었다. 그녀는 자기 주소록에 주저 없이 도움을 청할 수 있는 각양 각색의 인재들이 저장되어 있다는 점도 떠올렸다.

"전문 킬러를 말하는 거야?" 세드리크가 불안한 듯 물었다.

"딱히 누구를 말하는 건 아냐." 그녀는 쌀쌀맞게 대꾸했다.

의례적인 정중한 인사말 대신, 블랑슈는 명령으로 메시지를 끝맺었다. 만남의 장소와 시간을 기다리겠다고.

"정말 그를 직접 만나려고?"

"일단 답장 오는 걸 보고 생각할 거야."

블랑슈는 스스로의 태연함에 놀랐다. 아드리앙을 공격함으로써, 그 남자, 혹은 그 여자는 방벽을 무너뜨렸다. 블랑슈가 그 뒤에 숨어 있는 데 익숙했던 방벽을. 민감한 문제를 처리하는 건 아드리앙이었다. 그녀의 뒷바라지를 해주는 것 또한 아드리앙이었다. 스스로 최전방에 나설 수 있고 거기서 어떤 흥분을 느끼리라고는 결코 생각지 못했었다. 이제 피해자처럼 굴 때가 아니었다.

곧 답장이 왔다. 세드리크는 큰 소리로 메시지를 읽다가 별안간 멈췄다. 블랑슈는 그가 일하는 자리로 가서 멈춘 데부터 이어 읽었다.

— 새벽 두 시에 와트 거리 터널 안에서 만나지. 남자친구는 데려오지 말 것, 그가 네 멘토와 같은 운명을 맞길 원치 않는다면.

18

새벽 두 시에 와트 거리 터널을 어슬렁거리는 게 바람직하지 않다는 것은 파리지앵이 아니라도 알았다. 오스테를리츠 역 선로 밑에 위치한 그곳은 많은 예술가들의 단골 소재였다. 와트 거리를 주제로 노래, 영화, 그림까지 있었다. 묘사는 늘 한결같았다. "기둥들이 늘어선 거리, 늘 아무도 없는."♦ 만남의 분위기는 알 만 했다.

"정말로 혼자 갈 생각은 아니지?"

"당신도 메시지 읽었잖아!"

세드리크는 미친 듯이 조인트를 빨며 아파트 안을 서성거렸다.

"그러도록 놔둘 수는 없어!"

"기분 나쁘게 여기지 말고 들어 줘, 하지만 당신도 딱히 경호원에

♦ (원주) 보리스 비앙 작사, 〈와트 거리La Rue Watt〉.

어울리는 이미지는 아니야."

"내가 컴퓨터 엔지니어인 줄 알았잖아!"

"댁 삼촌이 잘못 생각하게 한 거지!"

"우리가 같이 있다는 걸 어떻게 알았을까?"

"전혀 모르겠어." 블랑슈가 인정했다. "어쩌면 처음 왔을 때 날 미행했을지 모르지. 아니면 좀 전에 아드리앙의 집에 있을 때 지켜보았거나."

이상하게도 블랑슈는 그 가능성에 겁나지 않았다. 납치범은 그녀의 그림자가 되었다. 그녀는 거기에 익숙해졌다.

"적어도 우리 집에 카메라가 있는 게 아니란 건 알겠어!" 세드리크가 억지로 웃긴 척하며 말했다.

"그건 또 무슨 소리야?"

"만일 그렇다면, 내가 아직 당신 남자친구가 아니란 걸 알았을 테니까!"

블랑슈는 대꾸하지 않았지만, 미소를 억누르지 못했다. 이 남자가 그녀를 부드럽게 한다는 사실은 인정해야 했다. 여느 아가씨들이 그러듯, 그녀도 종종 위급할 때 자신을 구하러 오는 용감한 기사를 꿈꾸었다. 다만 흐트러진 머리에 깡마른 몸을 한 어른아이의 모습으로 나타날 거라곤 상상하지 못했었다.

"적어도 무기는 있지?"

"난 청소부야, 세드리크, 폭력단 행동대장이 아니라!"

"재밌네!"

"뭐가?"

"그 단어들이 모두 여성형이 아니라는 거 알고 있고 있어? 청소부nettoyeur, 행동대장homme de main, 가해자agresseur라는 말조차 그래!♦ 여성들이 평등을 원한다는 건 알지만 이 점이 우리의 성향에 대해 많은 걸 알려 주는 건 사실이야."

"솔직히 말해, 평등은 지금 내 걱정거리 축에 끼지도 못해."

"물론 그렇겠지, 미안. 대마초가 드디어 효력을 발휘하나 봐."

"거참 반가운 일이네!"

"진정해! 난 느긋하게 풀려 있을 때 생각을 더 잘하거든."

세드리크가 생각에 잠겨 가만히 있는 동안 블랑슈는 그를 마구 흔들고 싶은 갑작스러운 충동이 들었다.

"어쩌면 내게 우릴 도와줄 친구가 있을지도 몰라!" 그가 돌연 다시 생생해져서 말했다.

"아, 그러셔!"

"자기 혼자만 수상쩍은 지인들이 있는 게 아니란 걸 아셔야지. 나에게도 비밀스러운 구석이 있거든."

블랑슈는 인내심을 잃었고 그 사실을 숨기려 들지 않았다.

"우리에게 무기를 제공할 만한 사람을 알아."

"저기… 첫째, 내가 총을 들고 간다는 건 천만의 말씀이야. 어차피 난 쏠 줄도 몰라. 둘째, '우리'라는 말은 그만둬. 당신은 여기 있는

♦ 프랑스어에서 직업을 나타내는 단어는 대개 남성형과 여성형이 구분되어 쓰인다. 여기서 블랑슈는 자기 직업을 표현할 때 '여성 청소부'를 뜻하는 nettoyeuse 대신 '특별 청소부'라는 의미의 남성형 단어 nettoyeur를 사용한다. 행동대장과 가해자를 뜻하는 남성형 단어 homme de main, agresseur에 대응하는 여성형 단어 femme de main, agresseuse은 일상에서 거의 사용하지 않는다.

거야. 얘기 끝."

세드리크는 후방에 있겠다고 타협하는 데 성공했다. 블랑슈는 슈발레 거리 모퉁이에 그를 내려 준 후 혼자 터널로 진입했다. 그는 납치범이 혹시 그녀까지 납치하려 들 경우 뒤를 쫓을 수 있을 거라면서 차량 뒤에 자기 자전거를 싣겠다고 고집했다. 블랑슈는 자전거로는 얼마 못 가 뒤처질 거라고 말하려다 참았다. 그의 존재는 이상하게도 위안이 되었다.

보도 옆에 차를 세우고, 헤드라이트를 켠 채 그녀는 십 분간 기다렸다. 재정비 공사와 건축가들의 열정에도 불구하고 그곳은 여전히 음산했다. 노숙자 두 명이 움막집에 들어앉아 몸을 덥히기 위해 노래를 부르며 술을 마시고 있었다.

블랑슈는 조수석 아래 넣어둔 삽이 아무짝에도 쓸모없으리라는 것을 잘 알았다. 그거라도 있으면 안심이 될까 싶었지만, 결국 상황의 부조리함을 강조할 뿐이었다. 이 약속에 응하면서 정확히 무엇을 기대했나? 그녀를 고문하는 이가 자기 행동을 해명하고 폐를 끼친 데 사과라도 늘어놓기를? 블랑슈는 목숨을 지키기 위해 싸운 적이 한 번도 없었다. 직업만 빼면 그녀는 지극히 평범한 여자일 뿐이었다. 그 생각에 미치자, 그녀는 차량 뒤편으로 가서 황산이 든 통을 들었다. 마개를 누르고 살짝 돌렸다. "언제나 안전에 만전을 기해야지!" 그녀는 온갖 액션 영화를 돌이켜 보며 중얼거렸다.

휴대전화 신호음에 블랑슈는 흠칫했다. 그녀는 차 바닥에 아드리앙이 쓰는 옛날식 표현으로 '황산유油'를 조심스레 내려놓고, 침착하게 숨을 내쉬었다. 세드리크는 이미 세 차례나 문자 메시지를 보냈고 그녀는 매번 답했지만, 그녀가 무사한지 알아야겠다는 그의 고집에 숨이 막혀 가고 있었다.

글러브 박스에서 전화기를 찾는데 어느 차의 헤드라이트가 눈을 부시게 했다. 블랑슈는 숨을 죽이고 천천히 다가오는 차를 잘 보기 위해 손차양을 만들었다. 차는 30미터 거리에서 멈추었다. 그 거리에서는 아무것도 분간할 수 없었다. 확실한 것은 그 차가 어두운색 세단이라는 것뿐이었다. 그녀는 휴대전화를 움켜쥐고 카메라를 켰다. 화면을 확대해 번호판을 식별할 수 있었다. 그녀는 사진을 바로 세드리크에게 보냈다. 그녀가 사라진다면, 그가 단서로 쓸 수 있을 것이었다. 그는 엄지손가락을 치켜든 이모티콘으로 답했다.

세단의 뒷문이 열리자 블랑슈는 떨림을 가라앉히기 위해 팔을 핸들에 얹었다. 계속해서 카메라 셔터를 누르며 하나쯤 나중에 쓸모 있을 사진이 나오길 바랐지만, 그럴지는 의심스러웠다. 터널의 어두운 조명과 눈이 멀 듯한 헤드라이트 때문에 어렴풋한 형체밖에 분간할 수 없었다.

승객이 몇 걸음 멀어지자 블랑슈는 긴장이 풀렸다. 다리가 지나치게 길고, 도도한 자태에도 불구하고 발걸음이 불안정한 그 윤곽을 보고 그녀는 거의 미소를 지었다. 블랑슈가 주시하던 것은 지나치게 높은 굽 때문에 엉덩이를 흔드는 폼이 매력적이라기보다 우스꽝스러운 한 여자였다.

여자는 닫힌 차창을 향해 고래고래 몇 마디 욕설을 퍼부었다. 소리가 울리는 바람에 알아듣지는 못했지만, 그 의미를 이해하는 데는 아무 문제 없었다. 차는 출발했고 밤일 하는 아가씨는 비켜서는 수밖에 다른 도리가 없었다.

파리의 밤의 서글프도록 흔해 빠진 풍경이군, 블랑슈는 사진을 하나하나 지우며 생각했다.

그녀는 세드리크에게 메시지를 보내 별일 아니었음을 알렸다. 답으로 다시 엄지손가락이 왔다. 블랑슈는 손가락으로 대화 내역을 거슬러 올라가며 언제부터 그들의 대화가 어머니와 사춘기 아들의 대화처럼 변했는지 알아보려 했다. 세드리크의 말을 짧게 하는 버릇은 점점 이모티콘으로 변하고 있었다. 이런 식이라면, 그들은 곧 그림 퀴즈로 대화하게 될 듯했다. 새로운 신호음이 울리며 화면 위쪽에 알림이 한 줄 떴다. 그때 블랑슈는 확인하지 않은 문자 메시지에 생각이 미쳤다. 그녀는 재빨리 확인했다. 세드리크에게서 온 것이 아니었다. 그녀는 주메뉴로 돌아갔고 발신자 이름이 표시되어야 할 곳에서 번호가 눈에 들어왔다. 그 숫자들을 분명 어디선가 본 적 있다는 확신이 들었다. 블랑슈는 아드리앙의 휴대전화를 꺼내려고 가방을 뒤졌다. 양아버지가 실종되기 직전 그에게 연락했던 번호가 맞았다. 그녀는 그 번호로 통화를 시도했었고 드디어 응답받은 것을 기뻐해야 할 판이었다. 어긋난 점이라면, 블랑슈는 자기 전화가 아닌 아드리앙의 전화로 연락했었다는 것이었다.

그녀는 가능한 한 호흡을 진정시키고 메시지를 읽었다. 첫 단어부터 시야가 흐려지며 온몸에 열기가 확 퍼졌다. 그녀는 난방을 껐고, 그러자 온풍과 귀에 익었던 부르릉거림이 멈췄다. 정적은 견딜 수 없었다. 그녀는 창문을 활짝 열고 오염된 공기를 크게 들이마셨다.

"앨라배마, 알래스카, 애리조나, 아칸소, 캘리포니아, 캐롤라이나, 콜로라도." 그녀는 눈을 감고 외웠다. "정신 차려, 제기랄!"

블랑슈는 숨을 크게 내쉬고, 눈을 뜨고 이를 꽉 악문 채 문자를 다시 읽었다. 울거나 한탄할 때가 아니었다. 현실을 마주하고 그 말들을 받아들여야 했다.

— 무슨 짓이지, 블랑슈? 그자는 거기 있어선 안 돼! 이제 노인네를 어떻게 할까?

19

지금 일어나는 일은 블랑슈의 가장 끔찍한 악몽이 아니었다. 그것을 훨씬 넘어섰다. 그녀의 상상력은 그렇게 멀리까지 뻗을 재간이 없었다. 블랑슈는 여러 해 전부터 기억 소실이 일어나고 부적절한 행동과 일관성 없는 말을 하게 될까 봐 마음의 준비를 해 왔다. 그 순간이 두려웠지만 운명으로 알고 기다렸다.

어머니에게는 어떠한 전조 증상도 없었지만, 블랑슈가 너무 어렸기에 눈치 채지 못했던 것일지도 몰랐다. 아드리앙도 그 모든 일로부터 그녀를 보호했다. 카트린 바르자크가 목숨을 끊고 나서야 그는 자신이 관찰했던 증상들을 상세히 말했다. 어긋난 말들, 가벼운 건망증. 위험하다고 느끼지 못했던 은밀한 병세의 진행. 블랑슈는 자신도 마찬가지라 생각했다. 아드리앙이 정해 준 규칙을 받아들인 것은 그런 이유에서였다. 첫 증상이 나타나자마자 상태를 알아차릴 수 있도록. 아드리앙이 감시하지 않는다면 블랑슈는 현실 부정에 빠져 살리라는 것도 그 이유였다.

"이건 조작일 수밖에 없어!" 그녀는 기나긴 예후 증상 목록에 편집증도 있었음을 잊지 않으며 이성적으로 판단하려고 애썼다.

세드리크가 몇 번째인지 모를 문자를 보냈었다. 그는 터널 출구에서 안절부절못하고 있었다. 겨울 기온은 자전거 위에서 꼼짝 않고 있기에는 좋지 않았고 약속 시간은 한 시간 넘게 지났다. 블랑슈는 아직 답장하지 않았다. 더 기다려 봐야 소용 없다는 것을 잘 알았지만 현실로 돌아가기가 두려웠다. 세드리크에게 뭐라고 말한다? 스스로도 어떻게 생각해야 할지 알 수 없었다. 어쩌면 그가 다시 조사에 들어가 그 번호의 주인 이름을 알아낼 수 있을지 모르지만 그러려면 메시지를 그에게 보여 줘야 했다.

블랑슈는 어떻게든 이 혼란을 해결해야 했다. 자신의 정신 건강과 생존이 달린 문제였다. 그 익명의 번호에, 이번에는 자기 휴대전화로 전화를 걸어야만 했다. 신호음이 두 번 울린 후 음성사서함으로 넘어갔으나 말이 목구멍에 걸려 나오지 않았다. 그녀는 전화를 끊고 집중했다. 행동해야 했고, 그 메시지가 이제까지보다 더 정신을 오염시키지 못하게 막아야 했다. 처음에 그녀는 마음속 생각들과 자신을 자극하는 분노를 담아 악의에 찬 답장을 썼다. 그러다가 스스로의 의심들을, 따라서 약점들을 그렇게 뚜렷하게 드러냄으로써 적에게 허점을 내보이고 싶지 않아 몇 마디를 지웠다. 다시 읽어 본 후 그녀는 전부 지우고 "다시 연락해!"라는 말로 그쳤다.

이런 반말투는 별로 그녀답지 않았지만, 납치범의 어투를 씀으로써 둘 사이에 의사 소통이 이루어지기를 바랐다. 답신은 짤막했고 만족스럽지 못했다. '한 시간 후에 네 집에서. 다른 멍청이는 치우도록!' 익명의 상대는 그러니까 그녀가 어디 사는지 알았다.

그 시각이면 거기까지 가는 데 십오 분이면 족했고, 아직 그들을 지켜보는 중일 납치범도 마찬가지였다. 왜 이렇게나 여유를 주지? 그가 요구하는 대로 세드리크를 떼어놓는 건 오 분도 안 걸릴 터였다. 그렇다면 왜 이 시간으로 정했을까? 세드리크가 차에서 내리는 것을 본 후 자리를 뜬 것일까? 블랑슈는 서로 관련이 있는지 없는지 조차 모른 채 이 모든 의문들을 제기했다. 머리가 폭발할 지경이라, 세드리크가 차창을 두드리는 소리를 처음에는 듣지 못했다. 두 번째로 두드렸을 때, 블랑슈는 깜짝 놀랐다. 그는 자전거에 올라타 한 발을 땅에 대고 있었다. 입에서 입김이 피어올랐다. 유리창을 내리자 그의 입술이 추위로 새파래진 것이 눈에 띄었다.

"걱정되던 참이었어! 왜 답장 안 했어?"

"미안, 배터리가 없었어!"

자연스럽게 나온 동시에 의미심장한 이 첫 번째 거짓말로 블랑슈는 자신이 결정을 내렸음을 깨달았다. 그녀는 자신의 정신을 고문하며 사악한 기쁨을 느끼는 자와 혼자 대면할 작정이었다.

평소라면 재빨리 협상에 나설 세드리크는 머뭇거리지 않고 블랑슈의 조건을 받아들였다. 그녀는 남은 밤 동안 자기 집에 가 있다가 다음 날 아침에 그와 다시 만나겠다고 했다. 그는 처음에는 놀랐으나 블랑슈는 더 이상의 설명 없이 자기가 했던 말을 글자 그대로 되풀이했다. 추위 때문에 세드리크의 의지가 꺾였는지, 아니면 블랑슈의 말에 담긴 자신감 때문이었는지, 그녀는 홀로 차를 타고 와트 거리를 떠나게 되었다.

48시간 전부터 그녀를 떠나지 않은 그림자의 얼굴을 보려면 아직 삼십 분 더 기다려야 했다. 불안과 흥분이 뒤섞여 차분히 추론할 수도 가만히 있을 수도 없었다. 30제곱미터의 집 안을 그녀는 우리에 갇힌 사자처럼 성큼성큼 돌아다녔고 경사진 지붕 밑에서 고개를 숙이는 것도 잊을 정도였다. 커피를 두 잔째 마시는 중이었지만 커피는 심장 박동과 불안을 재촉할 뿐이었다.

밤중의 그 시각에는 거리나 이웃집에서 나는 소리가 크게 들렸다. 블랑슈는 하나하나 귀를 기울이며 혹시 계단통에서 나는 소리가 아닌지 분간하려 했다. 타이머의 특징적인 소리나 자기 층 바닥이 삐걱대는 소리는 알아들을 수 있었다. 그녀는 미지의 상대가 문을 두드릴 때 대비되어 있고 싶었다. 떨지 않고 문을 열 수 있도록.

그녀는 아드리앙이 알려 준 검사 동작들을 하며 자신의 운동 능력과 지적 능력을 확인했다. 반응의 정확성이나 손의 위치를 확인해 줄 아드리앙이 없으니 테스트는 별 의미 없었지만, 블랑슈는 뭔가 친숙한 것에 매달려야만 했다. 그녀의 기준점은 전부 산산이 흩어졌다. 양아버지는 사라졌고, 최고의 고객이 대화를 거부하고 있었으므로 직업도 위태로웠다. 그녀가 방정식에서 세드리크를 아주 쉽게 제쳐 놓은 데에는 이유가 있었다. 그는 그녀의 방향을 잃은 느껌을 증폭시킬 뿐이었다. 블랑슈는 속내를 털어놓지 않았다. 자신의 직업 생활이나 사생활에 대해 아무것도 공유하지 않았다. 결국, 그리고 아마 무엇보다도, 블랑슈는 아드리앙의 도움이 아니면 어떤 도움도 결코 필요치 않았다. 상황이 이례적이긴 하지만, 그 원칙을 고수해야 했다.

네 시 정각, 블랑슈는 건물 현관이 닫히는 소리를 들었다. 각오는 되어 있었다. 이제 진실과의 거리는 세 개 층밖에 남지 않았다. 문에 귀를 대고 자신의 심장 박동마저 잊은 채, 머릿속으로 한 걸음 한 걸음을 세었다. 발걸음은 느리게, 그녀가 느끼기에는 지나치게 느릿느릿 가까워졌다. 그 인물은 올라오면서 한 층마다 멈춰 서는 것 같았다. 찾는 층을 확인하는 것일까, 숨을 고르는 것일까? 블랑슈는 애가 탔다.

마침내 바닥이 삐걱거리는 소리를 냈다. 그자가 거기, 문 뒤에 있었다. 블랑슈는 기다리겠다고 다짐했었다. 그러나 그러지 못하고 문을 활짝 열었다.

20

타이머가 끝났다. 미지의 인물은 문에서 1미터 떨어진 곳에 미동도 없이 서 있었다. 집 안에서 나오는 조명은 그에게까지 닿지 않았다. 블랑슈는 공포를 극복하고, 문지방을 넘어 그의 소매를 붙들어자기 쪽으로 끌어당겼다. 마침내 그의 얼굴을 분간할 수 있게 되자블랑슈는 손을 놓고 비틀대며 뒷걸음질 쳤다. 남자는 같은 속도로그녀를 따라왔다. 방 한복판까지 와서 그는 쓰러졌다.

블랑슈가 돌처럼 굳어 있는 동안, 마룻바닥 위에 피 웅덩이가 천천히 퍼졌다. 남자는 고개를 바닥으로 돌린 채 더 이상 움직이지 않았다. 그의 얼굴을 자세히 살펴볼 겨를도 없이, 그녀의 시선은 곧장방문객의 목을 가로지르며 벌어진 상처에 이끌렸다. 열여섯 살 때즐겨 보았던 호러 영화들에서처럼 피가 울컥거리며 뿜어져 나왔다.

블랑슈는 이제 소파에 몸을 웅크린 채 움직임 없는 몸뚱이를 바라보고 있었다. 패닉의 순간이 지나자, 그녀는 낯선 이에게 달려가 힘겹게 그를 바로 뒤집고 출혈을 막으려 애써 보았다. 두 손을 상처에 갖다 댔지만 그 임시방편의 지혈로는 충분하지 않았다. 남자는 최후의 알아들을 수 없는 소리를 내고는 숨이 끊어졌다.

아는 얼굴이었다. 기억해 내기까지 시간이 걸렸다. 막 돋아난 수염과 얼굴을 일그러뜨린 공포의 표정 때문에 쉽지 않았다. 그 얼굴이 과거에 만났던 매끈하고 윤곽이 섬세한 소년의 초상으로 바뀌기까지 블랑슈는 한참 애써야 했다.

그것은 오륙 년 전의 일이었다. 쌉쌀한 뒷맛을 남긴 임무였다. 말다툼이 안 좋게 끝난 사건으로, 특히 블랑슈가 어느 숲 아주 깊숙이 시체를 파묻은 열일곱 살 소녀에겐 불운이었다. 범인은 결국 대가를 치렀다. 그는 여기, 그녀 집 한복판에 쓰러져 있었다. 당시의 소년, 제대로 기억하는 거라면 캉탱은 그녀에게 아무것도 하지 말라고 애원했다. 자기가 경찰에 자수하게 놔두라고. 그는 여자친구를 죽일 생각은 없었고, 얘기를 듣자니 진심으로 사랑했다. 협상에 개입한 것은 그의 아버지였다. 캉탱은 고작 열여덟 살이었고 파리 정치대학에 막 입학했다. 이미 전도유망한 앞날이 기다렸다. 블랑슈는 사고가 분명하다는 데 의심이 없었으므로, 이 사고가 결코 그의 이력에 흠이 되어서는 안 된다고 생각했다. 블랑슈는 설득에 넘어갔다. 아드리앙이 그녀의 역할은 옳고 그름을 판단하는 게 아니라 청소하는 거라고 몇 번째고 상기시키며 남은 죄책감을 지워 버렸다. 그럼에도 반쯤 파묻힌 소녀의 이미지는 몇 년간 떨쳐 버릴 수 없었고 블랑슈는 아직까지도 가끔 딸이 돌아오길 간절히 바라며 창문에 붙어 선 실의에 빠진 부부를 상상했다.

어째서 캉탱이 자기 집에 돌연 쳐들어왔는지 전혀 짚이는 데가 없었다. 그녀는 그와 다시 연락한 적 없었다. 이따금 생각하며 자신의 개입이 적어도 그에게만은 도움이 되었기를 바랐다. 젊은이가 스스로를 용서할 힘을 찾고 성공적인 삶을 살기를.

블랑슈는 대처해야 했다. 경찰을 부르는 건 물론 논외였고 시체를 자기 집에 놔둘 수는 없었다. 청소는 그녀의 전문이었지만, 거기에 목숨이 걸려 있던 적은 한 번도 없었다.

일에 착수하기 전, 캉탱이 자기가 기다리던 사람이 정말 맞는지 확인해야 했다. 외투 주머니들을 뒤졌지만 아무것도 나오지 않았다. 그녀는 이를 악물고 그의 바지 주머니들을 더듬었다. 우선 열쇠 뭉치가 느껴졌고, 이내 원하던 것을 찾았다. 휴대전화를 꺼내 발신 메시지를 확인했다. 그들의 대화 내역이 아직 남아 있었다.

그것은 선불카드로 구입하는 구형 휴대전화였다. 카메라 기능이 없고 인터넷 접속도 불가능했다. 그녀는 아는 이름이 나올까 하는 희망에서 전화번호부를 열었다. 아무것도 없었다. 블랑슈의 번호만 등록되어 있었다. 실망한 그녀는 휴대전화를 방 반대편으로 내던지고 조사를 계속했다.

뒷주머니에서 두 번 접힌 종이 한 장이 나왔다. 블랑슈는 동요했다. 종이에는 그녀의 주소와 공동 현관 비밀번호가 적혀 있었지만, 눈을 잡아끈 건 그것이 아니었다. 그 필체는 그녀가 누구보다 잘 아는 것이었다. 바로 자신의 필체였다!

블랑슈는 집중하려고 애썼지만 발작이 닥쳐오고 있었다. 무슨 짓을 해서라도 신체와 정신의 주도권을 되찾아야 했다. 그녀는 창문을 활짝 열고 얼어붙을 듯한 공기가 얼굴을 후려치도록 했다. 거리는 황량했다. 호흡에 집중하면서 주차된 차들을 세었다. 차 한 대의 앞 유리 너머로 어떤 형체가 보인 것 같았고 그녀는 뚜렷이 보려고 눈가에 고인 눈물을 닦았다. 사람의 자취는 이미 사라졌다. 그녀는 마음이 가라앉을 때까지 안정 요법을 계속했다.

그녀는 소파로 돌아와 쪽지를 한층 주의 깊게 들여다보았다. 주소는 흔하디흔한 A4용지에 적혀 있었다. 블랑슈는 필체를 다시금 살폈다. 아주 사소한 구석까지 자기 글씨가 분명했다. 블랑슈에겐 숫자 7을 미국식으로 쓰는 버릇이 있었다.[*] 열여덟 살을 맞아 어머니가 보내 준 어학연수에서 익힌 별난 버릇이었다. 현관 비밀번호에는 7이 들어가는데, 쪽지에 쓰인 7에는 획 중간에 가로줄이 분명히 있었다.

블랑슈는 이 특징에 온 힘을 다해 매달렸다. 자기가 습관을 바꾸었을 리는 절대 없다. 누군가 그녀의 글씨를 모방한 게 틀림없었다. 어쨌거나 그 메모를 작성한 기억은 전혀 없었다.

블랑슈는 마음이 놓여야 마땅했지만, 자그마한 의심이 여전히 떠나지 않았다. 모방이 너무나 완벽했기 때문이었다. 누군가 그녀

---

[*] 유럽 대륙에서는 대개 숫자 7을 쓸 때 1과 확실히 구분하기 위해 세로획 중간을 가로지르는 짧은 가로획을 더하지만, 미국에서는 그렇게 하지 않는 것이 보통이다.

를 미치게 하려고 일을 꾸미고 있다면, 그자는 목적을 위해 어떤 수단이든 동원할 준비가 되어 있었다. 심지어 그녀의 집 계단통에서 사람의 목을 베는 짓까지.

여기에 생각이 미치자 다른 의문이 떠올랐다. 캉탱은 이 사건에서 무슨 역할을 맡았으며, 죽임을 당해 마땅한 어떤 짓을 저질렀을까? 블랑슈는 그와의 대화를 세 번 다시 읽었다. 그는 그녀에게 반말을 썼으나 ─ 단 한 번 만났을 적에는 그러지 않았다 ─ 무엇보다도, 그녀로부터 지시를 기다리는 것 같았다. 마치 블랑슈가 그 관계의 주도자인 것처럼. 그 방정식의 답은 오직 하나였다. 캉탱은 낚인 것이었다. 사냥개 같은 백전노장도 당했다는 것을 감안하면 놀랄일도 아니었다.

블랑슈는 소파에 털썩 쓰러져 눈을 감았다. 잠이 절실히 필요했다. 두서없는 생각들이 오가다가 문득 머릿속에 이미지 하나가 떠올랐다. 캉탱의 전화번호. 그녀는 한 줄로 늘어선 그 숫자 열 개를 처음 보았던 때를 돌이켜보았다. 몇 시간 전이었다. 블랑슈에게는 아득히 먼 옛일처럼 느껴졌다. 그 번호는 아드리앙의 통화 목록에서 보았다. 두 남자는 이십 초가량 통화했었다. 그녀는 벌떡 일어났고 속이 뒤집히는 것을 꾹 참았다. 블랑슈는 그 생각을 계속 파고들길 거부했다. 지금은 안 된다. 일단 몇 가지 점을 확실히 밝혀야 했다.

그녀는 컴퓨터를 열어 초조하게 주소록을 확인했다. 누가 도움을 줄 수 있는지 알았다.

21

무슈 M은 단골 고객이었다. 블랑슈가 맡았던 그의 의뢰들은 단순 청소 서비스뿐이었다. 항상 물적 증거들을 없애는 일이었다. 그의 활동 범위를 파악하기까지는 시간이 꽤 걸렸었다. 무슈 M은 마권업자 같기도 했고, 포주나 마약상처럼 보이기도 했다. 최근에 그녀는 무슈 M에게 또 다른 재주가 있음을 알게 되었다. 부업으로 위조에 손을 댔던 것이다. 블랑슈는 그의 지식이 자신에게 가르침을 줄 수 있으리라 확신했다.

무슈 M은 13구에서 상점을 경영했다. 그가 즐겨 부르는 명칭대로, 그의 사무소가 문을 ─ 정확히 말하면 뒷문을 ─ 여는 시각은 밤이 되어 공식 가게 주인이 셔터를 내리는 때였다. 새벽이 되면 무슈 M은 하루를 마감하고 전자담배 판매상에게 자리를 내주었다.

블랑슈는 그에게 차를 마시러 찾아가겠다는 메시지를 보냈다.

평소라면, 무슈 M이나 블랑슈가 보내는 초대는 바로 수락되었다. 그녀는 상대가 망설이고 있음을 알았다. 메시지 창에 점 세 개가 여러 번 되풀이해 떠올랐다가 사라졌다. 블랑슈는 더 구체적으로 말해야겠다고 생각했다. 그들은 둘 사이에 암호를 정한 적 없었고, 그 한 문장으로 늘 충분했었다. 그녀는 무슈 M 입장에서 생각해 보려 했다. 자신의 메시지가 너무 분명하면, 그가 그들 간의 암거래가 들통 났고 블랑슈가 그를 함정에 빠뜨려야 하는 처지에 놓였다고 여길 우려가 있었다. 뜻을 알 수 있으면서도 미묘한 문장을 찾아야 했다. 그녀는 새로운 종류의 차를 입수했으니 권하고 싶다고 적었다. 무슈 M이 거기에서 도움 요청을 추론해 낼 가능성은 낮았지만 틀림없이 새로운 거래 제안을 알아볼 것이었다.

이십 분 후, 블랑슈는 그와 마주 앉아 있었다.

무슈 M이 그녀의 방문 이유에 실망했을지는 몰라도, 겉으로 드러내지는 않았다. 블랑슈는 즉시 그가 시간을 내주는 대가로 지불할 용의가 있는 금액을 약속했다. 사기꾼은 잠시 곰곰이 생각하더니 결국 거절했다. 블랑슈는 빚을 지고 싶지는 않았지만 협상할 형편이 아니었다.

자세한 상황 설명 없이, 그녀는 그에게 자기 주소가 쓰인 종이를 내밀고 위조인지 알아볼 수 있느냐고 물었다. 남자는 흥분을 감추지 않았다. 그는 위조 기술을 갈고닦기 위해 온라인 강의를 듣기 시작한 참이었고 새로 배운 지식을 실천해 보고 싶어 안달이 나 있었다. 다른 때였다면 블랑슈는 흥미를 보였을 것이다. 무슈 M은 은퇴

할 나이가 몇 년은 지났는데도 사업을 키운다는 생각에 여전히 흥분하는 것 같았다.

그는 안락의자에서 힘겹게 몸을 일으켰다. 팔심만으로 100킬로그램의 몸뚱이를 들어 올리기에 그의 팔은 너무 짧고 근육이 없었다. 블랑슈가 바라보는 가운데 그는 방 안 깊숙이 위치한 선반으로 다가갔다. 무슈 M은 걷는 게 아니라 한쪽 발에서 다른 발로 무게 중심을 옮기며 뒤뚱거렸다. 그는 커다란 확대경이 달린 헬멧 같은 것을 가져와서 숨을 헐떡이며 다시 앉았다. 그는 그녀 앞에 종이 한 장과 펜을 내놓았다.

"이 쪽지를 똑같이 다시 써 봐요!"

블랑슈는 그렇게 했다. 그녀는 단어 두 개를 썼다가 줄을 작작 그어 지웠다.

"자기 집 주소도 기억 못 합니까?" 무슈 M이 놀랐다.

"너무 힘을 줬어요! 긴장해서 그런가 봐요."

"긴장 풀어요! 제일 처음 배우는 게 우리의 필체가 항상 일정하지는 않다는 것이지요. 줄을 백 번 그어도 그중에 서로 똑같은 두 줄은 나오지 않아요. 날 속이려 들어도 밝혀낼 수 있고요. 뭐… 이론적으로는 그렇단 겁니다. 난 아직 그 수준까진 도달하지 못한 것 같거든."

블랑슈는 멍하니 그의 말을 들었다. 이 테스트의 결과가 자그마한 의심도 남기지 않기를 바랐다. 평소에 썼을 만하게 단어 하나하나를 쓰는 데에만 몰두했다.

무슈 M은 두 장의 종이를 손에 들고 확대경 위치를 조정한 후 아무 말도 하지 않았다. 그는 금붕어처럼 규칙적으로 입을 열었다가 다시 꽉 다물었다. 블랑슈는 그의 이중 턱에서 눈을 뗄 수가 없었다. 엇박으로 박자를 맞추는 것 같았다.

일차 조사를 마치고, 무슈 M은 미술용 나이프를 쥐고 첫 글자를 조심스레 긁었다.

"아마추어로군!" 그는 역력히 실망한 기색으로 한숨을 쉬었다.

"위조인가요?"

"그렇고말고요! 아가씨 같은 사람에게야 통하겠지만 전문가라면 결코 속아 넘어가지 않을 겁니다."

"확실한 말씀이겠죠!"

그건 질문이 아니었다. 블랑슈는 그가 판결을 확정하는 말을 듣고 싶었다. 간절히 그 말이 필요했다.

"이런 걸 전사에 의한 모방이라고 부릅니다. 아무도 문서를 조사하지 않는 상황에서나 효과적인 수법인데, 이 방식에는 물리적인 흔적이 남기 때문이지요. 간단히 설명하자면, 누군가 당신이 쓴 단어 여럿을 베껴 적었어요. 그걸 조합해서 문장을 만들었고요. 스캔해서 지저분한 부분을 좀 지우고 인쇄하면 되지요."

"그렇다면 어디가 잘못된 건가요?"

"아가씨, 아가씨를 현혹했던 건 펜의 잉크예요. 종이가 조잡한 복사본이었다면 이런 효과를 못 내겠지. 요즘 컴퓨터에서 출력한 종이를 믿는 사람은 아무도 없거든. 반면 잉크, 특히 푸른 잉크로 쓰인 거라면 뭐든 무턱대고 믿게 되지. 그런 거요."

블랑슈는 눈썹을 찡그렸다. 그 설명만으로는 충분하지 않았다.

"만년필은, 아니면 볼펜이라도, 종이 위에 물리적인 층을 남기지요." 그는 참을성 있게 설명했다. "요철을. 그 점이 신뢰성을 부여하지만, 바로 그것이 이 기법의 약점이기도 합니다. 보이지요? 표면을 긁기만 했는데 바탕에 있던 단어가 나타났소. 원본은 흑백으로 쓰였고, 글자들 안쪽이 고르지 않게 채워져 있어요. 그러니까 당신을 못살게 굴려는 사람은 프린터를 이용했던 거요. 잉크 잔량이 적었던 게 보이지요. 일단 글을 인쇄한 다음, 세심하게 한 글자씩 따라 쓰기만 하면 됐어요. 기름종이로 베껴 쓰듯이. 아시겠어요?"

블랑슈는 원리는 이해했지만 이미 다음 의문에 사로잡혀 있었다. 그녀가 아는 사람들 중에, 이 기법을 알며 그녀를 몰아세우는 데 이용할 만큼 원한을 품은 사람이 누굴까? 그리고 진짜처럼 보이는 쪽지를 재구성하기에 충분할 정도로 재료를 모을 수 있던 사람이 누굴까?

"첫 번째 질문은, 유감이지만 내가 도와드릴 수 없겠군요."

그제야 그녀는 자기 생각을 입 밖으로 소리 내어 말했음을 깨달았다. 앞으로는 더 조심스럽게 행동해야 했다.

"두 번째는요?"

"그거야 쉽지. 누구라도 할 수 있어요. 부치기 전에 주소를 적어 둔 우편물이나, 아니면 어떤 가게에서든 작성했던 배달 명세서였을 수도 있고. 자기 신상 정보가 얼마나 쉽게 돌아다니는지 사람들은 모른다니까."

"아무리 그래도 그것들을 손에 넣어야 하잖아요!"

"그렇지요. 그 점에서는 두 가지 답밖에 없겠군요. 누군가가 얼마 전부터 당신의 뒤를 밟고 있었거나, 나로서도 정말 마음에 안 드는 생각이긴 하지만….”

“하지만?”

“가까운 이들 중 하나가 아가씨를 해치려 든다는 거지요.”

“어떻게 하면 알아낼 수 있죠?”

“내가 점쟁이로 보입니까?”

블랑슈는 크게 한숨을 쉬었다. 왔을 때만큼이나 답답한 기분이었다. 그녀는 일어섰지만, 무슈 M은 포동포동한 손을 들어 다시 앉으라는 몸짓을 했다.

“난 아가씨를 아주 좋아해요, 블랑슈. 아가씨는 언제나 일을 잘해 줬고, 내게 딸이 있다면, 당신 같은 딸이라면 좋을 것 같소.”

블랑슈는 여전히 신경이 곤두선 채 미소를 지었다.

“누군가 당신을 노리고 있다는 게 달갑지 않군요. 게다가 내 사업에도 해로울 거고.”

블랑슈는 아무 말 없이 그의 시선을 마주했다. 그가 생각을 풀어가길 기다렸다.

“내가 돕고 싶소!”

“어떻게 하자는 말씀인가요?”

“사냥당하는 사냥꾼이라는 개념을 압니까?”

22

　사냥당하는 사냥꾼이라는 개념은 누구나 아는 것이었고, 블랑슈는 무슈 M의 말을 끊지 않으려 엄청난 인내심을 발휘해야 했다. 그는 신화 속의 사냥꾼 악타이온이 아르테미스의 분노를 사서 사슴으로 변해 결국 자기가 거느렸던 개들에게 잡아먹혔다는 이야기를 열심히 늘어놓았다. 블랑슈는 무슈 M이 유식해 보이려 애쓴다는 걸 눈치챘고, 다른 때였다면 그 이야기도 흥미로웠으리라.

　그럴싸한 생각이긴 했지만, 실행에 옮길 방법을 찾는 게 문제였다. 아드리앙은 사라졌고, 분명 들려줄 이야기가 많을 캉탱은 목이 베여 죽었다. 세드리크는 아직 아무것도 모르고 사냥개는 그녀와 소통을 거부했다. 사냥에 나서려면, 블랑슈에겐 발자취가 필요했다. 이용할 단서, 질문할 사람이.

　무슈 M은 그녀가 가져온 쪽지를 더 자세히 조사했다. 인쇄 결함 외에 단서가 될 만한 것은 전혀 발견하지 못했다. 그 역시 지문 채취 도구 세트를 갖고 있었다. 블랑슈와 무슈 M의 지문을 제외하면, 종이 앞뒤 여기저기에 분산된 지문은 한 사람의 것이었다. 캉탱이 한 번 이상 종이를 만지작거렸던 게 틀림없었다. 접힌 자국이 몹시 너덜너덜해 종이가 찢어지기 직전이었다.

"전정가위와 카드가 사라졌다는 게 확실합니까?"

블랑슈는 무슈 M에게 모든 이야기를 털어놓기로 결심했다. 혼자서는 절대 해결할 수 없으리라는 것을 알았기 때문이다. 이야기를 듣는 동안 그는 줄곧 눈을 감고 있었다. 이야기가 끝나기까지 그는 아무것도 메모하지 않고 아무런 토도 달지 않았다.

"사방을 찾아봤어요. 아무것도 나오지 않았고요."

"그래도 꼭 질문해야 할 게 있어요."

블랑슈는 달갑지 않은 질문일 것임을 알았지만 고갯짓으로 수락했다.

"양아버님의 명성은 잘 압니다. 프로시지. 게다가 내가 청소 서비스가 필요할 때 처음 소개받았던 것도 아버님이었는데, 그때는 이미 은퇴하셨더군."

"아드리앙이 제게 연락해 보라고 권하던가요?"

"물론이지요. 아가씨에 대해서는 자신이 보증을 선다고 했고 난 결코 후회한 적 없어요."

아드리앙은 그런 이야기를 한 적 없었다. 블랑슈는 자기 주소록의 고객들 중 사실 그가 알선한 사람이 몇 명이나 될까 생각했다.

"두 분이 몹시 가까운 사이였다는 건 알아요." 무슈 M이 말을 이었다. "하지만 가족 관계라는 게 때로는… 뭐랄까… 복잡할 수 있다는 것도 잘 알지."

"아드리앙이 날 해칠 이유는 전혀 없어요." 블랑슈는 격하게 대꾸했다.

"확실해요?"

"난 그에게 내 목숨도 맡길 수 있어요."

"너무 파고드는 것 같다면 미안하지만, 내가 보기엔 두 사람이 마지막으로 나눈 대화가 별로… 다정하진 않았는데."

그녀는 그에게 아드리앙이 어디 가는지도 말하지 않고 집에서 나갔다고 털어놓았다. 마지막으로 보낸 문자 메시지도 보여 주었다. 무슈 M은 그 딱딱하고 냉랭한 말투를 놓치지 않았다. 블랑슈가 말하지 않은 단 한 가지는 최근에 양아버지가 그녀의 건강 상태를 의심했다는 사실이었다. 그 문만은 열고 싶지 않았다. 캉탱의 죽음과 그녀의 필체 위조가 그녀의 무고함을 입증했다. 누군가 그녀를 함정에 빠뜨리고자 한다는 것이 명백했으나 그럼에도 48시간 전부터 그녀를 사로잡은 불쾌한 감각, 차분히 나아갈 수 없게 하는 그 의심은 사라질 줄 몰랐다. 본능이 그 부분을 비밀로 남겨 두라고 속삭였다.

"그건 상황을 참작해야죠!" 그녀는 떨지 않고 말했다. "가방 안에서 발견된 스카프와 시체의 잘린 손가락 때문에 우린 신경이 좀 곤두서 있었어요."

무슈 M은 양 손바닥을 쳐들었다. 그는 한 걸음 양보했다.

"그 스카프, 가지고 있어요?"

블랑슈는 아니라고 인정했다. 집 안에서 본 기억이 없었다. 사실은 진심으로 찾아보지조차 않았다. 아드리앙이 창고 안에 제자리에 돌려놓았을지도 몰랐다.

무슈 M은 벗어진 이마를 문지르고 파고들어 갈 다른 지점을 궁리했다.

"그 꼬마의 휴대전화 좀 줘 봐요."

무슈 M이 말하는 '꼬마'는 캉탱을 뜻했고 그 말에 그녀는 얼어붙었다. 자기 문제에 몰두한 나머지 블랑슈는 청년의 죽음을 주소가 적혀 있는 종이와 다를 바 없는 단순한 정보로 치부하기에 이르렀다. 오는 길에 그녀는 그의 시체를 처리했다. 시간이 없었기에 일 처리는 엉성했다. 구세군 담요로 감싼 캉탱을 파리 시내 어느 다리 밑에 버려두고 왔다. 늦든 빠르든 경찰이 발견하리라. 분명 늦게 발견될 터였다. 이른 아침 조깅을 즐기는 사람들은 그에게 신경 쓰지 않을 테니까. 블랑슈는 이맘때면 자주 다니는 적십자 구호 순찰대에 기대를 걸고 있었다. 캉탱이 흔적도 없이 그저 사라지기를 바라지 않았다. 그 아이는 애도를 받아 마땅했다.

그녀는 떨리는 손으로 무슈 M에게 휴대전화를 건넸다.

"괜찮을 거예요, 아가씨."

블랑슈는 목이 메어 울음을 꾹 참았다.

무슈 M은 심SIM 카드를 꺼내기 위해 전화 배터리를 분리했다. 심 카드를 조심스레 책상에 내려놓고 그는 다시 확대경 달린 헬멧을 썼다. 블랑슈는 그가 지문을 찾아내려고 핀셋을 집어 드는 모습을 보았다.

"표면이 너무 작아요." 그녀는 담담하게 말했다. "어쨌거나 다른 사람이 카드를 삽입했을 리가 있겠어요?"

"하는 데까지 해 봐야지요!" 무슈 M이 작업에 몰두하며 말했다. "다른 수가 있으면 주저 말고 얘기해 줘요."

온갖 방면에 통달한 사기꾼은 발견해 낸 4분의 1짜리 지문 조각을 찬찬히 조사했다. 캉탱은 열 손가락으로 종이를 쥐었고 무슈 M은 지문 샘플을 단계적으로 비교했다. 전부 제외하는 데 이십 분이 넘게 걸렸다.

"이 카드를 삽입한 건 캉탱이 아니에요."

"판매인일 수도 있죠…."

"맞는 말이지만, 그럴 것 같진 않아요. 이런 종류의 휴대전화를 구입할 때는 보통 플라스틱 포장째로 받아 잽싸게 자리를 뜨지. 너무 오래 눈길을 끄는 일은 피하거든."

"전문가니까 잘 아시겠죠."

무슈 M은 미소만 짓고 핀셋을 내려놓았다.

"지문이 제 것인지는 확인하지 않으세요?"

"별소릴 다 하는군! 휴대전화에 심 카드를 넣었다면 스스로 기억하겠죠, 안 그래요?"

블랑슈는 궁지에 몰렸다. 무슈 M이 손수 그녀가 찾는 출구를 눈앞에 들이댔다.

"혹시 지문도 복제당했는지 알고 싶어서 그래요?"

"혹시 모를 일이니까요…."

"반가운 소식은 아닐 텐데." 그가 비교를 시작하며 말했다.

"지금보다 더 나빠질 게 뭐겠어요?"

"그건 원한이 지독하다는 뜻이니까!"

블랑슈는 이를 악물고 결과를 기다렸다. 가슴을 짓누르는 당혹감은 커져 갈 뿐이었다. 그 전화기가 계속 마음에 걸렸다. 이유를 꼬집어 말할 수는 없었다. 도저히 기억해 낼 수 없는 기시감. 꺼림칙함은 캉탱의 주머니에서 휴대전화를 꺼냈을 때 생겼다. 그때는 받아들여야 할 정보가 너무 많아 신경 쓸 겨를이 없었다. 그다음에는 종이에 관심이 온통 쏠렸다. 무슈 M이 전화를 상세히 조사하는 지금, 섬광처럼 조각난 장면들이 그녀에게 밀려들었다. 그것들은 너무나 재빨리 사라져서 기억 속 흔적과 비교할 수가 없었다. 무슈 M이 고개를 들었을 때 그의 찌푸린 얼굴이 모든 것을 말해 주었다.

"좋아!" 그가 헬멧을 벗으며 말했다. "누구의 심사를 뒤틀리게 했는지는 모르겠지만, 아주 단단히 앙심을 품었군. 내 생각엔, 아가씨, 이젠 큰물에서 놀아야 할 때인 것 같아!"

23

'큰물에서 논다'니, 블랑슈는 웃어야 할지 울어야 할지 알 수 없었다. 그녀의 세계가 조금씩, 차차 무너지고 있었다. 그녀는 기준점을 잃었고, 부정직함으로 먹고사는 고객과 함께 자기 인생을 조사하는 처지에 놓였다. 이보다 더 대면하기 벅찬 일이 과연 있을까?

무슈 M은 블랑슈의 고뇌에 아랑곳하지 않았다. 그는 자기의 연락처 목록, 디지털의 습격을 버텨 낸 오래된 롤로덱스♦를 뒤적였다. 다른 상황이었다면 블랑슈는 그 광경에 미소 지었을 것이다. 과거의 장면들에 사로잡혔을 것이다. 어머니의 무릎에 앉아, 행운의 바퀴를 돌리듯 롤로덱스를 돌리며 당첨을 기다리는 자기 모습을 떠

♦ 회전식 명함 정리함.

올렸으리라. 무슈 M은 확실히 그보다 진지한 자세로 일에 임했다.

"분명 클로드를 알고 있겠지요!" 그가 만족스러운 기색으로 카드 한 장을 뽑으며 말했다.

"그런 영광은 누린 적 없는 것 같은데요."

"친한 사람들끼리는 마담 클로드로 통하지요. 진짜 마담 클로드♦와는 아무 연관이 없지만 굳이 비교하자면 비슷한 활동을 하고 있으니까."

블랑슈는 고개를 끄덕였다. 법의 테두리 안에서 아슬아슬하게 걸쳐 일하는 모든 이들이 그렇듯, 블랑슈 역시 마담 클로드를 알고 있었다. 블랑슈는 자신의 명명법을 충실히 따라 그녀를 마담 C라 칭했다. 워낙 여러 해 전의 일이라 원래 이름을 잊고 있었다. 오직 아드리앙의 고객들만이 원래의 가명으로 온전히 불리는 특별 취급을 받았다. 사냥개와 마찬가지로, 대부분이 은퇴가 몇 년 남지 않았고 블랑슈는 그들의 정체성을 굳이 지울 필요가 없다고 여겼다.

마담 C, 혹은 마담 클로드는 지략이 뛰어난 여성으로 명성이 높았고, 인정 많은 여성이 결코 아니었다. 외강내강이라고 할까. 경쟁자들은 물론 동료들에게도 두려움의 대상이었다. 무슈 M도 도박과 매춘 알선이라는 분야에서는 마찬가지였다. 그러나 마담 C의 활동 영역은 무슈 M보다 훨씬 넓었다. 그녀의 동기는 돈만이 아니었다. 마담 C는 무엇보다 권력을 추구했다. 어떤 분야가 권력을 안

♦ Madame Claude(1923-2015). 본명은 페르낭드 그뤼데Fernande Grudet. 1960년대에 고위 공직자나 유명인들을 상대하는 프랑스 콜걸 네트워크를 이끌었던 포주.

겨 줄 것 같으면, 그쪽을 파고들었다. 부정부패, 첩보 활동, 청소, 혹은 청부 살인이라도, 그녀에겐 상관없었다. 늘어놓자면 끝이 없을 터였다. 분명 실제로 저지른 것보다 많은 일들이 그녀의 업적으로 돌려지고 있었지만 결과는 엄청났다. 모두가 마담 C를 두려워했다.

블랑슈는 그녀에게 연락을 받고 놀란 적이 있었다. 일한 지 십여 년이 되었으나 자기 이름이 권위 있는 업계 사람들의 입에 오르내리리라곤 생각하지 않았다. 블랑슈는 고용을 제안받을 거라 예상했다. 마담 클로드가 계속해서 세력을 늘리고 있다는 것은 누구나 알았다. 마담 C가 프리랜서 지위로 임무 하나를 맡아 달라고 청했을 때, 블랑슈는 솔직하게 거절했다. 불확실한 보상을 위해 도박을 하고 싶진 않았다. 그녀에겐 자유가 너무나 소중했다. 마담 C는 그 점을 재미있어했다. 그거야말로 선택의 이유였다. 자기 부하 중 하나에게 맡기고 싶진 않았다. 마담 클로드는 개인적으로 엮인 일이라면 모르는 이를 신뢰하는 편이었다. 이번 경우 그녀가 블랑슈에게 바라는 일은 짐 덩이 하나를 처리해 달라는 것이었다. 그리고 마담 클로드가 말하는 짐덩이란, 애인이자 최측근의 숨이 끊어진 몸뚱이였다. 그녀는 그의 지분을 전부 회수할 때까지 그 소식이 퍼지지 않기를 바랐다. 블랑슈는 그녀의 입에 발린 달콤한 말을 똑똑히 기억했다. "소문만큼이나 당신 솜씨가 뛰어나다면, 우리 둘은 정말 좋은 친구가 될 수 있을 거예요!" 블랑슈는 침묵으로 응수했다. 마담 클로드와 우정을 맹세한다는 건 악마와 계약하는 거나 마찬가지였다. 누구도, 심지어 블랑슈까지도 그걸 모르진 않았다. 그녀는 일을 깔끔하게, 정도에 지나침 없이 처리했다. 마담 클로드는 후한 보수를 지불했고 첫 번째 협업을 기념하기 위해 저녁 식사를 제안했다. 블랑슈는 위험을 무릅쓰는 줄 알면서도 다시금 거절했다. 마담 클로드는 모욕을 달가이 여기지 않았을지 몰라도, 아무 말도 하지 않았다. 블랑슈는 그 이후 다시는 그녀의 일을 맡은 적 없었다.

"마담 클로드가 어떻게 우릴 도울 수 있다는 건지 모르겠네요." 무슈 M이 전화번호를 누르는 동안 그녀는 말했다.

"그 여자는 문어발이거든! 모든 분야에 연줄이 있지. 당신 목이 달린 계약이 있다면, 분명 그녀가 들은 바가 있을 거요."

"내 목이 달린 계약이라고요?" 블랑슈가 날카로운 소리로 되물었다.

"당신이 청소를 마친 집에 불을 지르고, 당신의 멘토를 납치하고, 거실에 죽은 사람이 있는데 당신이 보낸 쪽지와 심 카드에 지문이 남은 휴대전화를 갖고 있고. 요즘은 뭐라고들 하는지 모르겠지만 내가 보기엔 아무래도 청부 살인 계약 같은데!"

"그런 경우라면, 머리에 한 방 쏘는 게 훨씬 빠를 텐데요!"

"생각이 짧군, 아가씨!"

"미안하지만, 내 목숨이 걸려 있을 때는 재치를 뽐내기 어렵거든요!"

"성질내지 말아요! 내 생각에는 말이지, 누군가 당신의 신용을 훼손시키려 해요. 만일 그 사람이 성공한다면, 당신이 사라지길 바라는 건 그 하나뿐이 아닐 거요. 지금껏 당신을 신뢰했던 모든 이가 자기에게 뒤탈이 없길 바랄 테니까. 그들은 당신을 시한폭탄처럼 여기게 되는 거요. 최대한 시급히 제거해야 할 요소로. 사냥개가 지난번 임무의 실수가 한 번에 그친 게 아니라는 걸 알면 어떻게 생각하겠어요? 다들 당신의 생명 보험, 소중히 간직하는 자료들에 대해 알고 있지."

블랑슈는 좀 지나치게 오래 숨을 죽였다.

"그런 얼굴 하지 말아요. 그 입장이었으면 우리도 다들 똑같이 했을 테니까! 신뢰에는 감시가 따르는 법이지."

블랑슈는 필사적으로 대응책을 찾았다. 그 정보를 사실이라고 확인해 줄 수 없었고, 그렇다고 자신을 도와줄 수 있는 유일한 사람에게 맞서고 싶지도 않았다.

"여러분끼리 제 이야기를 하시는지는 몰랐군요!" 그녀는 톡 쏘아붙였다.

"이 바닥은 넓지 않다는 거 잘 알잖아요! 물론, 내가 말하는 건 내 동료들 얘기일 뿐이지. 다른 고객들은 어떤지 나도 모르고. 당신은 그럴 만한 상황에서 그런다고 하니까."

"여러 말이 오가는군요⋯."

블랑슈는 아무렇지 않은 얼굴을 유지하려고 노력했다. 모든 신호가 빨간불이었다. 무슈 M의 의도는 명백했다. 그는 탐욕스러운 사람이었고, 그에게 받는 도움은 모두 이자까지 쳐서 갚아야 했다. 그럼에도 이제 돌이킬 수는 없었다. 무슈 M은 전화기의 스피커를 켰고 마담 클로드의 허스키한 목소리가 이미 20제곱미터 넓이의 상점 안에 울리고 있었다.

무슈 M은 단어 하나하나를 공들여 골라 가며 간략하게 전화 건 목적을 설명했다. 블랑슈는 통화 내용이 보안되지 않으리라 짐작했다. 그럼에도 이것이 아드리앙을 되찾고 동시에 사건에서 벗어날 유일한 해결책이라고 자신을 설득했다. 혼자서는 승산이 전혀 없었다. 그녀는 눈을 감고 자기 피가 붉게 묻은 집게손가락을 계약서 하단에 갖다 대는 모습을 그려 보았다. 이제부터 자유를 대가로 치러야 할 터였다.

블랑슈는 마담 C에게 시달릴 것을 각오했다. 일부에서 부르는 별칭처럼 '황태후'인 그녀는 오랜 세월이 지났음에도 블랑슈에게 모욕의 대가를 치르게 할 것이 틀림없었다. 그건 합당한 처사였고 블랑슈는 적절한 방어책을 찾으려 했다. 고개를 숙이지 않으면서도 사과 비슷하게 들릴 수 있는 설명을. 마담 클로드는 패배자를 좋아하지 않았다. 그럼에도 블랑슈는 그녀의 말을 듣고 아무런 할 말을 찾을 수 없었다.

"그렇게 오랫동안 연락도 없다가, 이제 와서 스물네 시간 만에 두 번이나 자기를 도와 달라고 청하다니. 정말이지, 그 계집애는 낯가죽이 두껍군그래!"

24

마담 클로드는 전화로는 더 이상 말하기를 거절했고, 그리하여
무슈 M과 블랑슈는 통유리 너머로 파리 전경이 한눈에 들어오는
널찍한 거실의 가죽 소파에 앉게 되었다. 온통 검은색으로 차려입
은 남자가 지하 주차장에서 두 사람을 맞이했다. 그는 앞장서서 엘
리베이터에 타고 마담 C의 복층 아파트에 직통으로 연결되는 열쇠
를 작동시켰다. 그는 한마디도 하지 않았다. 굳이 그들의 신원을 확
인하지조차 않았다. 가는 길 곳곳에 설치된 카메라들만으로 충분한
게 틀림없었다.

마담 클로드라는 이름에서 받은 인상 때문이었는지 알 수는 없
었지만, 블랑슈는 비단 실내복을 입고 한 손에 샴페인 잔을 든 악마
같은 여인이 자신을 맞이할 거라 예상했다. 현실은 전혀 달랐다. 아
침 여섯 시인데, 50대쯤 되는 여성이 팔짱을 낀 채 사무실에 앉아

그들을 기다리고 있었다. 격식을 갖춘 정장 차림이 웃음기 없는 얼굴과 완벽하게 어울렸다.

경호원 두 명이 다리를 벌리고 뒷짐을 진 채 적당히 떨어진 곳에 지키고 서 있었다. 거기에도 역시, 문신이나 불한당 같은 얼굴은 없었다. 그들은 거래 체결을 기다리는 사업가 같았다. 아드리앙이었다면 분명 이 장면을 높이 평가했을 것이다. 그는 실체와 겉모습을 혼동하는 이들을 경멸했다. 그가 보기에, 갱스터가 오래 살아남고자 한다면 아주 평범한 사람처럼 보여야 했다. "머리를 바짝 깎은 남자는 아무리 경계해도 충분치 않거든." 아드리앙은 입버릇처럼 말하곤 했다.

마담 C는 두 사람에게 커피와 위스키 중 무엇을 들겠냐고 묻고 맞은편에 앉았다. 블랑슈는 둘 다 사양했다. 최근 몇 시간의 스트레스로 깨어 있기는 했지만 정신은 무너지지 않으려 싸우고 있었기 때문이다. 한편 무슈 M은 퓨어몰트를 청했다. 블랑슈는 그가 비위 맞추는 말들을 늘어놓고, 여주인의 최근 위업들을 칭찬하는 것을 지켜보았다. 황태후는 희미한 미소를 띠고 그를 훑어보았다. 그런 입에 발린 말이 먹힐 리야 없었지만 그래도 그만두게 하지는 않았다. 블랑슈는 고함을 지르고 싶었다. 이 모든 코미디는 견딜 수 있는 한도를 넘어섰다.

"버릇없게 굴고 싶지는 않지만." 마침내 그녀는 이를 악물고 말했다. "제 문제로 돌아와 주실 수 있을까요?"

"성급한 건 여전하군요, 이제 보니!"

"저에 대해서 아무것도 모르시잖아요!" 블랑슈는 빈정거렸다.

"저러다 물어뜯겠어요!" 마담 C는 무슈 M을 향해 싸늘한 미소를 지었다.

블랑슈는 일어서서 떠나려는 몸짓을 했다.

"진정해요, *꼬마 아가씨*."

"두 분 다 똑똑히 들으세요! 난 꼬마도 아니고, 아가씨도 아니에요! 혹시 모르실까 봐 말해 두는데, 전 시간에 쫓기고 있어요. 납치범들이 해치기 전에 아드리앙을 찾아야만 한다고요."

"아드리앙." 마담 C가 되풀이했다. "아버님을 말하는 건가요?"

"제 양아버지예요!"

"어제까지만 해도 내게 없애 달라고 청했던, 그 아드리앙을 말하는 게 맞아요?"

블랑슈는 얼어붙었다. 또 한 차례 현기증이 밀려왔다. 그녀는 한 걸음 물러나 소파에 주저앉았다.

"그런 부탁은 결코 드린 적 없어요!" 그녀는 어렵사리 분명히 말을 맺었다.

"얼굴을 보아하니, 그 말을 믿어야겠군요. 그게 아니면 직업을 잘못 고른 거겠죠, *꼬마 아가씨*!"

블랑슈는 도발에 대꾸하지 않았다. 더 이상 뭐든 할 수 있는 상태가 아니었다.

"미셸, 당신 위스키를 우리 블랑슈에게 좀 줘요. 당신보다 그쪽에 더 필요할 것 같네요."

무슈 M은 그렇게 했고 둘은 블랑슈의 혈색이 조금 돌아오기까지 기다렸다.

"좋아요!" 마담 C가 말을 시작했다. "처음부터 전부 다시 얘기해 볼까요?"

무슈 M은 블랑슈가 조금 전 했던 이야기를 늘어놓았다. 블랑슈는 중간중간 고개를 끄덕여 그의 말에 수긍했다. 여전히 앞장서서 이야기를 주도할 상태가 아니었다. 마담 C는 대신 자기 휴대전화를 블랑슈에게 내밀었다. 전전날, 밤 열한 시쯤 받은 메일이 열려 있었는데, 블랑슈가 컴퓨터를 앞에 두고 양아버지의 집 자기 방에 틀어박혀 있던 시각이었다.

내용은 짧으면서도 더없이 명확했다. 블랑슈는 마담 C에게 아드리앙을 제거해 달라고, 단지 그 말만 했다. 아무런 이유도 대지 않았는데, 그건 전혀 놀랄 일이 아니었다. 살인을 의뢰하면서 이유를 밝히는 경우는 드물었다. 대가로 그녀는 일 년간 무상으로 일해 줄 것을 약속했는데, 이는 이 업계에서 상당히 드문 일이었다. 블랑슈는 메일 주소에 집중했다. 이름의 철자가 틀렸다. 메일 발송인은 '블랑슈 바레자크'라는 사람이었다. 세드리크의 생각이 옳았다. 해커는 글자 하나를 더하는 것만으로 그녀의 신분을 도용했던 것이다. 사냥개도 동일한 주소에서 메시지들을 받았음이 틀림없었다.

"뭐라고 답하셨죠?" 블랑슈는 물었다.

"아무것도." 마담 C는 그리 우아하지 못하게 입을 삐죽거리며 대답했다. "당신을 부려 먹을 생각이었는데."

"이 메일에 놀라지 않으셨어요?"

"내가 하루 종일 받는 온갖 괴상한 의뢰에 비하면 딱히 놀랄 것도 없죠! 당신이 내게 빚을 지게 된다는 생각은 퍽 맘에 들었어요."

"기대를 저버려 죄송하군요!"

"정말 그런가요? 여기 왔다는 건, 분명 내 도움이 필요하다는 뜻일 텐데, 아닌가요?"

블랑슈는 너무나 피곤해서 말대꾸를 할 수가 없었다. 무슈 M이 대신 말을 이었다.

"마담 클로드를 만나 뵙자고 제안한 건 접니다."

"그러시겠죠!"

"만일 그녀의 목이 걸린 계약이 있다면, 분명 들으신 바가 있을 거라 말했습니다."

마담 클로드는 자기 잔에 커피를 더 따르며 손님들을 각각 훑어보았다. 블랑슈는 그녀가 이 상황을 유리하게 활용할 방도를 찾고 있다고 확신했다. 그녀의 명성은 괜한 게 아니었다.

"거실에서 사람이 죽었다고요?"

블랑슈는 말없이 수긍했다.

"시체를 어떻게 했죠?"

"처리했어요."

마담 C는 입술을 늘이며 어색한 미소를 지었다. 블랑슈는 이렇게 쉽게 함정에 빠질 생각은 아니었다.

"그리고 그 가짜 엔지니어, 그 사람은 보증할 수 있어요?"

블랑슈는 그 질문을 진지하게 생각해 보았다. 세드리크는 그녀와 연락한 지 얼마 되지 않았지만, 다른 지인 대부분보다 그녀에 대해 많이 알고 있었다. 블랑슈는 솔직하게 나가기로 결심했다.

"내가 그를 찾은 거예요."

"하지만 그가 충분히 당신을 조종했을 수 있죠."

"대체 어떻게 말인가요!"

"해커가 날 속이려 든다는 생각이 들면, 당신처럼 자연스레 컴퓨터 기술자에게 의지하겠죠."

"그는 컴퓨터 기술자도 아닌걸요!"

"하지만 그 사실을 전혀 몰랐잖아요!"

무슈 M은 감히 끼어들지 못하고 이 핑퐁 시합을 지켜보았다.

"그에게 무슨 이득이 있겠어요!" 블랑슈는 받아칠 논거가 없어 그렇게 말했다.

"돈이죠!"

"돈이 부족한 것 같진 않아요."

"보시다시피, 나도 그렇답니다. 하지만 한 번도 돈 앞에 저항하지 못했죠!" 마담 클로드가 대꾸했다. "어쩌겠어요, 본성은 떨칠 수가 없는 것을⋯."

"전 정말 그가 돈에 관심이 없다고 생각해요."

"내가 꿈꾸는 건가요, 아니면 그와 사랑에 빠진 건가요?"

"절대 아니에요!" 블랑슈는 필요 이상으로 격하게 자기방어를 했다.

마담 C는 말없이 일어섰다. 그녀는 거울 쪽으로 가서, 잠시 자기 모습을 살펴보더니 거울 틀을 잡아당겼다. 무슈 M과 블랑슈에게는 그녀가 무엇을 하는지 보이지 않았지만 특유의 전자키 버튼음이 들렸다. 사업가 여성은 금고에서 서류 하나를 꺼내 그들 맞은편에 도로 앉았다. 유리 탁자 위에 그녀는 판지로 된 봉투를 던졌고 블랑슈는 그 위에 자기 이름이 적힌 것을 보았다. 그녀는 떨리는 손으로 봉투를 집어 숨조차 쉬지 못하고 열었다.

종이에는 그녀의 이력이 대략 정리되어 있었다. 블랑슈는 자신의 첩보가 파일에 기록되어 있다는 점에 놀라지는 않았다. 마담 클로드는 자주 접하는 이들마다 서류 하나씩을 작성해 두었을 게 분명했다. 종이 뒤에 사진 여러 장이 있었다. 블랑슈는 윗입술에 땀방울이 맺히는 것을 느꼈다. 자신에 대한 사항이 정리되는 것은 그렇다 쳐도, 뒷조사 당한다는 것을 아는 건 별개의 문제였다. 전혀 눈치채지 못하는 사이 사진사 하나가 몇 주에 걸쳐 그녀를 염탐했음이 분명했다. 사진 대부분은 전혀 특별한 점이 없었다. 빵집에 들어가거나 헬스클럽에서 나오는 블랑슈의 모습이 찍혀 있었다.

위험할 만한 사진은 하나도 없었다, 하나도. 그렇지만 마지막 사진에 그녀는 흠칫했다.

25

블랑슈는 사진에서 눈을 떼지 못했다. 그녀와 관련된 사진은 아니었다. 적어도 직접적으로는. 거기에는 아드리앙과, 가장 많은 일감을 제공하는 고객이자 세드리크의 삼촌인 바르드 변호사가 함께 찍혀 있었다. 그들은 공원 벤치에 앉아 대화하고 있었다. 블랑슈는 기억 속을 뒤졌다. 아드리앙이 그 만남에 대해 분명 이야기한 적 있을 것이다. 분명 그랬을 것이다. 두 남자는 서로 아는 사이일 리 없었다. 아드리앙이 바르드 변호사와 우연하게라도 만났다면, 그녀에게 말했을 것이다. 그러지 않았을 리 없었다.

마담 C는 상황을 즐기는 듯했다. 이 사진이 자신에게 그토록 충격을 주리라는 것을 그녀가 어떻게 알았는지, 블랑슈는 전혀 짐작할 수 없었다. 마담 C는 지금 이 순간 그녀가 무엇을 걱정하는지 알지 못했다. 블랑슈의 고뇌, 자기 기억에 대한 의심, 아드리앙에게 품어야 했던 굳건한 신뢰를 그녀는 전혀 몰랐다. 그 모든 것은 내면 깊은 곳에 있고, 마담 C가 몇 년 동안 그녀에게 미행을 붙였다 해도 결코 그러한 약점들까지 간파할 수는 없을 터였다. 사업가 여인에겐 말하지 않은 것이 있었고 블랑슈는 그녀가 자기 패를 보여 주길 기다렸다.

"바르드 변호사는 내 일을 몇 가지 봐주고 있지요." 마담 클로드가 서론을 꺼냈다. "잘 알았겠지만, 난 누구랑 일하는지 알아 두는 걸 좋아하거든."

"그렇다면 이 사진은 내 서류가 아니라 그의 서류에 포함되겠군요." 블랑슈는 가능한 한 침착하게 말했다.

"맞아요!"

마담 C는 그녀를 편하게 해 줄 마음이 없었다.

"그가 아드리앙과 이야기하는 건 전혀 이상한 일이 아니에요." 블랑슈는 힘겨루기가 시작되었음을 깨달으며 말을 이었다. "아드리앙은 제 일들을 꼼꼼히 지켜보거든요. 게다가 그 만남에 대해 제게 얘기하기도 했고요."

엄밀히 말하면 거짓말은 아니었다. 희망 사항이었다.

"정말인가요?" 사업가 여인은 믿지 않는다는 기색으로 미소를 지었다. "그렇다면 양아버지께서 며칠 전에 날 만나러 왔었다는 얘기도 했겠군요."

블랑슈는 감정을 다스리려고 애썼다. 그녀는 침을 삼키고 다음 말을 기다렸다. 구역질이 치밀어 올랐다.

"시간이 없어 맞이하지 못한 게 애석하기 짝이 없네요." 마담 C는 태연하게 말했다.

"그러니까 만나지 않았군요!" 블랑슈는 숨을 내쉬었다.

"그래요. 내가 아는 건, 그가 민감한 사안으로 나와 얘기 나누길 바랐다는 것뿐이에요."

"무슨 일인지 알아보지 않으셨나요?"

"그러기 전에 간단한 조사를 좀 해 보고 싶었거든. 이렇게 불러도 될지 모르겠지만, 내 전속 사진사인 페드로가 댁의 양아버지 뒤를 밟던 중 이 사진을 찍었어요. 역시 뒷조사 문서를 작성한 적 있는 바르드 변호사를 알아보았죠. 그는 이 우연을 내게 알려왔고, 솔직히 말하면 그 일로 내 호기심은 한층 커졌답니다."

"이 바닥은 그리 넓지 않으니까요!" 블랑슈는 무슈 M이 했던 말을 기꺼이 되풀이했다.

"맞는 말이에요! 나도 그렇게 생각했고, 그런 이유로 그에게 다시 연락할 생각이었어요."

"그런데 그러지 않으셨군요."

"그러려던 차에 당신에게 메일을 받았어요. 난 상황을 알아보기 위해 시간이 좀 필요했죠. 당신의 제안은 제법 후하더군요."

"아드리앙의 제안은 아마 더 후했을걸요." 블랑슈는 어떻게 해서든, 뭐가 되었든 단서를 잡으려 애쓰며 말을 던졌다.

"그럴 수도 있겠죠… 하지만 그가 감감무소식이니, 어쩌면 영원히 알 수 없을지도 모르죠."

블랑슈의 몸이 뻣뻣해졌다. 그 생각을, 그녀는 자기 목숨이 달린 것처럼 거부했다.

시간은 흐르고, 아무것도 명확해지지 않았다. 사냥개는 여전히 회답하지 않고, 세드리크는 그녀를 도울 수 없었으며 그녀는 아무것도 확실히 약속되지 않은 채 달갑지 않은 동맹들을 맺었다. 블랑슈는 별안간 그 방을 떠나고 싶은 절박한 욕구를 느꼈다. 지금 열망하는 것은 단 한 가지, 집으로 돌아가 문을 이중으로 잠그는 것이었다. 현재 상황을 명확히 해야겠지만, 그러기 위해서는 몇 시간의 수면이 필요했다. 더 이상 제대로 사고할 상태가 아니었다. 생각들은 서로 충돌하고, 심장은 계속 날뛰었으며, 시야가 간헐적으로 좁아졌다. 아드리앙이라면 그녀를 억지로라도 쉬게 하고, 몇 가지 테스트를 시켰으리라. 그는 최근 심장을 일정하게 다스리는 법을 알려주었다. 블랑슈는 다정하게 그를 놀렸었다. 아드리앙은 온갖 웰빙의 기술들을 들이댈 기회를 보고 있었는데, 그의 성격과 전혀 어울리지 않는 친환경 보보족♦ 같은 모습이었다. 그건 그녀를 위해서였고 그 생각만으로 그녀는 목이 메었다.

"몸이 좋지 않은가요?" 마담 C가 짐짓 걱정하는 척했다.

블랑슈는 더 이상 당하고 있지 않겠다고 결심했다. 자기 문제를 스스로 수습해야 했다. 이 방에 있는 것만으로 이미 생각한 것보다 더 깊이 발을 담갔다. 블랑슈는 자신이 아무것도 부탁하지 않더라도 마담 C에게 더 큰 보수를 치르게 될 것임을 알았다. 어쩔 수 없는 사실로 받아들이긴 했지만 더 이상 좋은 얼굴로 앉아 있을 수는 없었다.

♦ 부르주아 보헤미안bourgeois-bohemian의 줄임말로 경제적으로 풍족하면서 대안적 가치를 중시하고 문화예술에 관심이 많은 계층을 가리킨다.

"더 오래 머무를 수는 없어요." 그녀는 일어서며 말했다. "절 도와주실 건가요, 아닌가요?"

"대가를 치러야 한다는 건 알겠죠!"

"생각하시는 것만큼 제가 그렇게 어리석진 않답니다."

"좋아요, 내 개들을 풀죠. 당신 목에 계약이 걸려 있다면, 그들이 알아낼 테고, 댁의 양아버지가 아직 프랑스에 있다면, 찾아낼 거예요. 어쩌면 시간이 좀 걸리겠지만 언제나 해내고야 말죠."

"감사드려요." 블랑슈는 마지못해 말했다.

"빚이 총 얼마인지 알고 싶지 않아요?"

"아드리앙을 찾으면 그때 지불하죠."

블랑슈가 워낙 빨리 떠나서 무슈 M은 소파에서 일어날 겨를조차 없었다. 어쩌다 그렇게 쉽게 마담 C의 거처까지 이끌려 갔는지 그녀는 여전히 이해하려 노력 중이었다. 이제는 두 이름난 사기꾼에게 빚을 진 신세였고 그들이 알려 준 정보는 거의 없었다.

캉탱의 휴대전화에 들어 있던 심 카드에는 그녀의 지문이 남아 있었다. 무슈 M은 조금만 요령을 알면 물건에 남은 지문을 복제하는 게 얼마나 쉬운지 설명해 주었다. 그 휴대전화가 그렇게 눈에 익지만 않았다면 그 생각을 떨칠 수 있었을 것이다. 사실, 그녀를 괴롭히는 건 바로 그 점이었고, 이 문제는 무슈 M이 도와줄 수 없었다. 유일하게 조사할 만한 실마리는 바르드 변호사 쪽이었다. 블랑슈는 그와 아드리앙이 왜 만났는지 알아야만 했다.

아파트로 가는 마지막 계단을 오르는 동안 머릿속에 전투 계획이 싹텄다. 혼자 있다는 생각은 더 이상 두렵지 않았다. 오히려 간절히 필요했다. 단 한 가지 두려운 것은 거실의 온도였다. 피에서 나는 쇠 냄새와 그보다 더 코를 찌르는 세척제 냄새를 없애기 위해 창문을 열어 두고 나왔던 것이다.

　뜨거운 물로 샤워를 하고 몇 시간 잔다는 생각만으로 기운이 조금 솟았다. 일어나면 바르드 변호사에게 전화할 것이다. 어쩌면 세드리크에게 먼저, 사과하기 위해. 그가 여러 차례 문자 메시지를 보냈지만 그녀는 답장하지 않았다. 그는 그 침묵보다 나은 대접을 받아 마땅했다. 큰 도움은 되지 못했어도, 그녀가 어찌할 바를 모르던 순간 곁에 있어 주었으니까.

　아파트는 어둠에 잠겨 있었다. 블랑슈는 그대로 둘까 망설였다. 그녀는 이웃 건물들의 조명으로 도시가 잠에서 깨어나는 겨울의 이 시간을 언제나 좋아했다. 블랑슈는 식탁에 앉아 아침 식사를 하는 가족들의 모습을 그려 보았다. 간밤의 따뜻한 꿈에서 완전히 깨어나지 못한 채 시리얼 상자를 물끄러미 쳐다보거나 그릇을 입가에 대고 멍하니 앉아 있는 모습을 상상했다. 어린아이는 손 위에 고개를 얹고, 사춘기 아이는 휴대전화로 자기 인기가 조금도 떨어지지 않는지 확인하고, 어머니는 의식하지 못하면서도 음료수를 따르고, 모든 것을 씻고 닦았다. 오직 아버지만이 이 그림에 들어갈 자리가 없었다. 아무리 노력해 보아도 블랑슈는 아버지에게 어떤 역할을 주어야 할지 알 수 없었다. 아드리앙은 어머니가 샤워와 화장을 마치지 않는 한 방문할 수 없었다. 카트린 바르자크는 숨겨 둔 애인처럼 욕망의 대상이길 바랐지 오랜 친구처럼 사랑받길 바라지 않았다. 따라서 아침 식사는 변함없이 어머니와 딸만으로 이루어졌다. 어머니가 떠난 후, 블랑슈는 셀 수 없을 만큼 자주 그 순간을 아드리앙과 함께했으나 그를 몹시 사랑했음에도 아드리앙은 그녀가 생각하는 아버지의 이미지와는 달랐다.

그 생각에 그녀는 아파트를 환한 빛으로 채워야 했다. 스위치 쪽을 바라보며 머릿속에서 아드리앙을 쫓아내려 했다. 이토록 가슴 아리게 그가 그리워질 거라곤 생각지 못했다.

그녀는 가방을 내려놓고 마침내 단 하나뿐인 방 쪽으로 돌아서며, 약간의 위안을 찾게 되길 바랐다.

그녀는 입을 크게 벌렸으나 비명이 채 소리가 되어 나오기도 전에 정신을 잃었다.

26

블랑슈는 머리가 바이스로 조여지는 기분이었다. 통증이 격렬해서 도저히 움직일 수 없었다. 거칠거칠한 표면에 얼굴을 댄 채 엎드려 누운 자세였고, 목이 움직이지도 못할 정도로 뻣뻣했다. 정신을 집중하고 뇌에 한 손을 얼굴로 가져가라는 명령을 내렸다. 눈을 감은 채 손가락 끝으로 피부를 더듬어 보았다. 피는 흐르지 않았다. 그나마 한 줄기 안도감을 느꼈다. 빛이 눈꺼풀을 뚫고 들어왔지만 눈꺼풀을 들어 올리려면 너무나 큰 노력이 필요했다.

블랑슈는 지난 일들을 기억하려고 애썼다. 왜 자기 집에 엎드려 있는지 이해하려고. 집에 있긴 한 건가? 섬광 같은 기억이 번뜩였다. 거실, 구석의 소파 침대, 낮은 테이블, 그 앞에는… 캉탱의 시체.

잘못 본 게 틀림없었다. 수면 부족으로 보이는 환각이 분명했다.

힘을 내어 눈을 떴다. 왼쪽 관자놀이가 쑤셨다. 천천히 팔을 굽혀

팔꿈치로 버티면서 가만히 몸을 일으켰다. 시간이 조금 지난 덕에 무슨 일이 일어났었는지 이해가 갔다. 꿈을 꾼 게 아니었다. 충격이 너무 커서 기절한 것이었다. 머리는 캉탱의 구두에 부딪쳤다. 그녀는 겁먹은 짐승처럼 네발로 기어 필사적으로 뒤로 물러나 벽에 기대고 웅크렸다.

정신은 받아들일 수 없는 현실을 거부했다. 달아나라고 외쳤다. 이 아파트에서 떠나라고, 차에 올라 길이 닿는 한 멀리까지 떠나라고. 지난 이틀을, 아드리앙을, 그를 되찾기 위해 만났던 모든 이들을 잊어버리라고 명령했다.

둔중한 소음이 여전히 머릿속에서 울렸다. 블랑슈는 양손으로 귀를 막았다. 그 결과 소음은 심해지기만 했다. 쿵쿵거림의 강도가 격해졌다. 그 소란이 숨통을 조이고 있었다. 이제는 누군가 자기 이름을 부르는 소리를 들었다고 확신했다.

'정신 차려, 블랑슈!' 그녀는 눈물이 그렁그렁한 눈으로 빌었다. '정신 차리지 않으면 정신병원에 들어가게 된다고!'

블랑슈는 숨을 크게 내쉬고 어렵사리 몸을 추슬러 일어섰다. 쿵쿵거림이 전보다 더 뚜렷해졌다. 정신착란을 일으킨 게 아니었다. 누군가 문밖에서 그녀의 이름을 외치고 있었다. 누구의 목소리인지 알아듣기까지 몇 초가 더 걸렸다.

세드리크가 문밖에 서서, 방화문을 다시 두드릴 기세로 주먹을 쳐들고 있었다.

"괜찮은 거야?" 그가 수척한 얼굴로 물었다.

블랑슈는 아직 머릿속이 정리되지 않았고 자기 집 앞의 세드리크를 보자 혼란이 커졌다.

"여기서 뭐 하는 거야?" 그녀는 날카롭게 물었다.

"걱정했어. 아침 열 시인데 아무 소식이 없잖아."

블랑슈는 창문 쪽을 보았다. 회색 구름이 낀 하늘이 보였다. 열 시. 그러니까 거의 세 시간이나 정신을 잃고 있었던 것이다.

"우리 집 주소는 어떻게 알았어?" 그녀는 당황하지 않고 물었다.

"해커가 그 주소로 도용 계정을 만들었잖아, 기억 안 나?"

아주 오래전에 있었던 일 같지만 분명히 기억났다.

"내가 여기 있는 건 어떻게 알았어?"

"거리에 차가 주차되어 있으니까." 세드리크가 짜증을 냈다. "들여보내 줄 거야, 아니면 밖에 두고 계속 신문할 거야?"

블랑슈는 잠시 망설였다. 이성은 그에게 돌아가라 말하고, 모든 일을 잊어버리라 명하라는 쪽이었다. 하지만 그녀는 문을 활짝 열고 안으로 한 걸음 옮겼다.

캉탱의 시체는 거실 반을 차지하고 있었다. 세드리크는 마비된 듯 문턱 앞에 멈췄다. 블랑슈는 그의 소맷자락을 잡아당겨 안으로 끌어들였다.

"저건 네가…."

"바보 같은 소리 마!" 그녀는 화를 냈다. "캉탱을 소개할게. 옛 고객이야."

세드리크는 시신에서 눈을 떼지 못했다. 이상하게도, 어찌할 바

모르는 그의 상태가 블랑슈에게는 구원이 되었다. 이제는 스트레스를 제삼자에게 전이시키고 상황에 집중할 수 있었다.

"차 마실래?" 그녀는 태연하게 말했다.

그는 아무런 대꾸도 하지 않았으나, 블랑슈는 아랑곳하지 않았다. 간이 주방으로 가서 커피포트에 물을 올리고 알약 두 개를 삼켰다. 약을 복용하지 않은 지 거의 열여섯 시간이 되었다. 어쩌면 약을 먹는 것 자체가 해답의 일부일지 몰랐다.

그녀는 돌아서서 방 전체를 바라보며 상태를 점검했다.

아파트를 떠나기 전 분명히 열어 두었던 창문이 닫혀 있었다. 시체는 반듯이 누워 있고, 목에는 검은 스카프가 감겨 있었다. 블랑슈는 자신이 스카프를 둘렀던 것을 기억했다. 타일식 마룻바닥에 피는 없었다. 그러니까 청소했던 게 꿈은 아니었다. 마룻장 사이 틈새도 깨끗했다. 그 부분에서 블랑슈의 기술은 독보적이었다. 칼날 양면에 반창고를 붙이고 따뜻한 물에 봉사를 녹인 용액에 적셔서 닦아 내는 것이었다.

낮은 테이블 위에 있던 잡지 두 권이 캉탱의 피로 얼룩져 있었다. 잡지들은 거기 없었다. 블랑슈가 도중에 도로 청소부들이 첫 교대 근무를 할 때 비워질 노란 쓰레기통에 버렸다. 아직 확인하지 않은 부분은 이제 하나뿐이었다. 그녀는 소파 침대 쪽으로 가서, 여전히 생각에 잠긴 세드리크를 내버려두고 매트리스를 들어 올려 수납공간을 확인했다. 시체를 감싸는 데 썼던 게 확실한 구세군 담요가 반듯하게 접혀 제자리에 있었다.

"설명해 주겠어?" 블랑슈가 자신이 겪은 일에 대한 합리적인 설명을 찾는 동안 세드리크가 마침내 말을 꺼냈다.

"이 사람이 목이 베인 채 우리 집에 왔어. 무슨 일인지 말하기도 전에 거실에 쓰러졌지. 난 시체를 치웠다고 생각했어. 그런데 집에 돌아왔더니 시체가 도로 여기 와 있었고 나는 기절했어. 자, 알겠지! 다른 질문 있어?"

세드리크에게는 전혀 이치에 맞지 않을 이런 이야기들을 왜 늘어놓아야 한다고 생각했는지, 블랑슈는 알 수 없었다. 그녀는 웃을까 울까 망설였다. 떠올릴 수 있는 유일하게 그럴듯한 설명은 정신이 장난을 쳤다는 거였다. 수면 부족에, 약도 먹지 않았으니 일을 제대로 처리하지 못하고 부분 기억상실증에 걸렸다고. 강둑을 돌아다니고, 다리 밑에 캉탱을 버린, 그 모든 일이 틀림없이 착각이었다고.

그녀는 세드리크에게 눈길을 건넸다. 그는 여전히 움직이지 않았다. 별안간 블랑슈는 자신의 행동이 약간 부끄러워졌다.

"앉아! 너 때문에 현기증이 나."

세드리크는 여전히 시신에서 눈을 떼지 못하고 그 말에 따랐다.

"내가 죽인 게 아니야." 블랑슈는 그가 정신 차리길 바라며 다시한번 말했다.

"그 말은 했잖아. 내가 유일하게 이해한 게 그 말일걸."

"이 모든 일이 이상하게 보이겠지만…."

"이상해?" 세드리크는 목멘 소리로 말했다. "새벽 세 시에 쉬어야겠다면서 나를 길가에 버려두더니, 일곱 시간 뒤에 와 보니 거실의 시체랑 같이 있잖아! 솔직히 말해서 이상하다는 말은 현실에 한참 부족해."

"누군가 나를 해치려고 해."

"네 옛 고객들을 죽여서? 미안하지만 별로 안심이 안 되는걸."

"캉탱은 자기가 내가 시키는 대로 하는 줄 알았던 거야."

블랑슈는 자신의 말 한마디 한마디가 상황을 더욱 꼬이게 할 뿐이란 걸 깨달았다. 그녀는 와트 거리의 터널에 세드리크를 내버려 두고 왔던 순간 이후부터 모든 일을 털어놓기로 결심했다.

27

세드리크는 아무 말 없이 이야기를 들었고, 이제는 블랑슈가 그의 반응을 기다리는데도 고집스레 침묵만 지켰다.

"적어도 내가 저 애를 죽이지 않았다는 말만은 믿는다고 말해 줘!"

"믿어." 세드리크는 마지못해 말했다.

"아닌 것 같은데."

"네 이야기를 통틀어 아마 그게 제일 믿기 쉬운 사실일걸!"

"하지만 내 말은 전부 사실이야!" 블랑슈는 흥분했다.

"내가 제대로 이해를 못하는 거라면 미안한데. 누군가 계단통에서 네 옛 고객 중 하나를 죽였고, 넌 시체를 처리한 후 제일 먼저 두 악당을 만나러 갔다는 거잖아."

"난 도움이 필요했어!"

"나는?"

"네가 뭐?"

순간 블랑슈는 어느 부분이 불만인지 깨달았다. 세드리크는 처음부터 곁에 있어 주었다. 아무것도 묻지 않고 아드리앙의 집에 같이 갔고, 위험이 있을지도 모르는데 와트 거리까지 따라왔고, 오늘 아침에도 그녀가 연락이 없자 아파트로 곧장 찾아왔다. 질투를 내보이기에는 좀 부적절한 순간이었으나 아마도 바로 그 때문에 블랑슈는 몹시 감동받았다.

"이 일은 네 역량 밖이라고 생각했어, 세드리크. 난 그 사람들만이 줄 수 있는 몇 가지 정보를 확인해야 했어."

"그런데 그들은 아무것도 알려주지 않았고 이제는 널 협박할 거리를 쥐게 되었지, 안 그래?"

"그런 셈이지…."

상황 보고를 하면서, 블랑슈는 의도적으로 두 가지를 빠뜨렸다. 첫 번째는 자신의 정신 건강에 대한 걱정이었다. 아직도 그럴 가능성을 누구에게든 알릴 결심이 서지 않았다. 두 번째는 마담 C가 보여 주었던, 아드리앙이 세드리크의 삼촌 바르드 변호사와 한창 대화 중인 사진이었다. 그걸 어떻게 해석해야 할지 알 수 없었다. 그녀는 변호사를 만나, 필요하다면 조금 흔들어 볼 작정이었다. 세드리크가 있으면 일이 복잡해질 위험이 있었지만 아무래도 그는 그녀 곁을 떠날 마음이 없어 보였다. 약간의 불안감이 들었지만 그녀는 카드를 내보였다.

"우리 삼촌이 마담 C라는 사람과 함께 일한다는 거야?" 그가 놀랐다.

"마담 C는 온갖 부류의 사람들과 일해!" 블랑슈는 주제에서 멀어지고 싶지 않아 대답했다. "그렇긴 하지만, 그분이 아드리앙을 아는 줄은 몰랐어."

세드리크는 어깨를 으쓱했다. 그가 보기에 그 점은 방금 알게 된 모든 것에 비하면 사소한 일임이 분명했다.

"내겐 중요한 일이야!" 블랑슈는 주장했다. "삼촌이 내 양아버지 얘길 하신 적 있어?"

"내가 기억하기로는 없어. 하지만 내게 일 얘기는 거의 하지 않으시는걸!"

"내 얘긴 했잖아!"

"그야 내가 물어봤으니까 그렇지."

"무슨 이유로?"

세드리크는 눈썹을 찡그렸다. 너무 뻔한 대답이라 굳이 말할 필요도 없는 듯했다. 블랑슈는 뺨이 붉어지는 것을 느꼈다. 곧장 말을 이었다.

"삼촌이 내가 무슨 일을 하는지 말하셨을 때, 아드리앙 이름을 언급하지 않았어?"

"전혀 기억나지 않는데, 다시 말하지만 내 관심은 그쪽이 아니었어. 솔직히 너무 오래전 일이야. 언급하셨는지도 모르지, 확실히 잘라 말할 수는 없어."

블랑슈는 자기가 헛되이 고집부리고 있다는 것을 깨달았다. 그녀는 일어서서 외투를 걸쳤다. 세드리크도 똑같이 하다가 그녀가 문 쪽으로 향하는 것을 보고 동작을 멈췄다.

"저 사람은 어떻게 하지?" 그가 손가락으로 거실 일부를 차지한 생명 없는 덩어리를 가리키며 물었다.

블랑슈는 소름 끼치게도 자신이 캉탱의 존재에 너무나 익숙해져 더 이상 신경조차 쓰지 않고 있었음을 알아차렸다.

"욕실로 옮기게 도와줘." 그녀는 시신의 발을 붙잡으며 말했다. "낮에는 어떻게 할 수 없어."

세드리크는 꼼짝 않고 캉탱을 쳐다보았다.

"그는 죽었어, 세드리크! 널 물어뜯을 위험은 없어. 부탁이니 도와줘."

그는 얼음장 같은 시선으로 바라보았지만 블랑슈는 눈 하나 깜짝하지 않았다.

"왜 욕실이야?" 그가 쭈그려 앉으며 마침내 입을 열었다.

"문을 닫을 수 있는 데가 거기뿐이니까." 둘이서 시체를 이리저리 흔들리게 옮기는 동안 그녀는 기계적으로 대꾸했다. "지금 내 아파트엔 찾아오는 이가 많은 모양이니까! 자리를 비워 놔야지."

블랑슈는 캉탱을 샤워 부스 안에 세워 두는 것밖에 다른 수가 없었다. 죽은 지 여섯 시간이 지나 사후 경직이 최고조에 달했다. 경험을 통해 앞으로 여섯 시간 동안은 움직이지 않으리라는 것을 알고 있었다. 그렇게 오래 집을 비울 생각은 없었다. 그래도 순전히 조심하는 차원에서 다리미판으로 시체를 고정시켰다. 세드리크는 아무 말 없이 약간 감탄 어린 눈빛을 보냈다. 어쨌든 블랑슈는 감탄의 뜻으로 해석하고 싶었다. 그녀는 거실로 돌아와, 난방을 끄고 창문을 활짝 열었다. 기시감에 휩싸였지만 그런 생각을 하고 있을 때가 아니었다.

그녀는 영업용 차에서 바르드 변호사의 사무실로 전화를 걸었다. 비서가 변호사는 법정에 있을 거라 확인해 주었다. 세드리크는 가는 동안 몇 가지 설명을 요구했다. 그가 보기에는 일관성 없는 부분이 몇 있었다.

"나머지는 논리적인 것 같고?" 그녀는 냉소적으로 대꾸했다.

"도식을 따라가 본다고 해 두지. 누군가 널 해치려 한다, 잘은 모르겠지만 아마 그 바닥에 발을 못 붙이게 하기 위해. 불만족한 고객이라거나…."

"그런 적 없어!"

세드리크는 미소를 참지 못했다.

"그럼 경쟁자?"

"가능하지."

"아니면 네가 전에 말했듯 희생자의 친지이거나."

"있을 법한 일이야, 과연."

"그래도 설명할 수 없는 점이 하나 있어. 그 사람이 우회적인 방식으로 널 제거하겠다고 결심했다 치자. 왜 캉탱을 네 아파트에서 죽이겠어? 어차피 그 현장도 청소할 거라는 짐작이 갈 텐데. 어쨌든 그게 네 직업이잖아!"

"내 생각에 그는 캉탱이 날 만나러 오리라고 생각지 못했던 것 같아. 그가 내게 무슨 말을 할지 두려웠던 게 분명해. 조급한 마음에 그를 따라가 계단을 오를 때 목을 벤 거지."

"좋아, 하지만 왜 네가 없는 동안 시체를 도로 가져다 둔 거지?"

'내가 스스로 미쳤다고 믿게 하려고.' 블랑슈는 손가락으로 핸들을 꽉 쥐고 생각했다.

"모르겠어." 블랑슈는 대신 한숨을 쉬었다. "날 연루시키려고 그러는 모양이지."

"그런 거라면, 캉탱을 욕실에 두고 집을 비우는 게 정말 잘하는 일일까?"

세드리크의 지적은 꽤 적절했지만 블랑슈는 하루 종일 시체와 함께 틀어박힌다는 건 상상조차 할 수 없었다. 도저히 할 수 없는 일이었다. 게다가 시체가 정말로 움직였는지도 자신이 없었다. 약 복용과 실신해 있던 세 시간 덕에 기운을 차릴 수 있었다. 그녀에게 필요한 건 행동이었다.

"이 모든 게 말도 안 된다는 점은 동감이야." 그녀는 그 이야기를 마무리하려고 말했다. "말이 나왔으니 말인데, 난 그 사람의 목적이 날 경찰에 고발하려는 거라고는 생각하지 않아. 아드리앙의 냉동고에 있던 시체만으로도 날 감옥에 보내기 충분했을걸. 누군가 날 정신적으로 무너뜨리려 하고 있어. 내가 보기엔 그 목적밖에 없어."

세드리크는 그 설명에 만족한 것 같지는 않았지만 입을 다물었다.

그들은 방청석에 앉아 바르드 변호사가 변론을 마칠 때까지 삼십 분가량 기다렸다. 블랑슈는 그가 일하는 모습을 자주 보았고 아무리 들어도 싫증 나지 않았다. 그는 어떤 상황이든 의뢰인에게 유리하게끔 전환하는 재주가 있었다. 배심원 하나가 공감을 느끼며

피고석에 선 자를 바라보는 일이 드물지 않았다. 유죄든 무죄든, 바르드 변호사는 최악의 중죄에서도 언제나 그럴듯한 원인을 찾아냈다. 불행했던 어린 시절, 부조리한 사회, 현실과 유리된 사법 체계. 그는 또한 의심을 불어넣는 재능이 있었다. 합리적 의심은 석방으로 이어질 수 있었다. 그는 사실들에 개의치 않았다. 기존의 상황으로부터 다른 상황을 그려 내는 데 능했다. 아무런 구체적 증거 없이도. '만일'과 '어쩌면'이라는 가정이 붙었지만 너무나 뛰어나게 말을 이끌어 나가 귀가 먹지 않은 한 마음 쓰지 않을 수가 없었다.

"대단하시지, 안 그래?" 세드리크가 자랑스럽게 속삭였다.

"정말!" 블랑슈는 그 점이 문제가 될 수 있음을 알면서 대답했다.

그녀는 이 만남에 충분히 준비되어 있지 않았다. 표리부동의 달인을 상대로 자신도 듣고 싶은지 확실치 않은 대답들을 이끌어 내야 했다. 진실을 분간해 낼 수나 있을까?

28

바르드 변호사는 세드리크가 블랑슈와 함께 온 것을 보고도 놀란 눈치가 아니었다. 그가 기뻐하는지, 아니면 반대로 불편해하는지는 분간하기 힘들었다. 청소부와 가까이 어울리는 건 그가 조카에게 투사한 야망에는 포함되지 않을 게 분명했다. 조카를 엔지니어라 칭했던 작은 거짓말이 그 증거였다.

그는 베르티에 대로까지 걷자고 제안했다. 거기에는 '대이사'♦ 이후 그의 아지트 역할을 하는 맥줏집이 있었다. 블랑슈는 목소리에서 그가 시테섬 시절을 그리워한다는 것을 알 수 있었다. 바르드 변호사는 가게 안 깊숙이 들어가 그의 전용인 듯한 박스석에 앉았다. 지배인이 와서 열렬히 인사하더니 그의 주문을 받는 수고조차

♦ 시테섬에 있던 파리 법원이 2018년 파리 17구 바티뇰 구역의 고층 건물로 이사한 일을 가리킨다.

생략하고 모르는 커플에게만 주문을 물었다.

그는 이 예기치 못한 방문의 목적을 급히 알고 싶은 기색은 아니었다. 일단 조카의 안부를 묻고, 다음에는 누이인 세드리크의 어머니 안부를 물었다. 이어서 아무도 그 이야기를 꺼내지 않았는데 방금 변론한 사건 이야기를 했다. 블랑슈는 배경의 일부가 된 기분이었다. 그는 한순간도 그녀에게 말을 걸지 않았다. 거의 쳐다보지도 않았다. 그녀는 그 태도가 켕기는 데가 있다는 고백이나 마찬가지라고 여겼다.

"제가 왜 왔는지는 묻지 않으시나요?" 블랑슈는 그의 말을 중간에 끊고 물었다.

변호사는 맥주를 한 모금 삼키고, 윗입술에 거품을 묻힌 채 미소 지었다.

"이런, 당신이 여기 왔다는 건, 내 조카가 마침내 소원을 성취한 거라 생각하는데요!"

세드리크가 고개를 숙이고 헛기침을 했다. 블랑슈는 상황을 너무나 엉뚱하게 해석한 자신을 저주했다. 바르드 변호사는 처음부터 조카가 새 여자친구를 소개하러 온 줄 알았던 것이다. 그 말이 나오니, 지난 십오 분이 완전히 다른 각도로 보였다. 변호사가 법정에서 조카를 향해 보내던 눈짓, 법원을 나와 등을 두드리던 몸짓. 블랑슈는 그것을 애정 표현이라 여겼었다. 지금 생각해 보니 미소에는 약간 짓궂은 기미가 있었다. 그리고 이 무해한 대화는 가족 모임의 시작과 헷갈릴 만큼 비슷했다.

세드리크는 계속해서 커피잔만 들여다보았다. 그러니까 그 착각을 깨는 건 결국 그녀의 몫이었다.

"전 아드리앙 이야기를 하러 왔어요!" 그녀는 대뜸 말했다.

"아드리앙?"

"아드리앙 알베르티니. 제 양아버지요."

바르드 변호사는 조카의 눈을 바라보았지만 세드리크는 이 대화에서 빠져 있기로 결심했다.

"아는 사이라는 거 알아요!" 블랑슈는 할 수 있는 만큼 자신 있게 주장했다.

"안다는 건 좀 과한 표현이군요." 변호사는 장의자에 조금 더 깊숙이 물러나 앉으며 대답했다. "우린 한두 번 만난 게 고작입니다."

"이유가 뭐였죠?"

"그게 무슨 상관인지 모르겠군요." 그는 방어적으로 말했다.

"그분이 사라졌어요!" 세드리크가 블랑슈의 말을 끊으며 끼어들었다. "뭔가 알고 계신다면, 우릴 도와주셔야 해요."

바르드 변호사는 상대를 번갈아 쳐다보았다. 블랑슈는 세드리크가 끼어들 거라곤 전혀 예상치 못했기에 그 말이 나온 순간 변호사를 주의 깊게 관찰하지 못했다. 놀란 기색이었던가? 이미 너무 늦었다. 하지만 그가 테이블에 다가앉은 것이 눈에 들어왔다. 그 신체적 언어는 지금 일어나는 일에 특별한 관심이 있다는 의미였다.

"왜 아드리앙을 만나셨죠?" 블랑슈는 다시 물었다.

"그가 날 보자고 했어요." 바르드가 무뚝뚝하게 말했다. "사라진 지 얼마나 되었죠?"

"어젯밤부터요."

"어젯밤?!" 변호사는 웃음을 터뜨렸다. "날 놀리는 겁니까? 나이가 몇인데요?"

"그게 무슨 상관이죠!"

"무슨 상관이냐 하면, 아가씨, 댁의 양아버지는 외박을 할 만한 나이란 거죠!"

"그런 일이 아니에요!" 그녀는 이를 악물고 말했다.

"그걸 어떻게 압니까?"

블랑슈는 필요 이상으로 내막을 털어놓을 의사가 전혀 없었다. 그들의 관계는 언제나 업무적인 성격을 유지했고, 그가 방금 보여준 무례함 때문에 그녀는 그 경계를 확고히 지키기로 마음먹었다.

"상황을 보고 위급하다는 판단을 내리기에는 선생님보다 제가 더 적절한 입장이라고 생각하는데요, 그렇지 않은가요?"

변호사는 몇 초간 그녀를 물끄러미 바라보더니 태도를 바꾸었다.

"몸싸움의 흔적이라도?"

"엄밀히 말해 그렇지는 않아요. 그의 휴대전화가 있지 말아야 할 곳에서 발견되었고 차는 여전히 거기에 있었어요. 조명이 전부 켜져 있었고요."

"산책하러 나갔을 가능성은 없나요?"

"없어요." 블랑슈는 망설임의 그림자도 보이지 않고 대답했다.

"알겠어요."

블랑슈는 그에게 알긴 뭘 아느냐고 고함치고 싶었다. 그는 네 손가락이 잘린 사냥개의 피해자도 목이 베인 캉탱도 보지 못했다고. 그가 고자세를 유지하고 있어도 상관없었다. 그녀가 원하는 건, 아

173

드리앙이 왜 그와 만났는지 알아내는 것뿐이었다. 신경이 극도로 날카로워져 그녀는 빠르게 이야기를 진척시켰다.

"두 분이 아는 사이란 걸 제가 어떻게 알았는지 묻지 않으시나요?"

"그가 얘기했겠지요." 바르드가 다시 맥주를 마시며 말했다.

허세를 부리고 있었다. 블랑슈는 확신했다. 그녀는 이미 변호사의 나쁜 버릇을 눈치챘다. 자신 없이 거짓말을 할 때면 그는 지나치게 태연한 척을 했다. 그녀는 자기가 속아 넘어갔다고 믿도록 두었다. 지금으로서는 그를 흔들어 놓는 게 전략이었다.

"마담 C를 통해 알게 되었어요." 그녀는 천연덕스럽게 말했다.

"누구요?"

"마담 클로드." 블랑슈가 반복했다.

바르드는 마시던 것을 잘못 삼켰다. 누구나 그렇듯, 이 변호사도 황태후를 두려워했다.

"선생님이 아드리앙과 함께 있는 사진을 보여 주더군요." 그녀는 쐐기를 박으려 말을 이었다. "그 사진은 선생님 서류에 있어야 했는데, 무슨 이유에선지 마담 클로드는 그걸 제 서류에 넣어 두었어요."

"내 서류?" 그는 창백한 얼굴로 되물었다.

"네, 선생님 서류요! 설마 마담 클로드가 뒷조사도 하지 않고 도움을 요청할 거라 믿을 만큼 순진하진 않으셨겠죠?"

"그걸 봤습니까?"

"서류요? 아뇨. 솔직히 말해 제겐 더 중요한 일이 있었거든요."

블랑슈는 세드리크의 시선이 자신에게 쏠리는 것을 느꼈다. 그녀가 이렇게 퉁명스러운 말투를 쓰는 걸 그는 처음 들었다. 그녀는 그가 삼촌 편을 들까 봐 두려웠다. 설명할 수는 없었지만, 그의 지지가 필요하다고 느꼈다.

"바르드 선생님." 그녀는 어조를 누그러뜨려 말했다. "저는 그저 아드리앙이 왜 선생님을 만났는지 알고 싶을 뿐이에요. 그 일이 그의 실종과 관련이 있다고 확신해요."

"잘못 생각한 겁니다."

"제가 직접 판단하고 싶은데요."

"직업상 비밀 유지의 의무가 있어서요."

다시 한번 그 회피적인 시선, 짐짓 태연한 척하는 태도. 이번에는 블랑슈도 순순히 넘어갈 생각이 없었다.

"거짓말인 거 알아요, 선생님. 아드리앙은 변호사님의 의뢰인이 아니에요. 아시는 걸 지금 제게 말해 주거나, 마담 클로드가 선생님 일에 조금 더 관심을 갖도록 제가 손을 쓰거나, 둘 중 하나예요."

"마담 클로드에게 줄 게 아무것도 없잖습니까."

"날 시험하지 마세요!"

블랑슈는 스스로도 자기 모습이 놀라웠다. 몇 시간 전만 해도 그녀는 자기 능력을 의심하는 연약하고 작은 존재였다.

"원하는 대로 하죠." 바르드가 낮은 소리로 대답했다.

29

아드리앙과 바르드 변호사는 두 차례 만났다. 두 번 다 아드리앙이 먼저 제안했다. 변호사가 그들의 대화 내용을 밝히기까지 뜸을 들인 건 수수께끼를 좋아해서가 아니었다. 블랑슈는 너무 늦게야 그것을 깨달았다. 바르드는 줄곧 부드러운 목소리로 이야기했지만, 단어 하나하나가 비수로 찌르는 것 같았다. 아드리앙은 변호사에게 블랑슈와 함께 일하면 위험할 거라고 경고했다. 블랑슈는 더 이상 신뢰할 만한 인물이 아니라고. 인물이라니! 바로 그 순간 블랑슈는 구역질이 올라왔다.

"그가 어머님 얘기를 했어요." 그는 공격적이지 않게 말했다. "어머님의 병환도. 진심으로 유감입니다."

블랑슈는 반응할 수가 없었다. 어떻게 아드리앙이 그들의 비밀을 누설할 수 있을까? 그것도 가장 중요한 고객 중 하나에게. 산소

결핍을 느끼기 시작해 그녀는 침착하게 호흡해야 했다.

세드리크는 아무 말도 하지 않았다. 바르드 변호사는 그런 모습이 있으리라고는 상상도 못 했던 너그러움으로 그녀를 지켜보았다.

"양아버님의 실종에 내가 왜 그렇게 회의적이었는지 알겠습니까?"

"전부 제가 지어낸 얘기라 생각하셨겠죠." 블랑슈는 들릴락 말락 답했다.

바르드는 굳이 대꾸하지 않았다.

아드리앙이 어떻게 그런 짓을 했을까? 이 질문이 블랑슈의 머릿속에 맴돌았다. 너무도 터무니없었다. 그는 그녀를 지켜 주어야 했다. 정말로 더 이상 일하면 안 되는 상태라고 생각했다면 왜 그냥 직접 말하지 않았을까? 마담 C와 만나고자 했던 이유도 그것이었다. 그녀에게는 제안할 것이 있다고 했지만, 그건 만남을 얻어내기 위한 미끼가 분명했다. 블랑슈가 더 이상 청소 일에 적합하지 않다는 것을 알았다면, 마담 C는 어떻게 반응했을까? 다른 한편, 그녀는 마담 C를 위해 일하지 않았다. 아드리앙은 그 사실을 알았다. 그는 그 소식이 도화선을 타듯 퍼지길 바란 걸까? 그런 거라면, 마담 C가 불붙이기 좋은 심지라는 건 분명했다.

"정말 당신을 걱정하는 것 같았어요." 변호사의 말에 그녀는 생각에서 깨어났다.

블랑슈는 여전히 믿고 싶지 않았다. 지금 마주 앉은 남자가 연극을 하는 것일 수도 있을까? 그가 어머니의 죽음에 대한 정황을 알게 되었고 아드리앙을 통해 블랑슈가 여전히 믿을 만한 인물인지 확인하려 했다면? 그건 있을 법하지 않아 보였다. 더욱이 아드리앙이 마담 C를 만나려 했다는 사실이 설명되지 않았다. 그녀는 명백한 사실을 인정해야만 했다. 아드리앙은 그녀를 배반했고, 그 이유를 이해하려면 그를 찾아야 했다.

"다른 이야기도 했나요?"

"아니, 아무것도."

"두 번 만났다고 하셨잖아요. 두 번 다 같은 대화를 했다는 말씀은 아니겠죠!"

"그렇게 말한다면, 그래요. 첫 번째 만났을 때, 나는 그의 말을 진심으로 심각하게 받아들이지는 않았어요. 그의 말을 의심한 건 아니었지만 몇 년은 더 당신에게 일을 맡길 수 있을 거라 생각했습니다."

"그리고 무슈 R에게 제게 연락해 보라고 조언하셨죠." 블랑슈는 지난주의 임무를 떠올리고 납득했다.

"그 알파벳으로 부르는 것에는 도무지 익숙하지가 않지만, 어쨌든 맞아요, 그랬어요. 그리고 그 일이 당신 양아버님의 심기를 거슬렀죠. 그것도 아주!"

바르드 변호사는 두 번째 만남 이야기를 했다. 아드리앙은 화를 냈다. 그 협력 관계를 만천하에 공개하겠다고 협박에 가깝게 을러댔다. 변호사는 그 말을 그대로 믿지는 않았지만, 새 청소부를 찾을 때가 되었다는 것은 이해했다.

블랑슈는 무슨 일이 있었기에 아드리앙이 그녀의 경력을 끝장내려 드는지 도저히 파악할 수 없었다. 최근 그녀의 행동 때문에 걱정

된다고, 불안해하고 이따금 우울해하는 걸 느꼈다고 말하긴 했으나, 그렇게까지 난리를 친 적은 한 번도 없었다. 사냥개의 임무 전까지, 그녀는 단 한 번의 실수를 저지른 적도, 혹은 그랬다는 뒷말을 들은 적도 없었다. 그녀는 바르드 변호사에게 그 점을 질문했다. 그는 무슈 R이 요즘이 터무니없이 비싸다는 것만 빼고 그녀의 서비스에 전혀 흠잡을 곳을 찾지 못했다고 확인해 주었다.

"선생님의 고객은 인색해요!" 블랑슈는 한마디 하지 않을 수 없었다.

변호사는 진심 어린 웃음을 터뜨리고 자기도 전적으로 같은 의견이라고 강조했다.

블랑슈는 바르드 변호사를 더 오래 붙잡아 둘 이유가 없었다. 그가 전부 털어놓았음은 명백했다. 그녀는 일어섰고 세드리크가 따라 일어서는 것을 보고 마음이 놓였다.

돌아오는 길에 그는 한마디도 하지 않았다. 블랑슈는 그의 목소리가 듣고 싶었다. 그 목소리가 여전히 부드럽고 친절한지 알고 싶었다. 그에게 비밀을 털어놓기 망설이는 자신을 이해해 주길 바랐고 무엇보다 일단 믿어 주길 바랐다. 아드리앙은 그녀의 건강 상태가 악화되었다고 믿었는지 모르지만 아드리앙은 의사가 아니었다. 침묵을 먼저 깬 쪽은 그녀였으나 입 밖으로 낸 말은 생각과는 정반대였다.

"집까지 데려다줄까?"

세드리크는 한참을 생각했다. 매초가 고문이었으나 블랑슈는 재촉하고 싶지 않았다.

"시체는 어떻게 할 작정이야?" 그가 느닷없이 물었다.

"아직 모르겠어. 밤이 되기 전에는 처리할 수 없어. 너무 위험할 거야."

"경찰에 신고할 생각은 한 번도 안 해 봤어?"

"뭐라고 말하게? 시체가 두 번이나 내 집에 제 발로 걸어 들어왔다고?"

"농담하는 거 아냐, 블랑슈."

"알아. 하지만 경찰은 선택지가 아니라는 건 너도 알잖아."

세드리크는 차를 나아가지 못하게 하는 빨간불을 물끄러미 바라보며 크게 숨을 들이켰다.

"널 돕고 싶어, 블랑슈. 삼촌이 좀 전에 한 얘기로도 그건 전혀 변함이 없어. 그저 내가 그럴 만한 능력이 될지 자신이 없을 뿐이야."

블랑슈는 그를 바라보았다. 한순간 눈이 흐릿해졌다. 그의 목에 달려들어 입 맞추고 싶은 충동을 억눌렀다. 그 어느 때보다도 그녀에겐 지지가 필요했다.

"집에 파스타를 만들 만한 재료가 있을 거야." 그녀는 감정이 가득 담긴 목소리로 말했다.

"천만다행이야. 배고파 죽을 지경이거든!"

블랑슈는 어느 정도 불안을 느끼며 아파트 문을 열었다. 창문이 열려 있는 게 보이자 긴장이 풀렸다. 실내는 놔두고 간 그대로였다. 공기가 싸늘했지만 견딜 만했다. 머지않아 욕실에서 풍길 부패의 악취보다는 훨씬 나았다.

그녀는 외투를 벗고 어깨에 무릎담요를 걸쳤다. 세드리크에게도 하나 주었지만 그는 담요를 소파 위에 도로 갖다 놓았다. 아드리앙 역시 좀처럼 추위를 타지 않았다. 그 생각에 그녀는 움츠러들었다. 그가 위험하기는 한 것일까? 블랑슈는 이제 어떻게 생각해야 할지 몰랐다. 어제부터 그녀는 그를 찾기 위해 갖가지 시련을 넘었지만 어쩌면 그는 단지 그녀를 떠나기로 결심한 것일지 몰랐다.

'집에 차를 두고 떠났을 리 없어!' 그녀는 일단 따져 보았다. '그리고 내게 작별 인사도 없이 그럴 리는 더더욱 없고!'

블랑슈는 해야 할 일에 제대로 집중하기 위해 눈을 감았다. 재빨리 욕실로 갔다. 캉탱은 여전히 I자 모양으로 똑바로 서 있었다. 앞으로 몇 시간은 움직이지 않을 터였다. 그녀는 주방 찬장에서 코키예트♦ 상자를 꺼내 민망해하며 세드리크에게 보여 주었다.

"남은 게 이것뿐이야, 괜찮아?"

"비상 상황에는 되는대로 먹어야지." 그가 마음을 녹이는 미소를 띠며 말했다. "적어도 버터는 있겠지?"

블랑슈는 끄덕이고 냉장고 문을 열었다. 그녀가 허리를 굽힌 채 너무나 오래 가만히 있어서 세드리크는 걱정스런 마음이 들었다.

"문제 있어?"

블랑슈는 돌아섰다. 낯빛이 하도 창백해 한순간 그는 그녀가 다시 기절하는 줄 알았다.

♦ 짧은 마카로니처럼 생긴 파스타의 한 종류.

30

세드리크는 블랑슈의 어깨를 붙잡고 조심스레 냉장고에서 떨어
뜨렸다. 그는 몸을 굽히고 블랑슈를 그대로 멈추게 한 것이 무엇인
지 발견했다. 푸르스름한 빛을 띠고 피부가 부풀어 오른 손가락 네
개가 첫 번째 칸 선반에 보란 듯이 놓여 있었다. 그는 아무렇지 않은
얼굴을 할 수 있을 때까지 기다렸다가 몸을 돌렸다.

"냉동고에 있던 시체의 손가락이야?"

"그런 것 같아." 블랑슈가 멍하니 허공을 보며 대답했다. "어쨌거
나 캉탱의 것은 아니야."

세드리크는 문을 닫았지만 블랑슈가 곧장 도로 열었다. 그녀는
키친타월 한 장을 쥐고 손가락을 꺼내 조리대 위에 하나하나 눕혀
놓았다. 약손가락 두 번째 관절 위치에 반지가 꽉 끼어 있었다. 세드
리크는 거리를 두는 편이 낫다고 여기고 멀찍이서 물었다.

"결혼한 사람이었을까?"

"이건 결혼반지가 아니야. 이 반지는 그의 것이 아니고."

블랑슈의 목소리는 냉정하고, 진단을 내리는 듯했다.

"손가락이 부어서 그런 거겠지." 세드리크가 말을 꺼낸 김에 계속했다.

"그의 반지가 아니야." 그녀는 변함없는 어조로 주장했다.

"그걸 어떻게 알아?"

블랑슈는 바로 대답하지 않았다. 그녀는 너무도 잘 아는 그 큼직한 은반지에 정신을 빼앗긴 채였다. 어머니가 청혼을 거절한 것을 사과하는 의미로 아드리앙에게 선물한 반지였다. 반면 손가락들은 아드리앙의 것이 아니었다. 눈을 감기만 하면 그의 손을 떠올릴 수 있었다. 그녀는 그 손을 속속들이 알았다. 세월이 흐르면서 그 손에 반점들이 생기고 백반증으로 손끝이 하얗게 변하는 것을 보아 왔다. 다른 추억도 떠올랐다. 아드리앙은 노상 그 반지로 장난을 쳤다. 반지를 빼낼 수 없었으므로 손가락에 낀 채 빙글빙글 돌리곤 했다. 하루는 손이 더러운 기름으로 지저분해져 반지를 빼려고 했으나 쉬이 빠지지 않아 결국 포기했다. 이번에는 빼는 데 성공했네, 그녀는 씁쓸하게 생각했다.

"블랑슈, 말을 해!"

세드리크가 다가와 그녀의 어깨에 한 손을 얹었다.

"난 괜찮아." 그녀는 짜증스럽게 말했다.

"…스물네 시간도 안 돼서 두 번이나 기절한 사람이 할 소리는 아닌 것 같은데?"

"그리고 미쳐 가고 있는 사람이, 그 말이지?"

"그런 말은 하지도 않았어." 그가 심각하게 말했다.

부당한 공격이었다. 블랑슈가 세드리크를 탓할 이유는 전혀 없었다. 이 모든 일에서 아드리앙이 완전히 결백하지 않다는 생각에 그만 날카로워진 것이었다.

"이 반지는 아드리앙 거야." 그녀는 사과의 의미로 부드럽게 말했다.

"확실해?"

"확실해. 긍정적인 점은 반지 안쪽에 새겨진 문구를 마침내 읽을 수 있게 되었다는 거지."

세드리크가 어리둥절해서 그녀를 바라보았다.

"엄마와 아드리앙은 내게 절대 그걸 보여 주지 않았어. 둘만의 작은 비밀이라고 했지."

그렇게 말하며 그녀는 몇 분 전까지만 해도 세드리크와 자기가 나누었던 평범한 순간이 되돌아오길 바라며 미소를 보이려 노력했다. 그녀는 진저리 치며 반지를 쥐고 괴사된 손가락에서 뽑았다. 반지는 안팎이 모두 더러웠다. 땅에서 방금 파냈다고 해도 믿을 정도였다. 블랑슈는 갑자기 무서워졌다. 음모의 범인으로 아드리앙을 비난할 참이었지만, 결국 그녀가 뭘 알겠는가? 그녀의 멘토는 업계에서 그녀의 신용을 떨어뜨리려 했지만 어쩌면 이 모든 터무니없는 연극과 아무 관련이 없을 수도 있었다. 두 사건이 연관되어 있다는 증거는 아무것도 없었다.

그녀는 싱크대 아래서 백식초 한 병을 꺼내고, 식기장에서 컵을 꺼내 식초를 반쯤 따랐다. 반지를 그 안에 떨어뜨리고 깊은숨을 내쉬었다.

"뭐하는 거야?" 세드리크가 캐물었다.

"아무것도. 세척하는 것뿐이야. 이대로는 아무것도 읽을 수 없잖아."

"무슨 생각을 하는지 말해 줘."

"아드리앙이 이 모든 일에 책임이 있는지, 아니면 이 일의 첫 번째 희생자인지 알아야겠어."

"그게 그렇게 중요해?"

블랑슈는 어안이 벙벙해서 그를 쳐다보았다.

"유죄든 아니든, 넌 그를 찾아내야 하잖아, 그렇지 않아?"

그의 말은 옳았지만 블랑슈는 아드리앙이 자신을 괴롭히려 했다는 것을 알게 되었을 때 자신의 반응이 두려웠다. 자신이 이를 극복할 만큼 강할지 확신하지 못했다.

"좀 앉아야겠다." 그녀는 또 발작이 올까 걱정되어 말했다.

"무엇보다도 넌 뭘 좀 먹어야 해." 세드리크가 그녀를 부축해 소파까지의 5미터 거리를 데려가며 한마디 보탰다. "내가 알아서 할게. 그동안 누워서 좀 쉬어."

블랑슈는 쉴 생각이라곤 전혀 없었다. 갖고 있는 자료 전부를 상세히 조사해야 했다. 이번에는 아주 객관적으로 분석할 작정이었다.

세드리크가 주방에서 바삐 움직이는 동안, 그녀는 펜과 포스트잇 한 묶음을 챙겨 전날 정리했던 부분을 더 꼼꼼히 검토하려 했다.

아드리앙의 행부터 시작했다. 관점을 완전히 바꿔야 했다. 그녀가 사냥개의 희생자 집을 방문했던 날 밤 그는 충분히 뒤를 밟을 수 있었다. 그녀가 다른 층의 방들을 점검하는 동안 현관에 놓인 가방에 어머니의 스카프를 슬쩍 넣을 수 있었다. 화재를 일으킨 다음, 최대한 빨리 돌아와 자기 방으로 올라가 실내복을 걸치면 그만이었다. 블랑슈가 휠체어처럼 가장 거추장스러운 증거들을 처리하기 위해 쓰레기 하치장에 들렀다 오리라는 것을 그는 당연히 알았다. 그 자신이 권한 일이기도 하니까. 카드와 전정가위도 그가 무죄라는 증거는 될 수 없었다. 창고에 있는 시체의 손가락을 자르는 거야 그에게 아주 쉬운 일이었다. 실종 역시 휴대전화를 냉동고에 넣고, 조명을 전부 켜둔 채 도보로 떠나기만 하면 됐다. 그런 단서만으로 블랑슈를 공포에 질리게 하기 충분하리란 것을 그는 알았다. 하지만 블랑슈는 아드리앙이 한밤중에 시체를 옆구리에 끼고 허허벌판을 걸어갔으리라고는 생각하기 어려웠다. 분명 공범이 있을 것이다.

모두 너무도 잘 맞아떨어져 블랑슈는 호흡을 고르기 위해 잠시 멈춰야 했다. 맥박이 빨라지고 시야가 흐려지기 시작했다. 빨리 마음을 진정시켜야 했다. 그녀는 약상자를 붙잡고 물도 없이 두 알을 삼켰다.

"무슨 약이야?" 좀 전부터 그녀를 지켜보던 세드리크가 물었다.

"나쁜 거 아니야. 그냥 진정되는 거야. 스무 살 때부터 복용했어."

"난 그런 화학적인 약품은 별로더라." 그가 아무렇지 않은 듯 말했다. "천연 제품으로 넘어가고 싶으면, 나한테 말만 해"

블랑슈는 웃고 다시 표에 집중했다.

이 새로운 추론에는 들어갈 자리가 없는 포스트잇이 하나 있었다. 아드리앙의 반지는 왜 흙투성이고 누가 그것을 그녀의 냉장고에 넣어 두었을까? 반대로 반지는 그 어느 때보다도 깨끗해야 옳았다. 꽉 낀 반지를 빼는 가장 간단한 방법은 비누칠하는 것이다. 다들 아는 상식이고 아드리앙은 누구보다 잘 알았다. 처리할 시체에서 신분이 밝혀질 흔적을 전부 제거하느라 둘이서 그 방법을 써야 했던 적이 드물지 않았다. 지금 블랑슈가 생각할 수 있는 유일한 해답은 그녀의 이론과 완전히 모순되는 것이었다. 무엇보다도 너무나 불길해서 직접 표현하기조차 꺼려졌다. 그녀는 머뭇거리며 첫 단어를 적었다가 곧장 지웠다. 아드리앙의 행에서 '죽음'이라는 단어를 보고 싶지 않았다. 이 사건에서 그의 역할이 무엇이었든 그가 지금껏 그녀를 키우고 보호해 준 사람이라는 점은 여전했다. 그는 유일한 가족이었고 무엇보다도 그녀는 그를 사랑했다. 그녀는 입술을 깨물며 고통이 좀 누그러지기를 기다렸다가, 이번에는 한결 편히 읽을 수 있는 표현을 적었다. '파묻힌 반지?' 그녀는 이 마지막 포스트잇을 새 행에 놓았다. 아드리앙이 결백하다는 쪽의 가설을 완전히 고칠 필요는 없었다.

전날에는 조사하지 못했던 새 사건이 있었는데, 그때까지 일어나지 않았던 사건이기 때문이었다. 블랑슈는 새 포스트잇 묶음의 포장을 뜯어 아직 사용하지 않은 색을 골랐다. 초록색은 이제부터 캉탱의 색이었다.

3 1

블랑슈가 점점 더 흔들리는 필체로 쉬지 않고 글을 쓰는 동안 세드리크가 낮은 테이블에 파스타 두 접시를 가져왔다. 그는 쉬라고 권했고, 그녀는 방금 작성한 새 도표에서 눈을 떼지 않겠다는 조건으로 제안을 승낙했다.

캉탱의 역할이 아무것도 아니었을 리 없었다. 블랑슈는 그 아이가 잘못된 순간, 잘못된 장소에 있었다는 이유만으로 목이 베였다고 믿기 어려웠다. 누군가 그의 시체를 거실에 돌려놓으려 했다는 사실만으로도 그가 전체 그림의 일부임이 입증되었다.

그녀는 그의 행적을 몇 가지로 정리하려다가, 여자친구의 죽음을 초래했던 그 사고를 제외하면 사실상 그의 인생에 대해 아무것도 아는 게 없음을 깨달았다. 아버지가 그 끔찍한 밤을 지우는 데 성공한 이후 그는 무엇을 했을까? 그에게 예정된 찬란한 앞길을 무사히 나아갔을까 아니면 자수하지 않았던 자신을 책망했을까? 블랑슈는 오래전 숲속에 잠든 소녀의 이름, '아나이스'를 적어 두었다. 블랑슈는 그 이름을 결코 잊지 못했다. 온화함이 느껴지는 이름이었다. 삽을 뜰 때마다 구역질을 꾹 참으며 흙으로 덮었던 그 소녀의 얼굴에 깃든 온화함.

블랑슈는 세드리크에게 SNS에서 캉탱을 찾아보라고 부탁했었다. 아무것도 나오지 않았는데, 그 나이대의 젊은이치고는 아무래도 이례적이었다. 그는 여러 사이트를 훑어보고, 다른 검색도 해 보았으나 아무런 결과도 찾지 못했다. 반면 그의 아버지는 시사 면의 단골이었다. CAC40♦에 상장된 기업의 회장인 그는 다수의 경제 기사에 언급되었다. 하지만 한 타블로이드 신문은 그가 텔레비전 신인 배우와 재혼하게 되었다는 내용을 흥미롭게 다루었다. 세드리크는 검색으로 찾은 사진들을 전부 자세히 살펴보았다. 캉탱은 축하연에 초대받지 못했거나, 모습을 감추는 데 특출한 재능이 있는 게 분명했다.

"손가락들이 냉장고에 들어간 건 우리가 집을 비운 사이였을까?" 세드리크는 좀 전부터 그 의문을 곱씹고 있었던 듯 갑자기 물었다.

블랑슈 역시 그 생각을 했으나 그녀는 '언제'보다 '누가'와 '왜'에 관심이 있었다.

"꼭 그렇지만은 않아." 그녀는 여전히 퍼즐에 열중한 채로 말했

♦ 프랑스의 주가지수. 파리증권거래소에서 가장 활발하게 거래되는 40개 우량종목이 대상이다.

다. "어젯밤 집에 들어와서는 연 적이 없거든. 이미 거기 있었을 수
도 있고, 캉탱의 시체를 갖다 둔 사람이 겸사겸사 내게 작은 선물을
남겼을 수도 있지."

"왜 수고스럽게 시체를 도로 갖다 놓는 짓을 했는지 여전히 이해
가 안 가."

블랑슈는 세드리크가 또 그 주제를 꺼내는 게 두려웠다. 애초에
시체를 치웠는지 더 이상 확신이 들지 않는다는 말은 차마 할 수
가 없었다. 지금은 그도 그녀의 불안한 건강 상태를 알고 있겠지만,
그래도 자기편으로서 그를 잃고 싶지 않았다.

"그 정신병자를 잡으면 설명해 주겠지." 그녀는 태연하게 들리길
바라며 말했다.

"정말 찾아낼 수 있다고 생각해?"

"최악의 경우, 그자가 날 찾아오겠지! 너무나 마키아벨리적인 계
획이라 자랑을 늘어놓고 싶은 기분이 들 거야. 다들 그래."

"'다들'이 누군데?"

"사이코패스들 말이야!"

"그런 사람을 많이 아는 모양이지?"

"말하자면 그렇다는 거지." 블랑슈는 말을 돌리며 그런 부류에
속할 만한 자기 고객들을 생각했다.

그녀는 포스트잇 한 장에 눈길을 주었다. 거기에는 캉탱의 아버
지 이름이 쓰여 있었다. 고객 파일 어딘가에 그의 전화번호가 있을
게 분명했다. 블랑슈는 아나이스의 가족 생각은 안중에도 없던 그
남자가 마음에 들지 않았다. 그도 같은 상황에 처하게 된 지금, 그녀

는 어느 정도 동정을 느꼈다. 캉탱을 강둑에 두고 온 건 그의 시체가 발견되도록 하기 위해서였다. 애도가 이루어지도록. 그 위험을 한 번 더 감수할 수는 없었다. 법의학자라면 시신이 여러 차례 옮겨졌음을 알아챌 것이다. 단순 폭행 건이 아니게 된다. 전날 그녀는 그의 목에서 흘러나온 피를 모아 두었다. 자취를 발견하기 어렵도록 현장에 피를 쏟았다. 적어도 그렇게 했다고 생각했다. 이제 와서 확인하기에는 너무 늦었다. 도시 청소 차량들이 순찰을 돌았을 테고, 그렇지 않더라도 새벽부터 계속 내린 이슬비가 그녀의 범죄 흔적을 모조리 지웠을 게 분명했다. 혈액을 분간하려면 땅에 루미놀을 뿌려야 할 것이다. 대낮에는 어림없는 일이었다. 세드리크가 그녀를 놓아줄 생각이 없어 보이므로 더더욱 그랬다. 캉탱의 시체를 강둑에 버린 게 맞는지 확인하기 위해 한 손에 스프레이를 들고 바닥을 기는 모습을 그에게 보이고 싶지는 않았다. 그가 대체 어떻게 생각하겠는가? 광기에 빠져들고 있는 중인지는 몰라도 존엄성을 완전히 잃을 것까지야 없었다!

"괜찮아?" 세드리크가 그녀의 생각을 끊으며 물었다. "너무 창백해!"

"캉탱을 생각하고 있었어." 완전한 거짓말은 아니었다. "그가 실종되어 걱정할 사람이 있을까 싶었어. 네 검색 결과로 보면, 그다지 사교적이지 않았던 것 같으니까."

"인터넷상에서는 그렇지! 다른 부분은 알 수 없어. 진짜 인생을 즐기는 쪽을 선호하는 사람들도 있으니까."

"그런 사람을 많이 아는 모양이지?" 블랑슈는 세드리크가 그 질문을 했을 때의 말투를 흉내 내어 대꾸했다.

"그 정도는 아니지만." 그가 마지못해 인정했다. "페이스북이나 인스타그램 계정이 없는 건 그렇다고 쳐. 오히려 칭찬할 일이라고 보는 편이야. 놀란 이유는 그의 이름이 다른 어느 곳에서도 나오지 않아서야. 그 애가 파리 정치대학에 다녔다고 했지?"

"그의 아버지가 그렇게 말하긴 했어."

"그런데 검색 결과가 전혀 나오지 않는단 말이야. 보통 그런 학교를 나온 이들은 어떻게든 티를 내려고 해. 그들이 형제애를 과시하려는 욕망을 이기는 경우는 드물어. 소셜 네트워크에서 모임을 만들지 않고는 못 배기지. 남들에겐 없고 그들에게만 있는 뭔가가 그들을 하나로 묶어 주는 걸 좋아하거든. 그리고 그 덕분에 미래의 고위직들과 연줄을 유지하는 거야."

"어쨌든 네가 그들을 매우 좋아하는 건 알겠어!" 블랑슈가 비꼬았다. "캉탱은 막 입학한 참이었어. 어쩌면 사정이 생겨 그만두게 되었는지도 몰라."

"그럴지도 모르지… 그래도 이 정도로 검색망에 걸리지 않는 건 드물어."

블랑슈는 다음 행동에 집중해야 했다. 세드리크가 말을 멈추자 더 어두운 생각들이 하나씩 겹쳤다. 시체를 처리할 수 있을 때까지 가만히 손 놓고 기다릴 수는 없었다. 아직 시체의 최종 목적지를 결정하지는 않았지만, 새벽 두 시까지는 처리할 수 없다고 선언해 두었다. 겨울의 몇 시간만이 제외하면, 파리는 잠들지 않는 도시였다. 시체의 경직도 약간 풀릴 것이다. 블랑슈는 시체를 너무 훼손하지 않고 군용 트렁크 안에 넣을 수 있기를 바랐다. 왔다 갔다 하는 일을 피하기 위해 차에 손수레를 실어 놓았다. 세드리크는 그녀를 바라보지 않으려 했다.

블랑슈는 차를 마시면서 반지를 식초에서 꺼내지 않았다는 것을 깨달았다. 은반지는 컵 밑바닥에서 빛났다. 그녀는 반지를 헹궈 조명 가까이에 댔다. 마침내 어머니가 새긴 문구를 발견하려는 참이었다.

카트린 바르자크는 대단한 낭만주의자는 아니었다. 이 반지를 선물한 것부터가 놀라운 행동이었다. 블랑슈는 그것을 받았을 때 아드리앙이 지었던 표정을 기억했다. 그녀도 그 자리에 있었는데, 그것만으로도 어머니가 친밀한 관계를 만들어 나가는 데 얼마나 소질이 없는지 드러났다. 블랑슈는 둘 중 누구도 반지에 새겨진 문구를 밝히지 않으려는 것은 수줍어서가 아니라 글귀가 그들의 사랑에는 못 미치기 때문이라고 확신했다. 어쨌든 지금껏 블랑슈는 그렇게 생각해 왔고, 그 생각을 하면 늘 기뻤다.

처음에는 눈이 이상한 줄 알았다. 그녀는 세드리크가 노화를 시인하는 행동이라 보지 않길 바라며 반지를 몇 센티미터 멀리했다. 폭 일 센티미터의 커다란 반지에는 아무리 글재주가 서툴다 해도 사랑의 메시지로는 전혀 보이지 않는 문구가 새겨져 있었다. 오히려 경고에 가까웠다. 카트린 바르자크가 지워지지 않도록 은에 새기려고 한 명령문.

"절대 그녀에게 손대지 마."

32

이번에 블랑슈는 새로운 발작의 습격에 버티지 못했다. 그녀의 얼굴이 경련하는 것을 보고 놀란 세드리크가 달려왔다. 그가 아무리 흔들고 이름을 소리쳐 불러도, 블랑슈는 통제력을 되찾기에는 너무 멀리 가 있었다. 호흡하는 법을 기억하지 못하여 호흡 정지 상태였다. 공황으로 온몸의 근육이 경직되었다. 다리는 뻣뻣하고, 손가락은 오그라들었다. 세드리크는 따귀를 때렸지만 아무런 효과가 없었다. 그는 거실 테이블로 달려가, 아까 먹는 것을 보았던 약을 낚아채 그녀의 손에 두 알을 떨어뜨렸다. 그런 다음 있는 힘껏 찬장 문을 열어젖히고 훑어보다가 위스키 한 병을 골랐다. 그는 그녀에게 한 잔을 따라 주었다.

"삼켜!" 그가 다른 손에 잔을 쥐여 주며 단호하게 말했다.

블랑슈는 그의 명령을 들었다기보다 느꼈다. 팔을 들어 올릴 힘이 없었다. 세드리크가 눈치챘는지 거들어 주었다. 알코올의 후끈함이 즉각 효과를 발휘했다. 블랑슈가 독한 술을 마시는 일은 매우 드물었다. 위스키는 이 집에 들어온 이후 계속 그 자리에 있었을 것이다. 아드리앙을, 드물게 그가 찾아올 때를 위한 것이었다. 블랑슈는 차츰 혈색이 돌아왔고 세드리크는 그녀를 소파로 데려갔다.

"누워." 그가 이번에는 좀 더 부드럽게 말했다.

블랑슈는 고분고분 따랐다. 그녀는 눈을 감았다. 곧장 추억이 장면장면 밀려왔다.

카트린 바르자크가 그 반지를 아드리앙에게 선물한 것은 죽기 고작 한 달 전이었다. 블랑슈는 부엌 조리대에서 선물 상자를 보고 처음에는 자기 것인 줄 알았다. 어머니가 그녀의 손에서 상자를 도로 받아 들고 아드리앙에게 주는 일종의 보상이라고 설명했다. 블랑슈는 더 알고 싶었다. 그녀는 아드리앙이 어머니에게 청혼했다는 것을 알게 되었다.

"십 년 만에요?" 블랑슈는 놀랐다.

"무슨 생각인지 알 수가 없구나!"

"엄마는 어때요, 결혼하고 싶지 않아요?"

"지금 이대로도 아주 좋아!" 그녀는 단호한 어조로 대꾸했다.

블랑슈는 고집하지 않았다. 게다가 생활이 바뀌기를 바라는지도 잘 알 수 없었다. 아드리앙은 일주일에 세 번 그들을 보러 왔고, 함께 저녁 시간을 보낸 후 카트린이 이제 잘 시간이라고 여기면 돌아갔다. 훗날, 블랑슈는 두 연인이 언제 은밀한 시간을 즐길 수 있었을까 의아해했다. 자기만의 인생을 살기 시작하기 전까지 그 의문은 떠올린 적조차 없었다. 둘은 아드리앙의 집에서 만났던 것이 분명했다. 카트린은 종종 집을 비웠다. 일주일에 적어도 두 번은 늦게 들어왔다. 공식적으로는 일에 붙잡혀서였다. 블랑슈는 그 설명을 믿었다. 그녀는 언제나 어머니가 악착같이 일하는 것을 보아 왔다. 그건 그들이 자립한 대가였다. 카트린 바르자크는 미술사를 전공했지만 이내 그걸로는 먹고살 수 없음을 깨달았다. 그리하여 부동산 중개업자가 되기로 마음먹었다. 어떤 권위적인 지시에 따르는 것을 견디지 못했기에 자기 사무소를 차렸다. 독학으로 공부한 사람치고 그녀는 꽤 잘해 나갔다. 호화롭지는 않아도 블랑슈는 아무런 부족함 없이 자랐다.

별안간 그날 저녁의 일이 블랑슈의 눈앞에 되살아났다. 아드리앙이 조심스레 포장지를 풀자 그녀는 애가 탔다. 초조해서 안달이 났고 그의 손에서 선물 상자를 빼앗아 확 뜯고 싶은 것을 꾹 참았다. 그는 보석상자를 열고 눈썹을 치켜올렸다. 카트린 바르자크는 그를 기쁘게 하지 못한 대신, 그를 놀라게 하는 데 성공했다. 지금 생각해 보면, 그 반응은 이해할 만했다. 그런 상황에서 반지를 선물한다는 것은 아무래도 놀라운 선택이었다. 카트린은 그의 뒤로 가서 섰다. 그의 목에 팔을 두르고 몸을 숙이더니 귓속말로 뭐라 속삭였다. 블랑슈에게는 아무것도 들리지 않았다. 달콤한 말일 거라 상상했다. 아드리앙은 카트린이 새긴 문구를 읽었다. 그는 부드럽게 고개를 끄덕이고는 그녀의 손에 입을 맞추고 반지를 끼었다.

"그날 밤 그에게 뭐라고 했어요!" 블랑슈는 아직 몸이 회복되지 않아 자신이 소리 내어 말했다는 것을 깨닫지 못하고 중얼거렸다.

"누가 누구에게 뭐라고 했는데?" 세드리크가 물었다.

블랑슈는 힘겹게 몸을 일으켜, 그가 이마에 얹어 준 젖은 수건을 치우고 화제를 돌리려 했다.

"물 한 잔만 갖다줄래?"

"누가 누구에게 뭐라고 했는데, 블랑슈?" 그가 시키는 대로 하면서 재차 물었다.

"아무것도 아니야. 헛소리였어."

"어떻게 된 일인지 설명해 줄래?"

"몸이 안 좋아 쓰러졌을 뿐이야. 이제 괜찮아."

"이거랑은 아무 상관 없는 게 분명해?"

세드리크는 두 손가락으로 반지를 들고 있었다. 문구를 읽은 게 분명했다. 블랑슈는 그렇게 오래 눈을 감고 있었던 줄 몰랐다.

"무슨 뜻인지 전혀 이해가 안 가." 그녀는 기운이 다 빠져 인정했다.

"사랑을 고백하는 더 나은 표현도 있을 텐데 말이야!"

"그 문구를 새긴 건 내 엄마야."

"너희 엄마?" 그가 약간 감탄이 담긴 목소리로 말했다. "근데 난 네가 다정한 사람이 아니라고 여겼으니!"

블랑슈는 소심하게 미소를 지었다. 그가 내 기분을 나아지게 하려고 애쓰는 것이 고마웠다.

그 반지는 이십 년을 묵은 과거의 유물이었다. 물론 새겨진 문구가 오싹하긴 했지만, 블랑슈는 그것이 자기에 관한 거라고 단언할 수 없었다. 카트린이 말하는 건 아마 다른 여자였으리라. 글로 표현한 질투. 관심을 가져야 할 일이기는 할까? 지금 급선무는 아드리앙을 찾는 것이지, 이십 년이나 묵은 수수께끼를 해결하는 게 아니었다. 물론 그 모든 게 연관된 게 아니라면. 그리 있을 법하지 않아 보였지만 최근의 일 가운데 이치에 맞는 일은 거의 없었다.

그녀는 결심을 굳혔다. 정신을 차리고 어머니가 남기고자 했던 메시지를 해석하려 노력해야 했다. 그러기 위해서는 과거로 거슬러 올라갈 수 있도록 머릿속을 비워야 했다. 기억들이 밀려와 아주 사소한 부분까지 되살아나도록. 특별한 사건과 관련이 있을 리는 없었다. 블랑슈는 그런 사건 하나하나를 유물처럼 머릿속에 간직하고 있었다. 절대 잊지 않기 위해, 어쩌면 이상화시킬 위험이 있을 만큼 보석 같은 추억으로 남겨 두었다. 모든 기념일과 말다툼, 은밀한 공모의 순간들까지 전부 정성스레 정리되어 있었다. 아드리앙과 어머니 사이에서 그녀가 모르는 어떤 일이 있었을까? 이제 블랑슈는 아드리앙이 절대 그 글귀를 보여 주지 않으려 했던 이유를 이해했다. 그녀는 끊임없이 그 의미를 물었을 것이다. 어머니와의 관계를 캐물었을 것이다. 아드리앙은 늘 그 이야기를 거부했다. 그건 자신만의 것이라 말했다. 블랑슈는 아드리앙이 어머니가 아닌 여자로서의 카트린 바르자크의 모습을 말해 주는 한, 반지 이야기를 파고들지 않았다. 비극이 일어났을 때 블랑슈는 고작 열아홉 살이었다. 그녀가 본 카트린은 자신을 아끼고 길러 주는 애정 많은 어머니일 뿐이었다. 어머니가 어떤 사람이었는지 온전히 알 필요성을 느낀 것은 한참 후의 일이었다.

"이것 때문에 아드리앙이 납치되었다고 생각해?"

세드리크의 질문에 그녀는 허를 찔렸다. 그가 자기 마음을 읽는 것 같았고 그 생각에 불안해졌다. 그에게 거짓말하고 싶지 않았지만 그렇다고 내면 성찰을 나눌 정도의 확신은 없었다. 그 단계는 친밀한 사이에 속했다. 그녀는 가장 진실한 답을 찾았다.

"모르겠어." 결국 그녀는 마지못해 말했다. "이젠 아무것도 모르겠어."

33

　블랑슈는 그 반지와 글귀에 대한 논리적인 설명을 찾아내기 위해 기억을 전부 되짚어 보려 했다. 그녀는 언제나 아드리앙과 어머니의 관계를 우러러보았다. 완벽하다고 할 수는 없겠지만, 그 관계는 어떤 이상에 부합하는 듯했다. 두 사람은 독립적이면서도 동시에 언제나 서로의 곁에 있었다. 어쨌든 아드리앙은 어머니 곁에 있었다. 기억하는 한 그랬다. 그가 그녀의 관점을 왜곡시켜 놓은 게 아니라면.

　블랑슈는 더 이상 그를 신뢰할 수 없다는 게 절망스러웠다. 전날만 해도 그녀의 유일한 걱정은 오랜 시간을 들여 이룩한 불안정한 균형을 언젠가 잃게 되리란 것이었다. 아드리앙은 그녀의 기준점이었고, 한시도 눈을 떼고 싶지 않은 등대였다. 오늘, 그녀는 모든 것을 의문시할 태세였다. 증거의 단초도 없이.

'절대 그녀에게 손대지 마.' 이 문장에 어울릴 만한 상황이 무엇일까? 협박이었을까? 어조는 절대적이고, 마침표조차 이론의 여지를 딱 잘랐다. 블랑슈의 머릿속에 있던 이미지들에 온통 괴리가 생겼다. 어떤 여자가 남자를 껴안으며 거칠게 옥박지르겠는가?

카트린 바르자크는 언제나 자신의 선택에 만족스러워 보였다. 그녀가 요구한 것이었다. 그녀와 아드리앙이 함께하는 삶은 고전적인 도식과는 맞지 않았지만 그런 관계를 이끌어 간 건 그녀였다. 그녀는 그것이 커플이 변치 않고 오래가는 비결이라고 말했다. 물론 너무 일찍 죽어 그것이 과연 사실인지 확인할 수는 없었지만, 그들은 십 년간 아무런 문제 없이 함께했다. 적어도 블랑슈는 오늘까지 그렇게 믿어 왔다.

그녀는 자기 생각 모두를 세드리크와 나누겠다고 다짐했다. 그는 조심스레 말을 꺼냈을 뿐인데 너무 순순히 승낙해서 놀랐다. 하지만 이유는 간단했다. 블랑슈 곁에 남은 사람은 그뿐이었다.

"정말로 특별히 기억나는 사건 없어? 말다툼이나, 최소한 식사하면서 질책이 오갔던 일이라도?"

어느 저녁 시간이 다른 때보다 좀 더 냉랭한 분위기였던 일쯤이야 당연히 있었다. 좋을 때와 나쁠 때가 없는 가족이 어디 있겠는가? 그럼에도 블랑슈는 아드리앙과 어머니 사이의 다툼은커녕 불화조차 기억나지 않았다. 두 사람은 언제나 서로 마음이 통하는 것 같았다.

"내가 제대로 이해한 거라면." 세드리크가 말을 이었다. "두 분의 연애사에서 정말로 주목할 만한 단 한 가지 사건은, 그 청혼이야!"

블랑슈는 수긍했다. 어머니와 그 동반자의 인생을 그렇게 대강 요약함으로써, 세드리크는 별로 가고 싶지 않은 길 쪽으로 그녀를 이끌어가고 있었다. 그럼에도 그녀는 그가 생각을 계속 풀어가길 기다렸다.

"네 어머님이 그렇게 독립적인 삶을 중요시하셨다는 걸 알았다면 그는 왜 결혼하려 했을까?"

"난 전혀 모르겠어!" 그녀가 방어적으로 말했다. "아마 그 관계만으로는 충분치 않았나 보지."

"난 그가 용서받으려 했다고 생각해."

"뭘 용서받아?"

"절대 그녀에게 손대지 마."

"하고 싶은 말이 뭐야?"

세드리크는 아무 말 없었다.

"그가 내 엄마를 때렸다, 그 말이야?"

블랑슈는 그 말이 자기 입에서 나왔다는 것을 믿기 힘들었다. 아드리앙이 카트린 바르자크와의 관계를 미화하고 싶었다는 것은 이해할 만하지만, 그것도 어느 정도까지다. 게다가 그녀로서는 어머니가 자신을 학대하는 남자와 계속 함께 있고자 했으리라고는 상상할 수 없었다.

"강인한 여성들도 남자에게 구속당할 수 있다는 거 알잖아. 경솔하거나 무력한 여자들만의 일은 아니야. 누구에게나 일어날 수 있는 일이지."

블랑슈는 세드리크가 자신에게 메시지를 전하려 한다는 느낌을 받았다. 거의 대놓고 말하는 비밀 이야기. 그는 단어 하나하나에 섬세함과 존중을 담아 강조하는 듯했다. 그녀는 이야기를 계속하라고 했고 그는 좀 더 냉정한 투로 자신의 추론을 전개했다.

"내가 보기에는, 그 문장이 너에 대한 거라는 데 의심의 여지가 없어. 너희 엄마는 아드리앙에게 자신이 지켜보고 있다는 경고를 한 거야."

"그가 날 괴롭히겠다고 위협했다는 거야? 말도 안 돼! 있을 수 없는 일이야!"

카트린 바르자크는 암늑대였다. 제 자식을 못살게 군다면 누구라도 죽였을 터였다. 아드리앙이 그런 의도를 품고 있었다면, 그날 밤 그녀가 그를 껴안았던 건 키스하기 위해서가 아니라 숨통을 조르기 위해서였을 것이다.

"그럼 학대를 당했거나." 세드리크가 주장했다.

"그랬다면 내가 알아챘을 거야!"

블랑슈는 눈물이 솟아나는 것을 느꼈다.

"어떤 남자들은 학대의 흔적을 남기지 않는 재주가 있어."

"당하고만 있지 않았을 거야!"

이 말은 기원에 가까웠다.

"어쩌면 딱 한 번 때렸을지 모르지." 세드리크가 한발 물러섰다. "한 번으로 그 행동은 설명돼."

"무슨 말인지 모르겠어."

"폭력적인 남자들은 종종 용서받기 위해 무엇이든 하려고 들어. 특히 처음이라면 말이지. 청혼은 어쩌면 평화의 담보물이었을 거야. 다시는 그러지 않겠다고 믿게 하려는 수단."

너무나 신빙성 있는 설명이라 블랑슈는 숨이 막혔다. 증오가 치솟아 폐에 공기를 넣을 수가 없었다. 세드리크가 급히 다가와 그녀를 안았다.

"숨 쉬어." 그가 그녀의 머리칼을 어루만지며 속삭였다. "숨 쉬어, 블랑슈."

블랑슈는 그 가설이 사실인지 확인할 수 없었고 분명 그 점이 그녀를 가장 분노하게 했다. 아드리앙은 자발적이든 아니든 사라져 소식이 끊겼고, 어머니는 영원히 돌아올 수 없었다. 카트린 바르자크, 자신을 길러 준 자부심 강하고 독립적인 여성이 자기에게 손찌검하는 남자와 하루라도 같이 있을 수 있었다는 건 믿기 힘들었다. 아드리앙의 말로는 병의 증상들이 몇 달 전부터 나타났다고 했다. 어머니는 자신을 기다리는 운명을 홀로 마주하기보다 나쁜 동반자라도 있는 게 낫다고 여긴 것일까? 블랑슈는 이해할 수 있었다. 그녀 자신도 그날이 왔을 때 아드리앙이 곁에 없을까 봐 늘 두려웠다. 그렇게 생각하자 가슴이 아팠다. 카트린 바르자크가 자기 딸을 충분히 신뢰하지 못했다는 의미이니까. 아마도 블랑슈는 당시에 어렸겠지만 결코 어머니를 저버리지 않았을 것이다.

물론, 훨씬 받아들이기 쉬운 설명도 있었다. 편집증적 착란의 상태에서 카트린은 아드리앙이 딸을 해치려 한다고 상상했을 수 있다. 블랑슈는 그쪽에 매달리고 싶었다. 하지만 그 가설은 오래가지 못했다. 헛된 환상을 품기에 블랑슈는 그 주제에 대한 논문을 너무나 많이 읽었다. 그런 착란의 순간들은 대개 일시적이고, 특히 초기에는 더욱 그랬다. 카트린은 보석상을 방문했고, 자기 생각을 반지에 새겼고, 그에게 선물 상자를 건넸을 때도 한결같은 정신 상태였다.

어쩌면 카트린의 기억 소실로 끝내 커플의 관계가 위태로워졌을지도 몰랐다. 그녀가 요령 없이 뭔가를 저지르거나 말해서 아드리앙이 이성을 잃는 결과를 초래했을 수도 있다. 블랑슈는 자신이 용서할 수 없는 일을 어떻게든 해명하고, 정당화하려고 애쓰고 있음을 알았다. 그 이론은 그 자체로는 세드리크의 이론만큼이나 타당했다. 블랑슈는 그 생각에 의지하기로 마음먹었다. 무엇보다도 아드리앙을 찾아야 했고 그를 괴물로 보는 건 동기 부여에 도움이 되지 않았다. 그녀는 고개를 흔들고 세드리크에게 단호히 말했다.

"우리의 우선 과제는 아드리앙을 찾는 거야. 모든 해답은 그가 쥐고 있어. 죄인이든 피해자든, 그는 이 모든 일과 엮여 있어. 냉장고의 반지가 그 증거야."

"왜 그걸 네게 줬을까? 그 문구가 자신에게 유리하지 않을 줄 알 텐데!"

"아마 그가 두고 간 게 아니겠지."

세드리크의 영문을 모르는 시선 앞에서, 블랑슈는 자신의 두려움을 털어놓기로 했으나 몇 마디 말밖에는 하지 못했다.

"반지에 묻은 흙."

"그가 땅에 묻혔을 거라 생각하는 거야?"

"하나의 가능성이지." 블랑슈는 침착하게 답했다. "아니면 그렇게 될 수 있다는 경고거나."

34

　더 이상 한밤중까지 기다릴 수 없었다. 블랑슈는 절박함에 사로잡혔고, 세드리크의 조언에도 불구하고 어느 정도 위험을 감수할 각오가 되어 있었다. 아무도 그녀에게 연락해 오지 않았다. 무슈 M도, 마담 C도, 사냥개까지도. 그들에겐 그녀가 아드리앙을 찾는 일이 시급해 보이지 않는 것 같았다. 활동하지 않는 상태는 그녀에게 독처럼 작용했다. 몇 시간 동안 온갖 가설을 세웠고 그 내용은 갈수록 불안해졌다.

　"내가 편집증 환자 같아 보이겠지?"

　"그런 말이 있잖아, '편집증 환자들에게도 적은 있다!'"

　"모르세르프로 돌아가야 해." 그녀는 대꾸했다. "아드리앙이 증거가 될 만한 걸 남겼다면 우리가 찾아봐야 할 곳은 거기야."

　"그렇지만 벌써 집을 뒤졌잖아."

"그때는 뭘 찾아야 하는지 몰랐어."

"지금은 안다는 거야?"

블랑슈는 당연한 것 아니겠냐는 듯 어깨를 으쓱했다. 사실은 아무런 짐작도 가지 않았다. 그녀의 의도는 양아버지의 사생활을 속속들이 살펴보려는 것이었다. 그의 벽장들을 뒤지고, 서류들을 조사하고. 필요하다면 창고의 상자를 하나하나 열어 보는 것이었다.

그녀가 군용 트렁크를 비우기 시작하자 세드리크는 불안해했다.

"뭐 하는 거야?"

"시체를 옮길 거야."

"지금? 위험할 것 같은데."

"여기에 놔두면 훨씬 더 위험할걸! 우리의 작은 친구가 캉탱의 손가락을 자르는 건 원치 않아. 시체는 아드리앙의 냉동고에 넣을 거야. 그러면 시간을 좀 벌 수 있겠지."

세드리크는 말이 없었다. 그는 반응 없이 트렁크를 뚫어져라 쳐다보았다.

"샤워 부스에서 꺼내는 것만 좀 도와줘." 블랑슈는 지나친 요구임을 알면서 말했다. "그다음은 내가 알아서 할게."

"절대 안 들어갈걸." 세드리크가 억양 없는 목소리로 대답했다.

"날 믿어. 들어간다니까!"

세드리크는 블랑슈가 계단으로 트렁크를 내리는 것도 도왔다. 계단이 너무 좁아 다루기가 쉽지 않았다. 그들은 갖은 재간을 다 짜내야 했고 블랑슈는 짐을 나르면서 서툰 농담을 건넸다. 그녀의 임시 동반자는 소심하게 미소를 지었다. 그녀는 그가 이 에피소드를 빨리 잊었으면 했다. 그 어느 때보다도 그녀에겐 그의 쾌활함이 필요했다.

집은 떠날 때 놔두고 온 그대로였다. 블랑슈는 만족스럽게 여겨야 마땅했지만 그건 희망을 버렸을 때나 가능한 일이었다. 아드리앙이 거기서 그들을 기다리고 있으리라는 은밀한 꿈을 꾸지 않았을 때에나. 이동하는 동안, 그녀는 한 장면을 상상했다. 아드리앙이 벽난로 앞에 평온하게, 손에 책을 들고 앉아 있다. 그는 블랑슈가 친구와 함께 온 것을 보고 놀라움을 감추지 못하며 그동안 연락이 없었던 것을 걱정하리라. 최근에 겪었던 사건들을 이야기하면 그는 믿기 어렵다는 기색을 보이리라. 물론 이 모든 것은 전혀 논리적이지 않겠지만, 결국 그것이 희망의 정의 그 자체 아닌가? 말도 안 되는 것을 바라는 것.

블랑슈는 캉탱의 시신을 혼자 옮기겠다고 고집했지만 세드리크는 그러지 못하게 했다. 그의 동작에 점점 더 자신감이 붙었다. 블랑슈는 미안함이 커져만 갔다. 순수한 영혼을 타락시킨다는 언짢은 기분이 들었다. 자신이 그 역할을 맡을 줄은 상상도 하지 못했다. 아드리앙이 그녀에게 이 일을 알려줬지만 그건 그녀가 억지로 요구했기 때문이었다. 그가 자신의 생업을 솔직히 밝히기까지는 시간이 한참 걸렸다. 스물네 살까지 블랑슈는 그가 청소용품 회사에서 일하는 줄 알았다. 그가 항상 그렇게 말했기 때문이었다. 그가 거짓말을 했음을 알게 된 것은 그녀가 혼자 나가 살게 되었을 때였다. 보증인이 되어 달라고 청하자 아드리앙은 급여 명세서가 하나도 없다고 털어놓았다. 해명을 기다렸지만 그는 회피했다. 그게 처음이었다. 힘겨루기가 이어졌다. 그녀는 그의 진짜 직업을 알아내려고 쉴 새 없이 그를 들볶았다. 비밀을 공유하지 않으면 연을 끊겠다고 위협하기까지 했다. 아드리앙은 결국 실토하고야 말았다. 그의 목소리에는 양심의 가책이 묻어난 반면 블랑슈는 더더욱 그에게 감탄했다. 그 즉시 자신도 그와 같은 직업을 갖게 되리라는 걸 알았다.

블랑슈는 아드리앙의 서재에 자리를 잡았고 세드리크는 날이 너무 어두워지기 전에 땅이 파 엎어진 부분을 발견하기 위해 정원을 조사하는 중이었다. 그 생각을 떠올린 건 그였고 블랑슈는 진심으로 그가 아무것도 찾아내지 못하기를 바랐다.

아드리앙의 정리 방식은 유별났다. 블랑슈는 그 점을 지적한 적 있지만 노인에겐 자기만의 습관이 있었고 버리기 힘들다고 했다. 아드리앙은 주제별로 분류하지 않고 시간순으로 정리했다. 한 해 동안 받은 문서 전부가 판지 상자 안에 분류되어 있었다. 아드리앙은 그것들을 하루하루 쌓아, 의사의 처방전이 은행 명세서와 전기 요금 영수증 사이에 끼어 있기도 했다. "성실한 사내의 항해일지라고 봐 주렴!" 그는 약간의 향수를 담아 말했다. "딱 보기만 하면 내 인생이 매년 어떤지 알 수 있지." 블랑슈는 그가 과거의 삶을 그리워한다는 것을 알았다. 누구에게도, 특히 그녀에게 보고할 필요가 없었던 시절을 여전히 소중히 여긴다는 것을.

그 기억이 새로운 의심을 불러일으켰다. 어떻게 그렇게 단시간

내에 아드리앙의 충실함에 의심을 품을 수가 있었을까? 그는 아무런 의무도 없는데 그녀를 돌봐 주었다. 블랑슈는 열아홉 살이었다. 그가 그녀를 내버려두어도 비난할 사람은 아무도 없었다. 카트린 바르자크는 그들 사이건 블랑슈에 대해서건 아무런 약속도 바라지 않았다. 아드리앙에겐 자유를 되찾을 권리가 있었을 것이다. 그럼에도 불구하고 그는 블랑슈를 집에 데려오기 위해 당시 쓰던 사무실을 포기했다. 학비는 물론 운전면허 교습 비용까지 대주었다. 그는 그녀를 먹이고, 보살피고, 교육시켰다. 꺾이지 않는 인내심을 보였다. 블랑슈는 최고로 다정한 수양딸이라곤 할 수 없었다. 아드리앙은 눈 하나 까딱 않고 그녀의 화를 견뎠다.

분명 그가 끼고 있던 반지는 불리한 증거였지만, 그에게 해명의 기회를 얻을 자격이 있지 않을까? 그가 그녀의 고객들을 만났던 일들도 그렇다. 어쩌면 그는 그녀가 일을 그만두도록 하는 게 정말로 그녀를 보호하는 길이라고 생각했던 게 아닐까? 블랑슈는 문득 그렇게 하라는 명을 내린 기억이 없음에도 한쪽 손이 펴졌다 쥐어졌다 하고 있음을 깨달았다. 그녀는 의식적으로 운동을 계속하며, 아드리앙이 시켰듯이 각 동작을 제어하려 노력했다. 그가 쏟았던 모든 관심이 헛되지 않았음을 입증할 때였다.

블랑슈는 세드리크가 처음 부르는 소리를 듣지 못했다. 그녀는 종합 테스트를 계속하며 이완 훈련을 하고 있었다. 그것이야말로 가장 힘든 연습이었다. 머리를 비우고 차분하게 호흡해야 했다. 최근의 사건들에 비추어 볼 때, 그건 고문이나 다름없었다.

마침내 멀리서 그의 목소리를 감지했을 때, 그녀는 그가 고마울 지경이었다. 초췌한 얼굴로 한 손에 삽을 들고 서재에 들어선 그를 보았을 때, 그녀는 울고 싶었다.

35

세드리크는 더 파고들 용기가 없었다. 그는 정원에서 흙더미를 발견했는데 그 크기에서 미루어 짐작할 수 있는 것은 단 하나뿐이었다. 그는 블랑슈에게 삽을 내밀었고 그녀는 떨리는 손으로 삽을 쥐었다. 그가 몸을 사린다고 원망할 수는 없었다. 많은 남자들이 진작 달아났을 것이다.

시체가 얼마나 깊이 묻혀 있는지 알 수 없었으므로 블랑슈는 땅을 판다기보다 긁어냈다. 삽이 장애물과 만나는 순간이 두려웠다. 바람이 일었다. 하지만 임시 봉분에서 새어 나오는 악취를 완전히 흩뜨릴 만큼 강하지는 않았다. 둔탁한 소리가 나자, 블랑슈는 삽을 던졌다. 그녀는 쭈그리고 앉아 손으로 흙을 치웠다. 세드리크의 존재 덕분에 무너지지 않을 수 있었다. 그녀는 낮은 소리로 미국의 주들 이름을 늘어놓았고 세드리크가 함께 열거하는 소리를 듣고 감동

받았다. 하지만 손가락으로 손 하나를 파냈을 때는 더 이상 눈물을 참지 못했다. 엄지손가락만 세워진 채 나머지 손가락은 잘린 손이었다.

"아니야." 블랑슈는 흐느끼면서 간신히 말했다. "아드리앙이 아니야."

세드리크는 미소를 보이려고 애썼지만 블랑슈의 안도를 함께 느끼는 것과는 거리가 멀었다. 그는 스물네 시간도 안 되어 두 번째 시체를 마주했고 아직 그 정체에 신경 쓰지 않을 만큼 익숙하지는 않았다.

"사냥개의 희생자라는 거지?"

블랑슈는 고개를 끄덕였다.

"여기다 놔둘 순 없겠지?"

"걱정 마. 내가 알아서 할게."

"이대로라면 네 전용 공동묘지를 세우는 게 낫겠어!"

"내가 한 짓이 아니야!" 블랑슈는 거리낌 없는 비난에 상처받아 자신을 변호했다.

"미안." 그는 별로 자신 없게 말했다. "아무래도 익숙해지지가 않을 것 같아."

"택시 불러 줄게. 억지로 있을 필요는 없어. 나도 이해해, 정말이야."

블랑슈는 그의 눈빛에서 망설임을 읽은 것 같았고 가슴 조이며 그가 결심하기를 기다렸다. 그가 차를 끓이겠다고 제안하자 그녀는 폴짝 뛰며 망설임 없이 와락 그를 껴안았다.

블랑슈는 두 구의 시체를 어떻게 할지 생각해 낼 때까지 손가락이 잘린 손을 흙으로 덮어 두었다. 냉동고는 캉탱과 60대 남자 시체가 다 들어갈 만큼 크지 않았다. 그녀는 세드리크가 벽장을 뒤지게 놔두고 아드리앙의 서재로 돌아왔다. 그가 뭔가 예사롭지 않은 것을 발견하면 부르기로 했다.

블랑슈는 지난해 자료를 살펴보았다. 서류 한 장씩, 시간을 거슬러 올라가며 그때껏 짐작하지 못했던 아드리앙 인생의 몇 가지 면모를 발견했다. 그는 자선 단체들에 돈을 보냈다. 블랑슈가 아는 단체는 하나도 없었다. 프랑스 북부의 어느 보육원을 위해 기부금을 모으고, 불우한 형편의 수감자들에게 수준 높은 변호를 제공하는 단체도 있었다. 아드리앙은 사회 복귀 프로그램에도 참여하고 있었다. 블랑슈는 그가 그 모든 것에 대해 한 번도 말하지 않았음에 놀랐다. 그가 그런 대의를 중요히 여기는지도 몰랐다. 그녀의 건강 상태와 새로운 청소용품을 제외하면, 다른 대화 주제는 거의 없었다. 그들은 정치 이야기를 피했는데, 관점이 서로 다르고 쉽게 발끈할 수 있었기 때문이었다. 뉴스로 보통 십 분 정도는 버틸 수 있었지만, 십 분이 고작이었다. 아드리앙은 이따금 연애 이야기를 꺼냈지만 블랑슈는 거부했다. 그와 그런 이야기를 한다는 것이 거북했다. 게다가 이야기할 만한 연애도 드물었다.

그녀는 지난 10월에 아드리앙이 대장 내시경을 받았다는 사실을 알았다. 그 자체는 전혀 놀랄 일이 아니었지만 말해 주었다면 좋았을 것이다. 단순 검사였을까? 양아버지가 그 모든 단계를 혼자 겪기로 했다는 것을 알게 되니 괴로웠다. 하지만 어쩌면 혼자가 아니었을지 모른다. 그녀는 진심으로 아드리앙의 인생에 누군가 있기를 바랐다. 의지할 수 있는 여자나 아니면 동성 친구라도. 그가 보관한 서류들로는 확인할 수 없었지만 블랑슈는 갑자기 그렇게 믿고 싶었다.

다른 서류가 주의를 끌었다. 작성 시기는 9월이었다. 손으로 쓴, 이탈리아어로 된 편지였다. 블랑슈는 이탈리아어를 몰랐지만, 10만 유로 이야기가 나왔다는 것은 읽을 수 있었다. 그녀는 해당 문장을 휴대전화에 입력하고 검색엔진이 번역하기까지 삼 초간 기다렸다. 그녀는 얼어붙었다. 아드리앙에게 편지를 쓴 이는 그의 빚이, 이자를 포함해, 두 배가 되었음을 일깨우고 있었다. 편지의 서명인은 엔초 오르티니였다. 한 번도 들은 적 없는 이름이 확실했다. 급히 다음 문장을 번역했다. 아드리앙은 연말까지 빚을 갚아야 했다. 그러니까 만기일까지 한 달밖에 남지 않았다. 제때 지불하지 않으면 어떤 일이 벌어지는지 알아보고 싶었으나 편지 작성자는 굳이 적어놓지 않았다. 아드리앙은 알고 있을 게 분명했다.

아드리앙이 어쩌다 그만한 금액을 빚지게 되었는지는 미스터리였다. 블랑슈가 본 그는 돈 문제에서는 늘 분별이 있었다. 매일 가계부를 적었고 결코 무분별한 소비를 하지 않았다. 돈 빌리는 일을 늘 거부했다. 그 점에 명예를 걸었을 정도였다. 그는 여전히 젊은 시절에 맛본 쓴맛을 기억하고 있었다. 노름빚에 자유를 대가로 치렀다. 블랑슈는 그럼에도 과거의 악령이 그를 붙잡고야 만 게 아닌지 걱정되었다.

이 편지만으로 양아버지의 행동이 설명될까? 그녀는 알 수 없었고 더 이상 섣부른 결론을 내고 싶지 않았다. 그보다 그 엔초라는 사람의 다른 흔적을 찾아보고 싶었다. 그 정도 빚이 하루아침에 생겼을 리 없었다. 여러 주, 아니 여러 달에 걸쳐 쌓였을 것이다. 악의 근원으로 거슬러 올라가야 했다.

36

올해 1월까지 거슬러 올라갔을 때쯤 블랑슈는 조사를 포기할 뻔했다. 별로 기대를 걸지 않고 전년도의 서류철을 열었고, 다행히 한참 거슬러 올라가지는 않아도 되었다. 빚을 진 것은 9월, 그러니까 일 년 전이었다. 아드리앙의 채권자는 그사이에 독촉할 필요는 없다고 여겼다. 블랑슈는 자동 번역이 완벽하지 않다는 것을 알았지만 그래도 핵심은 파악할 수 있었다. 엔초 오르티니는 옛정을 생각해 아드리앙을 도와주었다. 그의 말이 그랬다. 블랑슈는 그가 말하는 게 먼 옛날이라고 생각했다. 아드리앙이 아직 프랑스 북부로 이주한 이탈리아인 공동체에 자주 드나들던 시절.

그녀의 양아버지는 드물게만 그 시절을 입에 올렸고 그의 시각은 기분에 따라 달라졌다. 때로는 그리운 듯 청춘을 회상하며, 전후의 경제 위기로 조국을 떠난 남녀들을 하나로 묶어 주던 연대감을 강조했다. 식사를 시작하면 타란텔라 춤곡에 맞춰 춤추다가 〈파르티잔의 노래Le chant des partisans〉를 흥얼거리는 걸로 끝나던, 함께 보낸 저녁들을 회상했다. 그런 이야기는 그들이 누구인지 상기시켰다. 그 효과는 양날의 검이었다.

아드리앙이 기운 넘칠 때는 우수에 찬 회상이 사라졌다. 그럴 때 그의 이야기는 완전히 달라졌다. 원망과 쓰라림이 가득했다. 그는 자기 동포들이 처한 환경을 개선하지 못했다고 비난했다. 이탈리아를 떠날 때 그들은 가난했고, 대부분이 콘타디니contadini, 즉 농부였다. 조국이 아닌 땅속 깊은 곳에서의 노동을 감수했으나, 결국은 그들을 배척하는 이들의 집만 따뜻하게 만들었을 뿐이었다. 그들은 통합이라 말했고, 아드리앙은 포기라고 말했다.

그들 중 하나에게 도움을 청했다면 아드리앙은 궁지에 몰려 있었던 게 틀림없었다. 블랑슈는 그 시기에 일어났고 그만한 빚이 생길 만한 특별한 일을 기억하려고 했다. 아드리앙은 이 년 전 집을 구입했다. 몇 가지 공사를 했으나 예산 내에서 완벽히 해결한 것 같았다. 그 지출을 제외하면, 10만 유로나 들여야 할 일은 전혀 떠오르지 않았다. 아드리앙이 차를 바꾼 지는 십 년이 되었고, 옷장은 한참 전부터 싹 갈아엎어야 할 상태였으며 블랑슈는 레퀴르넷 & 아소시에를 설립한 이후 그에게 손을 벌린 적이 없었다. 그 돈이 필요했던 건 제삼자를 위해서였을까? 블랑슈는 그렇게 생각하기 어려웠다. 아드리앙이 타인을 위해 그만한 거액의 빚을 질 리는 절대 없었다. 도박이 역시 가장 유력한 설명 같았다. 은퇴와 이 외딴집 생활이 아마 그 악습을 되살리기에 충분했으리라.

서류들에서는 무분별한 지출의 흔적을 전혀 찾을 수 없었고, 정체불명의 단체에 정기적으로 입금된 흔적도 없었다. 돈은 현금으로 들어와 역시 현금으로 나간 게 분명했다. 아드리앙이 어딘가에 기록을 남겼다 해도 여기는 아니었다. 그녀는 매트리스 밑에 숨겨진, 읽기 힘든 필체로 휘갈겨 쓴 검은 수첩을 상상했다. 아직 위층에 있는 세드리크가 아마 찾아내리라.

그녀는 문서들을 뒤지며 이 년을 더 거슬러 올라갔지만 더 이상 흥미로운 내용은 없음을 인정했다. 상자들을 모두 제자리에 돌려놓고 이렇게 양아버지의 사생활에 침범한 것을 후회했다. 알아낸 것은 진전에 아무런 보탬도 되지 않았다. 그저 그의 몇 가지 비밀을 훔쳤을 뿐이었다.

그녀는 아드리앙의 방에서 의자 위에 서 있는 세드리크를 발견했다. 그는 까치발로 서서 한 팔로 벽장 안을 휘젓고 있었다.

"깊숙이에 구두 상자가 있어." 그가 숨을 몰아쉬며 말했다. "네 양아버지가 남들이 못 보길 바랐던 게 분명해. 대체 무슨 재주로 거기까지 넣었는지조차 모르겠다."

"아마 여기 있는 발판을 사용했겠지." 블랑슈는 손가락으로 소형 발판 사다리를 가리키며 놀렸다.

세드리크는 뻔히 보이는 곳에 놓인 그 발판을 마치 처음 본다는 듯 바라보았다. 그는 눈살을 찌푸리고 블랑슈를 보고는 아무 말도 하지 않았다. 삼십 초 후, 그의 손에 판지 상자가 들렸다. 먼지가 없는 것으로 보아 그 장소에 오래 있지 않았거나 아드리앙이 비밀 장소에서 자주 꺼내 본다고 짐작할 수 있었다.

블랑슈는 흐트러진 침대에 앉아 상자를 열었다. 무더기 맨 위에서 어머니의 초상 사진을 발견하자 눈물이 흘러나왔다. 카트린 바르자크는 최고로 아름다운 미소를 띠고 렌즈를 보고 있었다. 사랑하는 이들에게 보여 주는 미소였다. 블랑슈는 그 사진이 어머니의 사망 이삼 년 전에 찍혔으리라 추정했다. 그녀는 조심스레 사진을 상자에서 꺼내 파묻히지 않도록 옆에 두었다. 다른 사진들을 발견하면서 그녀의 감정은 가라앉지 않았다. 아드리앙은 그들이 함께했던 과거의 사진을 모조리 간직하고 있었다. 블랑슈는 전부 없애 버린 줄로 알았다. 그렇지 않아서 행복했다.

그녀는 사춘기 때 입었던 괴상한 옷차림을 다시 보고 미소를 지었다. 당시에는 그런지grunge 가 대유행이었고, 부모들의 속을 태웠다. 다행히도 고딕 패션에 심취했던 시기의 사진은 없었다. 그건 한때였다. 스무 살짜리 남자애와 풋사랑을 하던 시절. 열여섯 살의 블랑슈는 데이트 상대가 많았다. 마주치는 반항아마다 반하곤 했지만 그들이 애정의 기색을 보이는 순간 싫증을 냈다. 아드리앙은 그래서 걱정했고, 어머니는 재미있어했다.

그녀는 다른 사진들도 살폈다. 한 사진에서 아드리앙을 발견했다. 젊고 검은 머리에 근육이 도드라졌다. 그는 수영복 차림으로 해변에 있었고, 그를 둘러싼 이들은 부모와 형제자매인 듯했다. 모두 미소 짓고 있었다. 그 사진이 어디에서 찍혔는지는 몰랐지만 모래 사장을 보니 북부의 해변이 떠올랐다. 아드리앙은 열다섯 살이었을 것이다. 블랑슈는 종종 알베르티니 가족에 대해 더 알고 싶었지만 결국 헛수고라는 것만 깨달았다. 그는 이 사진을 한 번도 보여 주지 않았다.

사진 대부분은 귀퉁이가 접혀 있었고 컬러 사진들은 머지않아 색이 다 빠질 것 같았다. 이미 노르스름한 색조로 바래기 시작했다. 어떤 것들은 1970년대 사진이었다. 헤어스타일과 복장으로 보아 의심의 여지가 없었다. 블랑슈는 그 무렵 아드리앙이 30대였을 거라고 추정했다. 그가 청소부 일을 시작한 시기와 일치했다. 사진 한 장이 특별히 주의를 끌었다. 아드리앙은 테이블에 앉은 세 남자 뒤에 서 있었다. 영화 〈좋은 친구들〉♦의 한 장면을 보는 기분이었다. 모르는 세 남자는 셔츠를 상체 중간까지 풀어헤치고 있었다. 목과 손가락에는 금붙이들을 걸치고 있었다. 그중 한 사람은 새끼손가락에 낀 문장紋章이 새겨진 반지를 보란 듯이 내보이고 있어서 블랑슈는 〈대부〉의 마지막 장면을 떠올리지 않을 수 없었다. 언젠가 아드리앙이 그런 영화는 모두 과장이라고 말한 적 있었다. 누구에게든 반지에 키스하는 일은 이제 아무도 하지 않는다고. 그 말을 할 때 그의 어조에는 확신이 넘쳤기에 블랑슈는 양아버지가 그쪽을 잘 안다고 추정했다. 그녀는 아드리앙에게 마피아 밑에서 일했느냐고 물었고 그는 프랑스에 그런 건 없다고 답했다. 블랑슈는 믿지 않았지만 대화는 거기서 끝났다. 설명이 붙은 다른 사진은 하나도 없었기에 이 사진 뒷면에 설명이 쓰인 것을 보고 블랑슈는 놀랐다. 사진이 찍힌 것은 1975년이었고 엔초의 생일을 축하하는 자리였다. 블랑슈는 다시 주인공들을 들여다보며 셋 중 누가 아드리앙의 채권자일

♦ Goodfellas(1990). 마틴 스코세이지 감독, 로버트 드니로 주연의 범죄영화로 뉴욕을 배경으로 한 마피아 이야기이다.

지 생각해 보았다. 동일 인물임이 틀림없었기 때문이었다.

그녀는 소거법을 사용했다.

문장이 새겨진 반지를 낀 남자는 카포♦가 분명했다. 가장 나이가 많아 보였고 전체적인 태도에서 결정을 내리는 데 익숙한 사람의 풍모가 드러났다. 그가 아드리앙의 두목이며, 지금은 확실히 죽은 사람이었다.

한가운데 있는 남자는 명백하게 훨씬 젊었다. 그는 이가 활짝 드러나게 미소를 짓고, 카메라 쪽으로 잔을 쳐들고 있었다. 눈은 반쯤 감기고 볼은 불그레했다. 손에 든 잔이 한 잔째가 아닌 게 분명했다. 블랑슈는 그의 생김새를 유심히 관찰했다. 카포와 어느 정도 닮아 보였다. 그의 아들이라고 여겨도 무방했다.

그의 왼편에 있는 세 번째 남자는 확실히 몸을 사리고 있었다. 예의상 얼굴을 비추었고 그 자리를 진심으로 즐기지는 않는 듯했다. 그의 미소는 차가웠다. 억지로 짓는 엷은 미소. 눈가에 튀어나온 점이 있었는데 그 때문에 로버트 드니로와 조금 닮아 보였다.

그쯤으로 블랑슈는 생각을 정리했다. 한가운데의 남자가 바로 그 엔초가 틀림없었다. 파티는 그를 위한 자리였다고 그녀는 확신했다. 그가 아드리앙의 옛 두목의 아들이라면, 아버지의 뒤를 이었을 수 있었다. 지금 단계에서는 예측에 불과하지만, 블랑슈는 추론을 이어 갔다. 이제는 아드리앙이 왜 그만한 거액을 꾸기 위해 그에게 의지했는지를 알아내야 했다. 그는 그 바닥에서 벗어나기 위해

♦ Capo. 두목, 대장을 뜻하는 이탈리아어.

온갖 노력을 했고, 자유를 되사느라 여러 해를 보냈다.

　블랑슈는 그 의문의 답을 몰랐지만 이제 한 가지는 확신했다. 아
드리앙은 절망적인 상황에 처해 있었고 자신은 아무것도 몰랐다
는 것.

37

날이 어두워진 지 몇 시간이 지났고 블랑슈는 시체를 처리하기 위해 더 이상 기다릴 수 없었다. 집은 그들에게 모든 비밀을 드러냈다. 더 있어 봐야 소용없었다. 캉탱의 시신은 상태가 괜찮았다. 반면 땅에 파묻힌 시체는 그렇지 않을 것이었다. 어떤 면에서 블랑슈는 사냥개가 회답을 주지 않아 안심했다. 그에게 거짓말을 할 수는 없을 터이고 그는 분명 그녀가 최근 희생자를 처리한 방식을 달가워하지 않을 테니. 사냥개는 깔끔한 일 처리를 좋아했다. 블랑슈도 지금까지는 그랬다. 일이 이렇게까지 손쓸 수 없게 어긋난 적은 없었다.

그녀는 인터넷에서 지역 부고 기사를 훑어보았다. 그녀가 선택한 것은 다음 날 여덟 시, 50킬로미터 정도 떨어진 곳에서 열릴 장례식이었다. 블랑슈는 운이 좋았다. 기사에 따르면 클라르통 부부의 유해가 소망했던 대로 나란히 함께 묻힐 예정이라고 했다. 블랑 슈는 그들의 사연을 알지 못했으므로 무슨 기적이 일어났기에 두 90대 노인이 한날한시에 세상을 뜰 수 있었을까 궁금했다.

유일한 미지수는 무덤 자리가 이미 파였는지 여부였다. 아침 일 찍 열리는 장례식에서는 대개 그랬다. 보통 때라면 확실히 해두기 위해 미리 한 번 갔다 왔을 것이다. 세드리크가 피로한 기미를 보였 고 그에게 그런 부담까지 지울 수는 없었다. 위험이 있다는 것은 알 았지만 감수할 작정이었다. 무덤이 마련되어 있지 않다면, 그녀는 차에 시체 두 구를, 그것도 하나는 부패되어 가는 시체를 떠안는 신 세가 된다. 되돌아간다면 위험 요소가 더 늘어나리라. 이상적으로 는 플랜 B가 있어야 하겠지만 블랑슈에게는 없었다. 반면, 마침내 운이 따라 준다면, 그런 것 같긴 했는데, 무덤을 조금만 더 깊이 파 고 시체 두 구를 놓은 후 흙으로 한 층 덮기만 하면 될 터였다. 이 강 제 동거가 클라르퉁 부부에겐 아무런 불편을 끼치지 않을 것은 자 명했다.

블랑슈는 캉탱의 부모에게 알릴 방법을 찾아낼 생각이었다. 그 들이 영원히 아들을 기다리지 않도록. 그녀는 명예를 걸고 그렇게 하기로 했다.

블랑슈의 영업용 차에 구비된 공간은 시체 두 구를 넣기에 너무 좁았다. 캉탱을 마지막에 싣고 방수포로 가리기로 했다. 블랑슈는 시체가 해동될 것을 예상해서 바닥에 걸레 여러 장을 깔았다. 차 뒤 로 한 줄기 물이 흘러 눈에 띄는 긴 흔적을 남기길 바라지 않았다.

그녀는 마지못해 세드리크의 도움을 받아들였다. 그는 자기가 사냥개의 희생자를 파내겠다고 나섰다. 블랑슈는 한참 머뭇거렸지만 자기가 기진맥진하다는 것을 인정했다. 그사이에 그녀는 묘지의 입구와 배치도를 파악했다. 신속하게 행동해야 했다. 야간 경비를 세워 고인들과 국화꽃 화병들을 감시하는 경우가 적지 않았다. 문명사회의 인간은 몇몇 잔혹 행위는 용인할 수 있어도 먼지가 된 고인들에 대한 무례는 용서치 못했다.

시체를 덮은 흙을 다 치운 세드리크는 블랑슈에게 소리쳐 차를 최대한 바투 붙여 대라고 했다. 그녀는 후진했다가, 튤립 화단─더 정확히 말하면 아드리앙이 언젠가 꽃피리라 기대하는 줄지어 선 구근들─을 피해 가며 세드리크의 유도를 따라 딱 30센티미터 거리에 차를 댔다. 브레이크등의 붉은 빛이 정원을 지배하는 음침한 분위기에 일조했다. 블랑슈는 B급 공포영화의 여주인공이 된 기분이었다. 그리고 만일 세드리크가 주인공이라면, 둘 중 하나만 그 이야기에서 무사히 살아남을 확률이 높았다. 시나리오는 다양하지만 결말은 항상 똑같았다. '그렇지만 넌 영화 속에 있는 게 아니잖아!' 블랑슈는 차 문을 열면서 생각했다.

추운 날씨에도 세드리크는 외투를 벗은 채였고 이마에는 땀방울이 맺혀 있었다. 블랑슈는 그의 생각을 읽을 수가 없었다. 미소는 없었지만 그의 얼굴에 노여운 기색도 없었다. 그녀는 그가 일에 착수하기 전 조인트를 몇 모금 피웠음을 알고 있었다. 자기도 알약 두 개를 삼켰다. 각자 저마다의 약이 있는 법이었다.

블랑슈는 그가 어둠 속에서 일할 수 있도록 배터리로 작동하는 조명을 설치해 두었다. 그는 시체를 완전히 파내고 벌써 몸을 굽혀 발을 잡으려 하고 있었다. 블랑슈는 그가 말을 걸어 주었으면 했다. 이런 상황이 이제는 일상의 일부가 되기라도 한 듯 굴지 말아 주길 바랐다. 그가 반발하고, 욕을 하는 편이 나을 것 같았다. 혼자 알아서 하라고 말을 하거나, 아니면 다른 무슨 짓이라도 하는 편이 그녀를 무시하는 것보다는 나을 것 같았다.

그녀는 막막함을 삼키고 자기도 몸을 굽히다가 동작을 멈췄다. 뭔가 어긋나 있었지만 너무 혼란스러운 나머지 블랑슈는 뇌에서 벌써 분석한 사항을 해독하지 못했다. 그녀는 세드리크에게 시체의 발을 내려놓고 일어서라는 몸짓을 했다.

"무슨 일이야?"

블랑슈는 답을 알았지만 그것을 표현할 적절한 말을 찾을 수가 없었다.

"블랑슈, 무슨 일인지 말해 줄 거야, 아니면 내가 알아맞혀야 해?"

"이건 사냥개의 희생자가 아니야." 그녀가 쌀쌀맞게 말했다.

"하지만 네가 그랬잖아…."

"내가 뭐라고 말했는지 나도 알거든? 근데 착각했단 말이야!"

"무슨 일인지 설명 좀 해 볼래?"

그의 목소리에 상냥함이라고는 이제 한 점도 없었다.

"아드리앙이 아니라는 데 너무 마음이 놓여서 주의 깊게 보지 않았어."

"주의 깊게 보지 않았다고?" 그가 음절 하나하나를 끊어 가며 되풀이했다.

"사냥개의 희생자도 엄지손가락 하나만 남았었다고!" 그녀는 자기변호를 했다. "똑같이 손가락이 잘린 다른 시체가 있을 줄 내가 어떻게 알았겠어?"

세드리크는 대꾸조차 하지 않았다. 그는 주머니에서 나머지 조인트를 꺼내 불을 붙이고 한껏 빨아들였다.

"그럼 누군지는 알아?" 그가 폐를 채웠던 연기를 모두 뿜어내고 말했다.

"전혀 모르겠어!"

"점점 가관이군!"

블랑슈는 그의 면전에 대고 자기도 그만큼 영문을 모르겠다고 소리치고 싶었다. 이런 상황을 바라지 않았고 시체들은 모두 자기 소행이 아니라고. 하지만 그렇게 하지 않은 것은 그에게 도움을 청한 것은 그녀였고, 이 일에 끼어들지 않았다면 세드리크는 지금쯤 따뜻한 자기 집에서 차를 마시며 식물들을 키우고 있을 거라는 머릿속의 속삭임 때문이었다.

조명이 그 구역을 밝히긴 했지만 시체를 자세히 살펴볼 만큼 빛이 강하지는 않았다. 블랑슈는 손전등을 꺼내 시체를 찬찬히 살폈다. 사내는 가죽 구두를 신고, 플란넬 바지에 블레이저를 입고 모직 피코트를 덧입고 있었다.

"뭘 찾는 거야?"

"나도 모르겠어. 이 시신의 정체를 알아낼 만한 증거."

주머니를 전부 뒤졌으나 신분증은 고사하고 종잇조각 하나 나오

지 않았다. 그래도 블레이저 안주머니에서 휴대전화를 찾아내긴
했다.

"내가 계속 찾는 동안 연락처 좀 봐 줄래?"

블랑슈는 최대한 상냥한 목소리로 말했고 세드리크는 그녀가 내
민 휴대전화를 받아 들었다. 그녀는 얼굴을 유심히 살펴보았다. 아
드리앙과 비슷한 나이일 미지의 남자는 희끗희끗한 턱수염을 잘 다
듬어 기르고 있었다. 블랑슈는 그를 한 번도 만난 적이 없다고 확신
했지만, 그럼에도 눈길을 사로잡는 부분 하나가 있었다. 그녀가 잊
지 않고 있던 사소한 특이점이.

38

블랑슈는 세드리크를 이끌고 집으로 돌아갔다. 그에게 더 이상의 이야기는 하지 않았다. 온갖 이론을 세우기 전에 확인해야 할 게 있었다. 그녀는 위층으로 올라가, 제자리에 넣어 두었던 구두 상자를 꺼내기 위해 발판 위에 올라가 온몸을 쭉 뻗었다. 찾는 사진이 나올 때까지 사진들을 늘어놓았다. 세드리크는 문틀에 서서 참을성 있게 그녀가 설명해 주길 기다리고 있었다.

"이 사람이 누군지는 모르지만." 그녀는 말을 꺼냈다. "아드리앙이 오래전부터 알았던 사람이라는 것만은 확실해."

그녀는 사진을 들고 그의 곁으로 다가가 손가락으로 봐야 할 부분을 가리켰다.

"눈가의 이 점 보여? 시체에도 똑같이 있어. 사진 속 그의 나이와 아드리앙의 나이를 고려하면 일치할 거야."

"하지만 확실하지도 않잖아!"

"내 직감에 따르면 동일 인물이야. 그 시절에는 수염이 없었고, 마흔 살 정도 젊지만 틀리지 않았다고 확신해."

남자는 엔초의 왼쪽에 있었고 유일하게 블랑슈가 누군지 파악하지 못한 사람이었다. 아드리앙이 뒤쪽에 서 있는 것과 달리, 그는 카포와 테이블에 앉아 있었다. 그의 생김새는 오르티니 부자와는 전혀 닮지 않았다. 중요 인물일 수밖에 없었다.

이 발견은 시작일 뿐이었다. 그들은 그 남자가 누구인지 몰랐고 왜 파묻혀 있는지는 더더욱 몰랐다.

"휴대전화에서는 뭐 좀 나왔어?" 블랑슈가 여전히 사진에 눈을 떼지 않은 채 물었다.

"아무것도. 암호를 걸어 놨어. 접근할 수가 없었어."

"암호를 뚫을 방법은 없어?"

"대체 몇 번이나 말해야⋯."

"알았어." 그녀가 말을 끊었다. "너 해커 아니라고! 하지만 비밀번호를 잊었을 때 사람들은 어떻게 하지?"

"새벽 한 시에? 전화를 끄고 자러 가지!"

블랑슈는 그의 짜증스러움을 느꼈지만 너무 신경 쓰지 않으려 했다. 그와 다투기에는 때가 좋지 않았다.

"그래도 긴급 통화를 걸어 볼 수는 있을 거야." 세드리크가 약간 수그러들며 말을 이었다.

그녀는 이해하지 못하고 그를 쳐다보았다.

"휴대전화가 잠겨 있어도, 긴급 통화는 할 수 있어. 잘 둘러대면

교환원이 우리에게 지금 건 전화번호가 뭔지 알려 줄지도 모르지."

"그렇지만 번호를 추적하는 데까지 갈 수 있을지는 확실하지 않은 거겠지?"

"응, 그럴 거란 보장은 없지."

"그렇다면 누군지 모를 상대에게 우리 집 정원에서 파낸 남자의 휴대전화를 갖고 있다고 말하는 짓은 그만두는 게 좋겠어."

"맞는 말이네!" 그가 슬쩍 미소를 지으며 말했는데, 세드리크 식으로 말하면 그건 화해에 해당했다.

그들이 막다른 길에 처해 있을 때, 휴대전화가 가볍게 진동했다. 세드리크는 하마터면 휴대전화를 떨어뜨릴 뻔했고 시체가 저세상에서 돌아와 그들 곁으로 올 리는 없다는 것을 납득하기까지 몇 초가 걸렸다. 블랑슈는 B급 영화를 다시 떠올렸고 참지 못하고 웃음을 터뜨렸다. 웃음은 그치지 않았고 뜻밖에도 세드리크도 웃음을 터뜨렸다. 족히 이 분은 지나고서야 그들은 화면에 뜬 메시지를 읽을 수 있었다.

시체에게 메시지가 도착했다. 앞부분만이 표시되었고 세드리크는 메일을 열 수 없다는 것을 알았다. 그러려고 하는 순간 비밀번호를 요구할 것이고 알림창은 완전히 사라질 것이다. 그는 블랑슈에게 주의를 주고 나서 휴대전화를 내밀었다.

블랑슈는 이렇게 갑갑함을 느꼈던 적이 없었다. 메시지의 뒷부분을 읽지 못하는 것은 고문 같았다. 첫 부분은 다양하게 해석될 수 있었다.

"여전히 그쪽 소식을 기다리고 있습니다. 아드리앙은…"

아드리앙이 뭐? 죽었냐고? 당신과 함께 있냐고? 돌아왔냐고? 블랑슈의 폭소는 사라진 지 오래였다.

"주소를 집중해서 봐!" 곁에서 지켜보던 세드리크가 거들었다. "어디선가 본 적 없어?"

블랑슈는 그가 시키는 대로 했지만 발신자가 계정으로 쓴 알파벳과 숫자의 연속에서는 아무것도 생각나는 게 없었다. 혹시 모르는 일이었으므로, 그녀는 자기 연락처를 재빨리 검색해 보고 차에 두었던 컴퓨터도 가져왔다. 데이터베이스에서는 아무것도 나오지 않았다.

메시지를 열 수만 있다면 아드리앙의 운명을 더 알 수 있으리라는 확신에 그녀는 한층 더 파고들었다. 휴대전화 제조업체 사이트를 찾아보고, 전문 기사 여러 개를 훑어본 다음 몇 군데 게시판까지 들어가 보았다. 드문 일이지만 이번만은 모두 동의하는 한 가지가 있었다. 암호를 강제로 뚫으려 하면, 데이터가 날아간다는 것이었다. 억지를 부린다면 그 메일과 전화 속 유용한 정보 전부를 잃게 되었다. 그녀는 화를 삭이려 애썼다.

블랑슈는 사진을 다시 집어 들고 더 자세히 관찰했다. 멀지 않았다. 느낌이 왔다. 집중하기만 하면 됐다. 해답은 반드시 거기 어딘가에 있었다. 그녀는 눈을 감고 아드리앙의 말을 기억해 내려 했다. 그는 자신의 과거를 자주는 아니고 이따금씩 이야기했다. 특히 그 시절은 여러 차례 회상했다. 콕 집은 어느 저녁이 아니라 그 사내들을 위해 일했을 시절을. 우선은 그들의 두목을 위해, 하지만 다른 이들을 위해서도. 아드리앙이 두목의 이름을 언급한 기억은 없었다. 단

한 번도. 그에 대해 말할 때는 두려워하는 이를 향해 품는 경의가 실렸다. 아마 그런 이유에서 그녀는 직감적으로 그를 '카포'라 칭했으리라. 아드리앙이 그 시절을 씁쓸하게 기억하는 이유는 단지 그가 강제로 입단했기 때문이었다. 그는 자유로워지고 싶었으나 성공하지 못했다. 돈과 샴페인과 여자가 결코 부족하지 않은 호화로운 시절이었다고 그는 마뜩잖게 인정한 적 있었다. 그리고 무엇보다도 절대로 싫증 나지 않을 직업을 발견한 계기였다고도 인정했다.

청소부로서 아드리앙의 시작! 블랑슈의 머릿속에 한 가지 생각이 떠올랐다. 잘 생각해 보면 그렇게 엉뚱하지도 않았다. 시기, 나이, 장소. 모두 맞아떨어졌다. 어쨌거나 시험해 볼 가치는 있었다. 그녀는 컴퓨터를 붙들고 간단한 메일을 작성했다. 메시지에 보이는 발신자 주소로가 아니라 그녀가 외우고 있으며 두려워하는 다른 주소로. 메시지 내용은 중요치 않았다. 블랑슈는 자기 예감을 확인해야 했다. 그러면서도 뒤탈이 없어야 했다. 잘못 짚은 거라면, 그 메일이 말썽이 되어서는 안 되었다. 그녀는 단 두 마디만 적고 서명은 생략했다.

미지의 인물의 휴대전화에 동일한 단어가 나타나자, 블랑슈는 눈을 감고 깊은숨을 쉬었다.

39

"어디에 계시나요?" 블랑슈는 사냥개에게 그렇게만 물었다. 의미 없는 질문은 아니었다. 그의 회신을 기다린 지 스물네 시간이 넘었으니까. 이제 그의 침묵이 이해가 갔다.

어쩌다 사냥개가 아드리앙의 정원에 죽어서 묻혀 있게 되었는지, 블랑슈는 도무지 알 수가 없었다. 시신을 더 자세히 살펴봐야 했다. 법의학자는 아니지만 어느 정도의 현장 경험을 쌓은 것을 자랑할 수 있었다. 부족한 지식은 인터넷이 제공해 준다. 사망 시각을 추정할 수 있다면, 시간표 비슷한 것을 작성할 수 있을 터였다. 사냥개가 그녀의 메시지를 받기는 했을까?

그 질문의 답은 세드리크가 알았다. 휴대전화에는 확인한 메시지의 알림은 뜨지 않았다. 두 개의 최근 메시지가 그가 죽은 이후 처음으로 받은 메시지였다. 그에겐 전화도, 문자 메시지도 오지 않왔다.

아드리앙이 그를 죽였을까? 사실 그것만이 블랑슈의 유일한 관심사였다. 상상하기 어려웠지만 그 가능성을 배제할 수 없었다. 사냥개의 시체는 그의 집 정원에 있었다. 두 사람은 서로 알았다. 한편 블랑슈는 한 번도 그를 만난 적 없었다. 그들의 교류는 언제나 가상 공간에서 이루어졌다. 아드리앙이 언젠가 대면 자리를 마련하겠다고 제안했지만 그녀는 그럴 필요가 없다고 거절했다. 사냥개는 그녀를 매혹시켰고 그녀는 자기만의 이미지로 상상하는 게 좋았다. 그녀는 여러 차례 그를 떠올리며 윤곽과 행동거지와 인생사까지 상상했다. 아드리앙은 그가 언제나 우아하다고 말한 적 있었고 그녀는 비토리오 가스만♦ 같은 모습으로 그를 그렸다. 굉장히 닮았다고는 할 수 없었지만 동등한 조건에서라면 상상하기 더 쉬웠을 것이다. 그녀가 아는 비토리오 가스만은 스포트라이트가 비추는 대형 스크린 속 모습뿐이었다.

블랑슈는 사냥개의 의뢰인들을 몰랐다. 그가 프리랜서라는 것은 알았지만 그가 누구와 계약을 맺는지 전혀 몰랐다. 그가 한 사람만을 위해 일할 가능성도 충분히 있었다. 엔초 오르티니가 자동으로 떠올랐다. 아드리앙이 과거와의 연을 끊지 않았다면 사냥개도 마찬가지였을 것이다. 블랑슈는 직감에 따라 점들을 잇고 추측들을 바탕으로 도식을 세우려 했다.

♦ Vittorio Gassman(1922-2000). 이탈리아의 배우이자 영화 감독.

그녀는 세드리크가 동의해 주길 바랐지만 그도 그녀만큼이나 생각에 빠져 있었다. 그래도 그는 장단을 맞춰 주기로 했다.

"그들은 그 시절부터 서로 말을 편하게 했을 것 같지 않아?"

"누구 말이야?"

"엔초와 사냥개."

세드리크는 그녀의 얼굴에서 이해하지 못하겠다는 표정을 읽고 생각을 풀어놓았다.

"메시지는 이랬어. '여전히 그쪽vos 소식을 기다리고 있습니다.' 엔초가 보낸 거라면, 사냥개에게 반말을 하지 않을까?"

"물론 그래. 하지만 내용은 아드리앙에 관한 거잖아. 두 사람을 상대로 말했는지도 모르지."♦

"그렇지만 네 양아버지의 휴대전화는 스물네 시간 전부터 너한테 있었고 아무 메시지도 오지 않았어. 엔초가 그들의 소식이 궁금해 그렇게 조급하다면 그에게도 연락을 했겠지, 안 그래?"

블랑슈는 수긍할 수밖에 없었지만, 그렇게 가정하면 지나치게 골치 아픈 가설 쪽으로 가게 되었다.

"사냥개가 아드리앙을 죽이러 여기까지 왔다고 생각해?"

"그렇게 말하지는 않았어." 세드리크가 비약에 놀라 대꾸했다.

"하지만 그렇게 보는 게 논리적이야! 의뢰인은 계약이 제대로 실행되었는지 알고 싶어 안달이 났던 거야."

"그렇다면 넌 좋아해야지! 아드리앙이 아직 살아 있다는 뜻이

♦ 앞에서 2인칭 소유형용사로 vos가 쓰인 것으로 보았을 때, 대화 상대가 예의를 갖춰야 할 대상이거나 여러 명이라고 추정할 수 있다.

잖아."

"그런 거라면 왜 내게 연락하지 않지?"

"모르겠어. 그의 전화기가 너한테 있잖아. 아마 다른 연락 수단을 찾지 못했나 보지. 도피 중이라 몸을 사리고 있을지도 몰라."

블랑슈는 양아버지라면 어떻게든 자신에게 연락할 수 있을 것이라고 생각했다.

"반지!" 그녀는 손가락을 튕기며 말했다. "냉장고에 그걸 넣은 건 아드리앙이야!"

"무슨 목적으로?"

"메시지야! 내가 그를 찾으려 이리로 돌아오리라는 것을 알았을 거야. 그래서 반지가 흙투성이였던 거야!"

블랑슈는 흥분한 목소리로 말하고 있었다. 그녀는 세드리크가 자기를 보는 눈빛을 보았다.

"겁먹지 마, 난 멀쩡하니까!" 그녀는 약간 뾰족하게 말했다.

세드리크는 그녀가 차분해지길 기다렸다가 말을 이었다.

"반박만 하고 싶진 않지만 솔직히 메시지라면 그보다 나은 방법도 있잖아. 그 반지는 그에게 그다지 유리하지 않은걸."

"아마 그가 찾을 수 있는 가장 은밀한 방법이었겠지. 문구에 대해서는 때가 되면 내게 설명해 주겠다고 생각했을 게 분명해."

"그럼 그가 캉탱의 시체를 너희 집 거실에 되돌려 놓았다는 거야?"

블랑슈의 눈에서 타오르던 불꽃이 즉시 꺼졌다. 세드리크가 1점을 땄다. 아드리앙이 그녀를 그런 곤경에 빠뜨릴 리는 결코 없었다. 하지만 한 가지 설명이 남아 있었다.

"시체가 아예 옮겨진 적 없었다면 또 모르지." 그녀는 감히 그를 쳐다보지도 못하고 말했다.

"무슨 말인지 모르겠어."

"잠을 못 잔 지 스물네 시간째였단 말이야!"

"왜 소리를 질러? 그리고 무슨 소릴 하는 거야?"

블랑슈는 눈물을 참았다. 이제 돌이키기에는 너무 늦었다.

"내가 정말로 시체를 치웠는지 아니면 그랬다고 꿈을 꾼 건지 모르겠어."

그녀는 세드리크가 격분하리라 예상했지만 그는 조심스레 말을 골랐다.

"전에도 그런 적이 있었어?"

"아닐 거야. 확실히 말하기는 어려워. 아드리앙이 최근 내 건강을 염려했던 건 분명해."

"그랬다면 네게 말해 주지 않았을까?"

"그러려고 했는지도 모르지. 나름의 방식대로."

세드리크는 천천히 고개를 끄덕였다. 그 문제를 파고들 생각은 없었다.

"그러니까, 네 생각대로라면." 그가 차분히 말했다. "아드리앙은 위협을 느끼고 몸을 피했다. 너희 엄마의 스카프, 시체의 잘린 손가락과 머리칼, 그 모든 메시지는 그를 겨냥한 거였다. 어떤 이유에서 그는 너에게는 말하지 않기로 했다. 그는 모든 것을 내팽개치고 숨는다. 거기서부터 너는 조사를 시작하고 캉탱의 시체를 발견한다. 솔직히 지금으로서는 전체 그림에서 캉탱의 자리를 모르겠지만, 일단 넘어가자고. 아드리앙은 여기로 돌아와 그를 처단하러 온 자를 죽인다. 그를 매장하고, 그 와중에 반지가 더러워지고, 사냥개의 손가락을 자른다. 그 단서들을 모두 네 냉장고에 넣고 너를 자신에게로 인도해 주기를 바란다. 이런 거야?"

블랑슈는 입을 떡 벌렸다. 세드리크는 그녀의 생각을 깔끔하게 요약하고 정리해 주었다.

"한 가지는 네가 옳아." 그녀는 이렇게 대꾸하는 것에 그쳤다. "캉탱의 죽음은 들어맞지 않아. 게다가 그와 관련된 모든 게 그래. 그 애는 나를 위해 임무를 수행한다고 여겼어."

"혹시 이런 거 아니야? 내 말은⋯."

세드리크는 말을 고르는 듯했다.

"내가 어떤 사건에 그를 끌어들였는데 기억하지 못하는 거 아니냐고?"

세드리크는 민망해하며 인정했다.

"불가능한 일이라고 대답하고 싶지만 솔직히 말하면, 모르겠어."

"다른 가능성도 있어. 듣기 힘든 얘기겠지만, 고려해 볼 수는 있지."

"얘기해 봐."

"어쩌면 아드리앙은 캉탱이 네 목숨을 노린다고 믿었을 거야. 그가 한밤중에 네 집에 들이닥치는 걸 보고 너무 늦기 전에 죽이는 편을 택한 거지."

"아드리앙이 우리 건물 계단에 있었다면, 나한테까지 왔을 거야." 블랑슈는 자신 있게 대꾸했다.

"네 아파트가 감시당하고 있다고 여겼다면 아니겠지."

블랑슈는 그제야 그날 밤 집 아래에서 언뜻 본 듯했던 형체를 떠올렸다.

40

블랑슈는 마침내 이 사건의 자초지종을 파악했다고 믿을 만큼 순진하지는 않았다. 사실들을 자기가 희망하는 대로 해석했음을 잘 알고 있었다. 아드리앙에게 조금이라도 악역을 맡기느니 그가 위험에 처해 있다고 보는 편을 택했다. 세드리크와 함께 세운 가설은 아마 진실에 가깝겠지만 만족하기에는 미지수가 너무 많았다.

캉탱이 그 완벽한 예였다. 사냥개와 달리 아드리앙은 킬러가 아니었다. 그냥 직감만으로 사람의 목을 베는 짓은 절대 할 리 없었다. 블랑슈는 현관문에 귀를 바싹 대고 있었다. 아무런 대화도 들리지 않았다. 캉탱은 우발적으로 살해당한 것이 아니었다. 그는 냉정하게 처형되었다.

또한 반지의 글귀를 간과할 수 없었다. 어머니가 기억이 혼란한 순간에 그것을 새겼을지 모르고, 블랑슈도 인정할 수 있었지만, 아드리앙이 한 번도 그 말을 하지 않았던 것은 이상했다.

그리고 어머니의 스카프는 어떻게 생각해야 할까. 거기에 담긴 메시지는 무엇이었을까? 아드리앙이 그 메시지가 자신을 향한 것임을 알았다면, 왜 그녀의 머리가 이상하다고 믿게 했을까? 무슨 일이 있었기에 그는 그녀를 창고에 혼자 남겨 두고 당장 떠나기로 했을까? 그 시점에서는 아직 자기 휴대전화를 갖고 있었다. 달아나야만 했던 메시지라도 받았던 걸까?

블랑슈가 찾는 해답들은 아드리앙만이 말할 수 있었다. 그럼에도 그녀는 멈출 수 없었다.

아드리앙은 마담 클로드를 만나고자 했다. 처음에 블랑슈는 그 목적이 그녀의 신용을 떨어뜨리려는 것이라 믿었다. 지금은 확신이 들지 않았다. 아드리앙은 도움을 청하기 위해 마담 C를 만났을 수 있었다. 스카프가 그가 받은 첫 번째 메시지라는 증거는 전혀 없었다. 그는 마담 C와 개인적인 친분이 있었던 게 아니라 이름을 들어서 알았던 것이 확실했다. 반면 그가 바르드 변호사에게 했던 이야기에는 모호할 여지가 없었다.

"아마 당분간 네 손발을 묶어 두고 싶었던 모양이지." 블랑슈가 머릿속 생각을 전부 털어놓길 독려했던 세드리크가 끼어들었다. "너를 떨어뜨려 놓으면 널 걱정하지 않고 마음대로 행동할 수 있으니까."

이 역시 블랑슈의 마음에 들 수밖에 없는 가정이었다. 블랑슈는 양극단 사이를 오가는 게 피곤해졌다. 보호자 아드리앙과 모사꾼 아드리앙. 그가 수많은 비밀을 숨겨 두고 있었다는 사실만은 의문의 여지가 없었다. 그건 그의 권리였다. 그래도 그녀는 그가 빚진 사실을 말해 주지 않았다는 게 섭섭했다. 도울 수 있었을 텐데. 분명 그 이유 때문에 말하지 않았겠지만.

블랑슈는 머리를 좀 식히고 싶었다. 잠시간 쉼이 필요했다. 다른 한편으로, 그녀는 이 흥분에 이유가 없지 않음을 알 만큼 자신을 잘 알았다. 그건 방어 기제에 불과했다. 사냥개의 시체를 검사하는 데 필요한 거리가 되어 주는 방벽이었다.

그의 경직 상태는 냉동고에 넣기 전 캉탱의 상태와 비슷했다. 죽은 지 여섯 시간이 넘었다는 뜻이었다. 사망 시각을 더 정확히 추정하려면 시체가 유연해질 때까지 기다려야 할 것이다. 그럴 수 없었다. 이중 매장의 기회가 빠른 시일 안에 다시 나타날 리 없었다.

그녀는 사냥개를 차에 싣기 전 신속하게 상처를 검사했다. 그는 복부를 관통당하고 왼쪽 관자놀이에서 피를 흘렸다. 블랑슈는 눈앞에 장면을 그려 보았다. 두 손을 맞잡고 허공에 타격을 가해 보았다. 아드리앙은 오른손잡이였다. 그가 이 살인을 저질렀다면, 뒤에서 킬러를 공격했음이 틀림없었다. 모든 것이 구체적으로 그려졌다. 사냥개는 거실 한복판에 서서 기다리는 중이다. 아드리앙이 그의 등 뒤에서, 양손으로 장작 하나를 쥐고, 최고의 백핸드로 적을 가격할 태세를 한다.

"왜 장작이야?" 세드리크가 궁금해했다.

"제일 먼저 보이는 게 그거니까."

"만일 격투가 거실에서 일어났다면 핏자국이 남았을 거야!"

블랑슈는 짓궂은 미소를 지었다.

"맞다, 청소가 가업이라는 걸 잊고 있었군! 그럼 복부의 상처는?"

"아드리앙이 그렇게 세게 때렸을 리 없어. 겨울이면 손가락이 아파 고생하거든. 그는 주방으로 칼을 찾으러 가. 그사이에 사냥개는 몸을 일으켰고 아드리앙은 칼날을 내밀고 달려든 거지."

"피에르 벨마르♦나 믿을 얘기라는 거 알지!"

블랑슈는 응수할 말이 없었다. 그녀는 말을 받아치는 재주가 없어 늘 몇 시간 후에야 적절한 말을 찾는 자신을 저주하곤 했다.

"어쨌거나 그가 어떻게 죽었는지를 안다고 크게 진전이 생기는 건 아냐." 그녀는 어깨를 으쓱하며 말했다. "지금 필요한 건 시체들을 처리하는 거야."

"휴대전화는? 어떻게 하지?"

보관에는 위험이 따랐다. 메시지를 보낸 이는 사냥개와 접촉하려는 것이 분명했으나, 그들은 상대가 누구인지 몰랐다. 휴대전화를 추적하는 방법이 있었다. 세드리크는 아마 할 수 없겠지만 적절한 장비가 있으면 어렵잖을 터였다.

"같이 묻을 거야." 그녀가 잘라 말했다.

길은 막힘없이 순조로웠다. 블랑슈는 주요 간선도로를 피해 20킬로미터 정도 길을 돌아갔다. 그렇게 밤늦은 시각에 시골길을 달리

♦ Pierre Bellemare(1929-2018). 프랑스의 작가, 라디오와 방송 진행자 겸 제작자. 믿을 수 없는 이야기들을 들려주는 〈진실한 이야기들〉이라는 프로그램이 특히 유명했다.

는 사람은 아무도 없었다.

현장에 도착해 묘지 입구에 설치된 카메라를 보고 세드리크는 걱정했다. 블랑슈는 그것이 예방 목적에 불과하다고 확신했다. 경비원이 작은 화면 앞에 꼼짝없이 앉아 스물네 시간 내내 정문을 실시간으로 감시하리라고는 생각할 수 없었다. 최악의 경우라고 해봐야 영상이 녹화되어 문제가 발생했을 때 참고하는 정도였다. 하지만 세드리크와 블랑슈는 묘비에 낙서하러 온 게 아니었다. 그들의 행적은 발각되지 않을 터였다. 그녀는 만약을 대비해 카메라 시야에 잡히지 않게끔 2미터 높이의 담을 기어올랐다. 그녀의 민첩함에 세드리크가 감탄 섞인 휘파람을 슬쩍 불었다. 블랑슈는 땅에 착지하면서 가볍게 절을 해 보였다. 이인조로 일하는 것은 처음이었고 그녀는 즐기기 시작했다.

가장 어려운 부분은 시체들을 담장 위로 넘기는 것이었다. 리프트를 사용해 시신들을 똑바로 세울 수 있었지만, 블랑슈가 균형을 잡는 동안 세드리크가 팔 힘으로 들어 올려야 했다. 그녀는 그에게 역할을 바꾸자고 했다가 그가 기분 상해하는 것을 보고 재미있어했다.

나머지 작업은 무탈하게 진행되었다. 세드리크는 프로처럼 행동했고, 준비했던 조인트는 돌아가는 길을 위해 남겨 두었다. 블랑슈는 그의 적응력에 놀랐다. 그의 얼굴에서 드러나던 비난은 흔적도 없이 사라졌다.

유일한 그늘은 블랑슈가 캉탱의 얼굴을 흙으로 덮을 때였다. 그녀는 그가 보다 평온한 앞날을 누릴 수 있기를 바라며 그의 여자친구를 묻었다. 블랑슈는 기도하는 법을 모르면서도 기도해 보았다. 그녀의 소망은 단 하나였다. 이 죽음에 아무런 책임이 없기를.

41

짧은 협상 끝에 블랑슈는 자기 아파트가 아닌 세드리크의 집으로 돌아가는 데 찬성했다. 그곳이 70제곱미터 더 넓기도 했지만, 블랑슈는 그날 하루치의 놀랄 일은 충분히 겪었다고 여겼다. 불안해하지 않고 거실에 들어갈 수 있거나 구역질을 참을 필요 없이 마실 것을 준비할 수 있다는 생각은 그리 나쁘지 않았다.

세드리크는 그녀에게 다음 계획을 물었다. 한껏 들떴던 한순간, 블랑슈는 온갖 단서들을 모은 기분이었다. 아드레날린이 몸에서 사라진 지금은 서로 다른 방향을 가리키는 표지들로 보였다. 다르게 말하면 그녀는 방향을 잃었다.

바라는 것은 오직 수면뿐이었다. 많이도 말고, 몇 시간만. 새로운 날과 마주할 기운이 날 정도로만. 약은 72시간은 족히 버틸 만큼 남아 있었다. 그녀는 그걸로 충분하길 바랐다.

약은 늘 아드리앙이 책임졌다. 서로 합의하에 그의 이름으로 처방전을 받았다. 블랑슈는 가능하면 의사를 피했다. 아드리앙은 복용량을 감시할 수 있을 게 확실했기에 동의했다. 이 사건이 계속된다면 그녀는 혼자서 처리해야 했다. 약은 물론 다른 일들도.

블랑슈는 세드리크가 한밤중에 자기를 집으로 데려가면서 엉뚱한 생각을 하지는 않을까 걱정했다. 그가 이마에 입맞춤을 남기고 제 방으로 들어가 틀어박혔을 때, 그녀에겐 안도와 실망과 자존심이 상한 기분이 뒤섞여 들었다. 그도 잠이 부족할 거야, 그녀는 옷을 벗으며 생각했다. 돌아오는 길에 피워 댄 대마초들은 말할 것도 없었다! 다리가 잘려 나간 기분일 게 분명했다. 그 표현에 웃음을 터뜨리며 그녀는 알몸으로 손님용 침실 침대에 기어들었다. 그녀는 반듯하게 누워 세드리크의 몸을 상상해 보았다. 근육질로 보이지는 않았지만 시체 두 구를 들어 올릴 만큼 힘이 셌다. 그녀는 관절이 불거진 팔과 복근이 두드러진 상체를 그려 보았다. 조금만. 지나치지 않게. 그런 순간에 그런 생각들을 한다는 것이 기쁘면서도 당황스러웠다. 가벼운 불장난을 즐기지 않은 지도 오래였다. 확실히 너무 오래되었다. 그녀는 마지막 연애를 떠올려 보려 했지만, 노력이 너무 힘들었던 게 분명했다. 여덟 시간 뒤 같은 자세로 깨어났으니 말이다.

세드리크는 한 손에 그릇을 들고 식탁에 앉아 있었다. 앞에는 버터가 묻은 종이봉투에 크루아상이 담긴 채 놓여 있었다. 블랑슈는 집주인에게 인사할 겨를조차 없이 봉투에 달려들었다. 마지막으로 식사했던 때가 기억조차 나지 않았고 결이 바삭거리는 빵 냄새는 진한 커피보다 효과가 확실했다. 몇 입을 집어삼키고 세드리크가 건넨 차를 받아 숨도 쉬지 않고 전부 목으로 넘겼다. 배가 부르고 나서야 세드리크가 한 넥타이가 눈에 들어왔다.

"장례식에 가?" 그녀는 턱에 붙은 부스러기를 털어 내며 물었다.

"차라리 그랬으면… 아버지와 점심 식사하러 가."

블랑슈는 식탁 맞은편에 있던 휴대전화를 집어 들어 시간을 확인했다. 정오가 지났다. 반나절을 흘려보낸 것이다.

"차마 깨울 수가 없었어!" 그녀가 뭐라 말하기도 전에 세드리크가 말했다. "어젯밤 끔찍한 얼굴을 하고 있었거든."

"고맙네!"

"고맙다는 말은 일어났을 때 얼굴이 어떤지 듣고 나서 하지 그래?"

블랑슈는 곧장 몸이 굳었지만 손바닥으로 머리칼을 쓸어 넘기지 않을 수 없었다.

"농담이야!" 그가 씩 웃으며 말했다. "아주 근사해! 그리고 그 옷차림도 끝내준다."

그가 또 놀리고 있다는 것을 알아차릴 때까지 시간이 걸렸다. 블랑슈는 스웨터를 뒤집어 입고 목에 합성 섬유로 된 라벨을 자랑스레 달고 있었다.

"그런데 아버지를 뵈러 갈 때는 늘 그렇게 입는 거야?" 그녀는 말을 돌리려고 물었다.

"선택의 여지가 없어. 난 일주일에 한 번, '오토모빌 클럽 드 프랑스'[♦]에서 아버지와 점심 식사를 함께해야 하거든. 구시대적이고, 케케묵고 엄청 거들먹거리는 곳이지. 한 마디로, 아버지 마음에 쏙 드는 곳."

"그럼 왜 가는 거야?"

"이 아파트에 살기 위해 치러야 하는 대가니까. 자애로운 아버지 콜랭 씨는 아들과 친하다고 말하고 다니길 좋아하거든. 금요일마다 진열장에 날 전시하고 나머지 날들은 날 내버려두시지."

"왠지 냉소적인 기미가 느껴지는데?"

"전혀! 지금 대마초를 참고 있어서 그럴 뿐이야. 한 시간만 지나면 아무렇지 않을걸."

세드리크가 자기 이야기를 털어놓은 건 두 번째였다. 그녀는 그가 더 말해 주었으면 싶었지만, 귀찮게 캐묻는 건 소용없을 거라 생각했다.

그는 일어서서 쪽지 하나를 내밀었다. 이름과 주소가 적혀 있었다.

"누구야?" 그녀가 물었다.

"사냥개에게 메일을 보낸 사람."

"어떻게 알아냈어?"

"지난번처럼 메일 주소가 누구 앞으로 되어 있나 찾아봤어."

"지난번에는 내 이름으로 된 가짜였잖아."

"이쪽도 그럴지 몰라. 확인해 봐서 손해 볼 건 없다고 생각했지."

휴식은 끝났다. 블랑슈는 다시 전투에 나서야 했다. 그 자명함에

♦ 1895년 설립된 호화로운 남성 전용 클럽. 르망 24시, 프랑스 그랑프리 등 유서 깊은 레이스를 개최한 시초였다.

그녀는 의기소침해졌다.

"난 두 시간 후에 돌아올 거야. 그때 같이 알아보자, 네가 그러고 싶다면."

블랑슈는 종이를 반으로 접고 자리에서 일어섰다. 아무 말 없이 그에게 다가가 바짝 기대고 허리에 팔을 둘렀다. 세드리크는 그녀의 포옹에 응했다. 아주 짧은 순간만.

"가야겠다." 그가 그녀를 슬쩍 밀어내며 말했다. "나가고 싶으면, 식탁 위에 열쇠 뭉치 놔뒀어."

말투는 상냥했고, 찬바람이 몸을 뚫고 지나가는 것을 느끼지만 않았다면 블랑슈는 거기에 매달릴 수 있었을 것이다.

세드리크의 행동이 어딘가 변했다. 그의 태도, 몸짓, 전부 계산된 듯했다. 눈빛도 마찬가지였다. 전날, 그의 눈빛에선 욕망이 드러났다. 오늘, 세드리크는 오빠처럼 굴었다. 보호적이지만 거리를 두는 오빠. 아버지를 만난다는 사실 때문에 그런 상태가 된 걸까? 이미 그녀에게 싫증 난 게 아니라면 말이다. 그리고 그 조사는 왜 혼자서 했을까?

'또 시작이다!' 블랑슈는 자기 뺨을 때리며 생각했다. '그는 널 잠자게 내버려뒀을 뿐이야. 오히려 고마워해야지!' 하지만 씨앗은 심어졌다. 블랑슈는 원하는 만큼 이성적으로 사고할 수 있었고, 세드리크가 돌아오지 않는 한 평화를 찾지 못하리라는 걸 알았다. 편집증은 그렇게 작동한다는 걸 그녀는 알았다.

그녀는 약을 찾아 가방을 뒤졌다. 동작이 너무 신경질적이라 제대로 찾아지지 않았다. 그녀는 가방의 내용물을 식탁 위에 뒤집어 평소 번거롭게 가지고 다니는 쓸데없는 물건들을 쏟아 놓았다. 손이 떨리기 시작했다. 시야가 흐려졌다. 자리에 앉아 침착하게 호흡해야 했다. 공황에 빠질 이유가 없었다. 곧 지나갈 작은 발작에 불과했다. 그저 약이 필요할 뿐이었다. 어제 잠자리에 들기 전 가방 안에 넣어 두었다. 거기 있어야 했다. 있어야만. 약이 나오지 않는 건 제대로 찾지 못했기 때문이었다. 그럴 수밖에 없었다. 그래야만 했다.

42

세드리크가 돌아왔을 때 블랑슈는 바닥에 앉아 무릎을 끌어안고 있었다. 그가 떠나고 잠시 후에 그 자세를 취하고 줄곧 움직이지 않았다. 그녀는 허공을 바라보며 한쪽 엉덩이에서 다른 쪽으로 번갈아 가며 체중을 실었다. 그가 그녀 맞은편에 무릎을 꿇고 앉자 블랑슈는 즉시 넋 나간 상태에서 벗어났다.

"그걸 어떻게 했어?" 그녀가 한 손으로 세드리크의 넥타이를 움켜쥐며 고함쳤다. "응? 말해!"

"진정해." 그는 당황하지 않고 말했다. "무슨 일인지 말해 줘."

"그걸 어떻게 했냐고, 망할!"

"대체 무슨 말을 하는 거야?"

블랑슈는 손을 놓지 않았고 세드리크는 호흡이 곤란해지기 시작했다.

"내 약! 내 망할 약들 어떻게 했어?"

세드리크는 슬픔이 어린 눈으로 그녀를 바라보았다.

"난 건드리지 않았어, 블랑슈. 약은 네가 놓아둔 곳에 있어."

이 대답에 혼란스러워져 블랑슈는 손아귀의 힘을 약간 뺐다. 세드리크는 완전히 빠져나왔지만 여전히 그녀 곁에 웅크리고 있었다.

"난 가방에 넣었단 말이야!" 그녀가 자신감이 한풀 꺾여 말했다.

"아니야, 기억해 봐. 커피포트 옆에 둬도 되냐고 내게 물었잖아. 집에서 그러는 것처럼."

블랑슈가 아침에 약 먹는 것을 잊지 않기 위해 늘 같은 장소에 두는 것은 사실이었다.

"그런 말을 한 기억은 없어." 그녀가 점점 당혹스러워하며 말했다.

"녹초가 됐었으니까. 그럴 만해."

"아니야, 기억해야만 해."

목이 꽉 조여들어 발음하기 어려울 정도였다.

"별일 아니야." 세드리크가 그녀를 일으켜 주며 말했다. "그럴 수도 있지."

블랑슈는 수치스러운 기분이었지만 무엇보다도 걱정스러웠다. 어젯밤을 마무리할 때의 매 순간을 생생히 기억할 수 있었다. 현관문을 넘어선 순간부터 잠들 때까지. 왜 그 부분은 빠져 있을까? 기억나지 않는 건 과연 그뿐일까?

세드리크가 그녀를 식탁에 앉히고 약을 가져다주었다. 블랑슈는 완전히 낯선 것을 보듯 약상자를 쳐다보았다. 이제는 진정할 필요도 느껴지지 않았다. 에너지가 온통 빠져나갔다. 그녀의 바람은 하나뿐이었다. 침대로 돌아가 숨어 있는 것.

세드리크가 물 한 잔을 건넸다.

"마셔, 이게 필요할 것 같아. 물론 내 치료법을 더 좋아한다면 모르겠지만."

"친절하네." 그녀는 열없이 중얼거렸다. "괜찮아질 거야."

그건 거짓말이었다. 아무것도 절대 괜찮아지지 않으리라는 것이 너무나 분명했다.

세드리크는 블랑슈에게 자기가 요깃거리를 준비하는 동안 샤워를 하고 오라고 했다. 그녀는 이십 분 넘게 물줄기를 맞으며 물 온도를 계속 올렸다. 몸에서 김이 났다. 샤워기 꼭지를 왼쪽으로 확 틀었다. 양손을 타일에 댄 채 찬물이 몸을 후려치게 두고, 고통을 더 이상 견딜 수 없는 한계점을 기다렸다. N으로 시작하는 미국의 주 이름까지 갔다. 아드리앙이라면 그녀가 속죄할 일은 아무것도 없다고 말하겠지만, 아드리앙은 여기 없었고 그녀는 스스로 해 나가는 법을 배워야 했다. 그가 감독해 주지 않는다면 훈련은 아무 소용이 없었다. 채찍질은 분명 해결책이 아니었지만 적어도 제정신을 차리게는 해 주었다.

세드리크는 그녀를 위해 샌드위치를 준비해 거실에서 기다리고 있었다. 셔츠와 넥타이를 빛바랜 스웨트셔츠로 갈아입은 후였다. 블랑슈는 다시 사과할까 망설였지만 그는 휴대전화에 시선을 고정하고 있었다.

256

"캔디 크러쉬 중독은 아니겠지?" 그녀는 침묵을 깨려 물었다.

"그런 데는 취향 없어!" 그가 여전히 휴대전화를 붙들고 통명스레 말했다. "클라르통 부부의 무덤에 다른 임자가 있다고 항의하는 사람이 아무도 없는지 확인하고 있어. 우리의 노부부가 공동 입주자들을 순순히 받아들인 게 분명해."

"내 계획을 의심했던 거야?" 블랑슈는 가볍게 들리길 바라며 물었다.

"앞으로는 절대 장례식을 예전처럼 볼 수 없게 되었다고 해 두지! 우리 할머니가 돌아가셨을 때 널 몰랐으니 다행이지. 할머니가 낯모르는 사람과 함께 누워야 한다는 상상에 폭소를 터뜨렸을 수도 있잖아!"

블랑슈는 마침내 미소를 지었다. 그 농담이 특별히 우스웠던 건 아니지만 고마운 마음이 들었다. 세드리크는 상황을 단순하게 하는 재능이 있었다. 무엇이 잘못되었는지 지적하지 않는 재능이.

"메일 발신자에 대해 뭘 알아낼 수 있을지 볼까?" 그녀가 기운차게 말했다.

"시작하자!"

계정이 올바르게 조회되었다면 사냥개에게 메일을 보낸 건 알랭 파네스라는 인물이었다. 세드리크는 그 이름에서 아무것도 생각나지 않는 게 분명하냐고 두 번이나 묻고 말았다. 그녀는 화내지 않으려 감정을 다스려야 했다. 아니, 알랭 파네스라는 사람은 몰랐고 놀라운 일 같지만 고객 파일에 무슈 A는 아예 없었다.

"그럼 무슈 P는?"

"난 항상 이름의 첫 자를 따!"

"이야, 그거 신기하군, 나라면 반대로 했을 텐데."

"그러면 고객들이 내가 자기들 성에는 관심이 없다는 인상을 받고…."

"… 그러면 익명성이 보장된다고 느끼겠구나."

"이해가 빠르군!"

세드리크는 SNS와 다른 검색 엔진들을 뒤졌다. 파스님을 재료로 사용하는 조리법이 무수히 많이 나올 뿐 흥미로운 결과는 전혀 없었다.

"정말이지…."

"뭐?" 블랑슈가 샌드위치를 먹으며 한 손으로 자기 컴퓨터 자판을 치면서 물었다.

"스물네 시간도 안 되어 검색망을 벗어나는 사람이 둘이나 나오다니, 예삿일이 아냐. 빅 브라더가 걱정하겠어!"

"가짜 이름이라고 생각해?"

"캉탱도 가상공간에 발자취가 없었지만 우리 둘 다 그가 버젓이 존재했다는 걸 알잖아." 세드리크가 대꾸했다.

무거운 적막이 내려앉았다. 블랑슈가 컴퓨터의 엔터키를 요란하게 눌러 정적을 깼다. 그녀는 마지막 한 입을 삼키고 검색 결과를 이야기했다.

"어쨌거나 그 계정으로 등록된 주소는 실제로 존재해!"

"그것만 해도 어디야."

"너무 흥분하지 마. 르발루아에 보댕 거리 101번지는 분명히 있어. 하지만 알랭 파네스가 거기 산다면 놀라 자빠질 일이야. 기껏해야 거기 묻혀 있겠지. 그건 시립 묘지 주소거든."

블랑슈는 최대한 실망을 숨겼다. 이번에도 막다른 길에 마주치자 맥이 탁 풀렸다. 세드리크는 그녀가 다음 행동을 정하길 기다렸으나 생각나는 게 없었다. 르발루아-페레 묘지에 가 볼 필요가 있을 것 같진 않았다. 메일 발신자는 누군가 그 주소를 거기까지 추적하리라곤 생각지 못했을 것이다. 그는 사냥개에게 연락하기 위해 계정을 만들었고 그의 휴대전화가 다른 사람 손에 들어가리라고 믿을 이유가 없었다. 그건 그들에게 보내진 암호 메시지가 아니었고 다음 단서를 찾아내는 보물찾기는 더더욱 아니었다. 현실은 마담 C나 무슈 M이 새로운 정보를 알려 주지 않는 한 그녀에겐 아드리앙을 찾을 방법이 전혀 없다는 것이었다. 어쩌면 손을 떼고 프로들이 문제를 해결해 주길 얌전히 기다려야 할 때인지도 몰랐다. 어쨌거나 최근의 사건들로 미루어 보아 아드리앙은 아직 살아 있고 몸을 숨기기로 결심한 것 같았다. 그를 찾겠다고 계속 동분서주하는 게 어쩌면 그를 더 위험에 빠뜨릴지도 몰랐다.

"내 생각은 달라." 세드리크가 끼어들었다.

"어떤 점에서?"

"우린 계속 그를 찾아야 해."

블랑슈는 그에게 무슨 바람이 불었는지 어리둥절했다. 전날만 해도 그는 포기할 태세였다. 왜 이렇게 갑자기 열심일까? 뭔가 이상했다.

"우리는 캉탱에게 그만한 빚이 있다고 생각해." 그가 자기 열성의 근거를 밝혔다.

"캉탱이 이 일과 무슨 상관이지?"

"우린 아무것도 모르잖아! 우리가 아는 건, 어젯밤 아무 일 아닌 것처럼 젊은 애 하나를 땅에 묻었다는 거야. 왜 죽었지? 그야 모르지! 그가 돌아오지 않아서 누군가 걱정할까? 알 수 없지. 우린 그 애한테 여자친구가 있었는지조차 모르잖아. 그 애 아버지로 말할 것 같으면, 내가 보기에 넌 그에게 사정을 알릴 생각은 없는 것 같아. 미안하지만, 개인적으로 잘하는 짓 같진 않아! 사냥개는 넘어가자. 그는 자기 손으로 그런 삶을 택했으니까. 하지만 그 애는, 무슨 짓을 했길래 자기 무덤도 아닌 곳에 묻혀야만 했는지 말해 줄 수 있어?"

블랑슈는 뭐라 할 말이 없었다. 이번에는 그녀가 느끼는 수치심이 훨씬 깊이 파고들었다. 세드리크가 옳았다. 캉탱은 그보다 나은 대접을 받을 자격이 있었다. 그녀는 그에게 진실이라는 빚을 지고 있었다. 그 진실이 그녀에게 아무리 두렵다 해도.

43

세드리크는 르발루아-페레 묘지에 가자고 블랑슈를 설득하는 데 성공했다. 그의 말에 따르면, 어떤 이름이나 사연을 지어내는 데에는 언제나 이유가 있었다. 아무것도 없이 시작하는 일은 결코 없었다. 외부인에게는 난해하겠지만 만든 사람은 그것이 어디에서 유래하는지 알았다. 어린 시절 좋아했던 만화 주인공이라거나 조부모님 이름의 첫 음절들을 연결하는 등 어디에서든, 무엇에서든 영향을 받을 수 있었다. 무에서 유가 창조되는 경우는 드물었다. 역시 세드리크의 말이지만, 완벽한 가명을 찾아내기까지 몇 시간, 심지어 며칠까지 걸리는 일도 있었다. 빈칸을 채우는 역할일 뿐인 주소의 경우는 그럴 가능성이 훨씬 적었다. 그 단계는 서식을 유효하게 하는 데 불과했다. 그런 경우에는 보통 인터넷 계정을 열기 위해 임의로 선택한 정보였다.

발신자가 묘지 주소를 입력했다는 것은 그 장소가 그에게 의미가 있다는 뜻이었다. 어쩌면 매일 창문에서 보이는지도 모르고, 그가 묘지 관리를 맡고 있는지도 모른다. 블랑슈는 아무런 결과로도 이어지지 않을 확률이 높다고 반박했다. 그는 적어도 시도는 해 보아야 한다고 대꾸했을 뿐이었다.

이번 방문은 지난번 한밤중의 모험과는 전혀 달랐다. 물론 다시 묘지에 가는 것이긴 했지만 비슷한 점은 거기까지였다. 그들은 대중교통으로, 태평하게, 경계하지 않고 갔다. 이번에는 숨을 이유가 전혀 없었다.

블랑슈와 세드리크는 사랑하는 이를 찾는 데 몰두한 사람처럼 통로들 사이를 거닐었다. 각자 자기 쪽에 늘어선 대리석이나 화강암에 새겨진 이름들을 읽었다. 그들은 관리인과 마주쳤는데, 찾는 무덤의 자리가 기억나지 않는다고 말하자 그는 행운이 따르길 빌어 주었다. 묘지는 7만 5천 제곱미터에 가까웠고 구역은 마흔 개가 넘었다. 두 시간만 있으면 해가 질 테니 전부 살펴볼 시간이 있을 리 만무했다. 세드리크는 관리인에게 감사를 표하고 필요하다면 다음 날 다시 올 생각이라고 말했다. 블랑슈는 그가 그럴 셈인 줄은 몰랐다.

다른 묘비들보다 꽃 장식이 더 많은 무덤도 있었다. 으리으리한 무덤들도 있었다. 유명 인사들이 무명 인사들에 둘러싸여 여기 누워 있었다. 돈과 시간이라는 관념은 뒤틀렸다. 귀스타브 에펠이 이제 루이즈 미셸*과 모리스 라벨**과 어깨를 나란히 했다. 레옹 지트롱***도 멀지 않은 곳에 있었고 블랑슈는 그의 목소리가 들리는 듯했다. 그의 장례식은 기억나지 않았다. 그에게 걸맞은 사람이 장례식 중계를 맡았을까?

해가 기울며 묘비들의 그림자가 길어졌다. 블랑슈는 외투 자락을 여몄다. 세드리크는 확고한 걸음으로 걷고 있었다. 이따금 멈춰서서 몇 초간 눈을 감았다가 더 격해진 걸음으로 발을 옮겼다. 블랑슈는 그가 관심을 두는 곳이 묘비에 새겨진 연도라는 것을 알아차렸다. 그는 출생 시기와 사망 시기 간격이 너무 짧을 때 멈춰 섰다. 15세 소녀, 5세 아이. 받아들이기 더 힘든 죽음들. 세드리크가 깊이 마음 아파하고 있음을 생생히 느낄 수 있었고, 블랑슈는 돌연 그가 정말로 타인의 고통에 공감하는 건지 아니면 살면서 겪었던 비슷한 경험을 떠올리고 있는 건지 궁금해졌다.

블랑슈는 더 이상 집중할 수 없었다. 추워서 손가락이 저렸다. 그녀는 입김을 불어 손을 녹이며 이제는 드문드문 묘비명을 읽을 뿐이었다. 그럼에도 돌아가고 싶지는 않았다. 유감스럽게도 인정해야 했지만, 캉탱을 위해서가 아니라 이 휴식이 이로웠기 때문이었다. 최근 쌓였던 스트레스가 점차 사라졌다. 그 장소의 정적, 겨울 하늘을 뒤덮은 잿빛 색조, 모두가 명상에 잠기기 좋았다.

고개를 들자 세드리크가 다른 통로로 이동했음을 알아차렸고, 발걸음을 재촉해 따라갔다. 그는 생각에 잠겨 있었다. 그녀가 어깨

♦   Louise Michel(1830-1905). 프랑스의 교사이자 무정부주의자로 파리 코뮌 때의 주요 인물.

♦♦ Maurice Ravel(1875-1937). 프랑스의 작곡가, 피아니스트, 지휘자. 〈볼레로〉, 〈죽은 왕녀를 위한 파반〉으로 유명하다.

♦♦♦ Léon Zitrone(1914-1995). 러시아 출신의 프랑스 기자 겸 방송 진행자.

를 건드리자, 그는 화들짝 놀랐다.

"유령 무서워해?"

"물론이지." 그가 진지하게 답했다. "넌 안 그래?"

블랑슈는 그가 그녀를 놀릴 때면 눈에서 반짝이던 빛을 찾았으나 보이지 않았다. 이곳에 온 뒤로 그는 내내 침울했다.

"굳이 날 찾아오지는 않을 거라고 믿는 편이야." 그녀는 분위기를 누그러뜨리려 말했다.

"네가 처리한 그 모든 사람들 생각을 한 번도 안 한다는 소리는 아니겠지!"

블랑슈는 타격을 입었다. 그런 공격이 들어오리라고는 예상하지 못했다. 자기변호를 할까 망설이다가 세드리크가 진실을 말했을 뿐이라는 걸 인정했다.

"가야겠어." 그녀가 온순하게 말했다. "여기선 아무것도 못 찾을 거야."

"벌써 포기하고 싶어?"

공격적이지는 않았지만, 무뚝뚝한 어조였다.

"곧 밤이 될 거야."

"마음대로 해!"

블랑슈는 그를 다그치고 싶지 않았다. 세드리크는 지금 혼자 있고 싶은 게 분명했다. 그녀는 그를 앞서가며 가벼운 어조로 통로 끝에서 기다리겠다고 말했다.

"오른쪽 줄은 내가 맡을게!" 그녀는 돌아보지 않고 외쳤다.

그렇게 말씨름을 하고 나니 적어도 추위는 잊혔다. 그녀는 무덤 하나하나를 더 주의 깊게 살펴보았다. 이름들이 줄을 이었고, 블랑슈는 각각의 이름에 생을 연관 지었다. 제르맨 라쿠르, 1902년 보주아에서 태어나 사십 년 후 전쟁이 한창일 때 사망. 그녀는 폐렴에 걸렸을까 아니면 레지스탕스에 가담하려다 총에 맞아 쓰러졌을까? 위베르 뇌빌, 제르맨 라쿠르가 갓 태어났을 때 사망. 그는 그녀에게 자리를 넘겨주기 위해 떠났을까 아니면 앞으로 올 시대가 너무 견디기 어려울 거라 여겼을까? 위베르는 열아홉에 죽었다. 젊었다. 살아 있었다면 예순를 맞이하기 전 양차 세계 대전에 징집될 만큼 젊었다.

멀리에서 그녀가 맡은 줄의 마지막 무덤에 싱싱한 꽃들이 꽂혀 있는 것이 보였다. 화려한 흰 꽃들이 검은 비석을 돋보이게 했다. 그림 같으면서도 조화로운 광경이었다. 끝부분에 놓인 화병 네 개가 우아하게 묘표를 둘러싸고 있었다.

블랑슈는 가만히 다가갔다. 그토록 잘 돌보아진 무덤을 보니 경의가 솟았다. 이곳에 잠든 이는 잊히지 않았다. 그녀는 뒤를 흘끗 돌아보고 세드리크가 아직 멀리 있음을 확인했다. 이유는 설명할 수 없었지만, 그녀는 여정을 마무리할 때 그가 곁에 있어 주었으면 했다.

무덤 앞에 도달했을 때 통로에 한 줄기 돌풍이 일었다. 블랑슈는 바람에 날리는 흙을 피하려고 눈을 감았다. 눈을 다시 떴을 때 갑자기 머리가 이상해졌다는 생각이 들었다.

블랑슈는 한참 동안 무덤에 자신을 향한 메시지가 남겨져 있다

고 생각했다. 세드리크가 곁으로 왔을 때에야 그녀는 현실을 깨달
았다.

그녀가 읽은 것은 묘비명이었다. 한 아내가 이 년 전 사망한 남편
에게 남긴 마지막 말. 거기에 새겨진 어떤 이름이 아니었다면 그렇
게까지 충격적이지 않을 말이었다. 그녀가 결코 잊을 수 없던 이름.

여기 스테판 팔랭이 잠들다
사랑이 넘치는 아버지이자 남편이었으며
우리의 아나이스를 찾아 떠난

44

"아나이스." 세드리크가 곁에 다가와 서며 소리 내어 읽었다. "캉탱의 여자친구 이름 아니었어?"

블랑슈는 고갯짓으로 긍정했다.

"스테판 팔랭이 그 애 아버지야?"

"난 몰라." 그녀는 어렵게 털어놓았다.

블랑슈는 그 성을 한 번도 들은 적 없었고 그 묘비명이 그저 당황스러운 우연의 일치일 거라고 스스로를 설득하려 애썼다. 동시에 아나이스의 성을 기억해 내려고 온 힘을 다했다.

"전혀 몰랐어." 그녀는 마침내 한숨을 쉬며 말했다.

"뭘 몰랐어?"

"아나이스의 성. 지금껏 몰랐어."

그 깨달음은 쓰라렸다. 블랑슈는 소녀의 얼굴을 기억하는 것이 인간미를 잃지 않은 증거라고 믿어 왔다. 아나이스의 기억을 간직했고, 그것으로 그녀를 땅에 파묻은 일이 정당화된다고 믿었다. 이제 자신이 그간 줄곧 착각에 빠져 있었음을 깨달았다. 블랑슈는 성조차 알아보려 하지 않고 한 소녀의 시체를 사라지게 하는 일을 떠맡았던 것이다. 그것이 현실이었다.

"그 애가 르발루아에 살았어?" 세드리크가 물었다.

"나야 그걸 물어볼 기회가 없었지!" 블랑슈는 짜증을 냈지만 곧 후회했다. "어쨌거나, 이게 내 아나이스가 맞는지는 모르잖아."

"네 아나이스?"

"무슨 얘긴지 알잖아. 이제 그만 가자, 응?"

세드리크는 그러겠다고 했지만 움직이지 않았다. 그의 눈은 묘비명에 못 박혀 있었다. 블랑슈는 그의 손을 잡고 재촉했지만 그는 버텼다.

"우연이 아니야, 블랑슈."

"그건 모를 일이야."

"해답은 여기, 우리 눈앞에 있어."

블랑슈는 그의 옆에 서서 다시 한번 묘비명을 보았다. 어쩌려는 것인지 알 수가 없었다.

"수수께끼는 네 특기잖아, 아니었어?"

그녀는 그가 설명해 주길 기다리고 싶었다.

"성을 봐, 성을 자세히 봐."

블랑슈는 몇 번째인지도 모르게 다시 읽었지만 헛수고였다.

"팔랭Palain이라는 성은 아무도 모른다고 했잖아!" 그녀는 짜증을 냈다.

"짜증 부리지 말고 차라리 집중을 해."

그의 내려다보는 듯한 어조가 마음에 들지 않았지만, 기분을 거스르지 않기 위해 순순히 따랐다.

"좋아, 성을 보고 있는데 여전히 아무것도 모르겠거든!"

"첫 글자를 떼 봐."

블랑슈는 묘비에서 눈을 떼고 세드리크를 쳐다보았다. 처음에는 농담인 줄 알았지만 그가 그렇게 심각한 모습은 처음 보았다.

"첫 글자를 떼어서 아나이스Anaïs의 이름 앞에 붙여 봐." 그는 눈도 맞추지 않고 말했다.

블랑슈는 마지못해 따랐다. 이 게임은 마음에 들지 않을 것 같았다. 이 무덤을 본 순간부터 그녀의 감각들이 경보를 발동했다. 직감을 따라 가던 길을 갔어야 했다. 세드리크가 곁에 오지만 않았다면 분명 그렇게 했으리라. 하지만 세드리크는 거기 있었고 그는 떠날 의향이 전혀 없었다. 그녀는 다시금 묘비를 보고 작업을 이었다.

"알랭 파네스Alain Panais." 그녀는 중얼거렸다. "알랭 파네스가 되네. 메일 주소에 등록되어 있던 이름."

❖

블랑슈는 아나이스의 아버지 무덤 앞에 더 머무르고 싶지 않았다. 예상과 달리 암호로 된 메시지가 그들에게 확실히 전달되었고 그녀는 직격타를 맞았다.

돌아오는 길에 그녀는 한마디도 할 수 없었다. 세드리크 역시 생각에 잠긴 것 같았다. 그녀는 그가 그 생각들을 풀어놓을까 두려웠다. 비난의 말 한마디면 쓰러질 것 같았다.

세드리크의 아파트 역시 더 이상 따스하게 느껴지지 않았다. 분위기가 무거웠다. 잠시나마 느낄 수 있던 평화로움은 물러갔다. 지금부터 그녀는 어디를 가든 양심의 무게를 짊어지고 다녀야 했다.

세드리크는 블랑슈가 차를 다 마실 때까지 기다렸다가 논쟁을 시작했다.

"적어도 캉탱이 운 나쁜 희생자는 아니었다는 걸 알았군."

"그리고 그를 죽인 게 아드리앙이 아니었다는 것도." 그녀는 말을 얹었다.

"그거야 알 수 없지!"

"아드리앙은 그 사건과 아무 관련 없었어! 그는 이미 은퇴한 후였어. 아나이스를 처리한 건 나야. 나뿐이라고."

"소리 좀 지르지 말아 줄래?"

블랑슈는 자기가 발끈했다는 것조차 의식하지 못했다.

"넌 그 여자애에 대해 정확히 뭘 알지?"

그거야말로 그녀가 가장 두려워하던 질문이었다. 사실은 아무것도 모른다는 것을 세드리크에게 설명할 것인가? 블랑슈는 그에게 아나이스를 고통스러운 추억처럼, 여러 해가 지나서야 아문 상처처럼 이야기했다. 그는 지금 그녀를 어떻게 생각할까?

"내가 이해할 수 없는 건." 그녀는 서투르게 말을 돌렸다. "메시지가 나를 겨냥하지 않았다는 거야."

"무슨 말이야?"

"만일 우리가 정원에서 사냥개의 시체를 발견하지 못했다면, 그의 휴대전화를 찾아내지 못했다면, 우린 그 메일 주소를 끝까지 접하지 못했을 거야. 네가 주소를 추적하지도 못했을 거고 알랭 파네스라는 인물이 이 일에 엮여 있음을 우린 결코 알 수 없었겠지. 해답이 르발루아의 묘지에 있다는 것도 몰랐을 거고. 말이 안 되잖아, 안 그래? 아드리앙과 마찬가지로 사냥개도 아나이스와 아무 관계가 없었어! 왜 그에게 메일을 썼지?"

자기 생각을 늘어놓으면서 블랑슈는 놓쳤던 부분을 파악했다. 사냥개는 프로 킬러였다. 메일 발신자는 그를 보물찾기에 끌어들이기 위해 연락한 게 아니었다. 그의 능력에 도움을 청한 것이었다. 흔적을 남기지 않고 문제를 해결하는 재주를.

"사냥개는 날 처리해야 했어." 그녀는 얼빠진 목소리로 말했다. "그날 밤 나는 모르세르프에 있어야 했으니까."

세드리크의 반응에서 그도 같은 결론에 다다랐다는 것을 알 수 있었다.

"누군가 아나이스의 운명에 복수를 하겠다고 마음먹은 것 같군." 그가 조인트에 불을 붙이며 말했다.

블랑슈는 그가 그런 순간에 느긋해지고 싶어 하는 것을 믿을 수 없었다. 누군가 그녀를 죽이려고 하는데 그는 별로 신경 쓰이지도 않는 모양이었다.

"당황해 봐야 무슨 소용이야." 그녀가 그 점을 지적하자 그는 대꾸했다. "어쨌든 지금은 네 상대가 누구인지 알게 됐잖아."

"정말? 내가 무슨 수로 알겠어! 난 그 애의 과거에 대해 아무것도 몰라. 아버지는 죽었고."

"너희 엄마가 남았잖아!"

"엄마가 뭐? 네 생각엔 비탄에 빠진 과부가 복수를 위해 이런 술책을 꾸밀 것 같아? 그리고 잊었나 본데, 내가 관여했다는 건 캉탱과 그의 아버지밖에는 아무도 몰라. 자기 딸을 사라지게 한 게 나라는 걸 그녀가 어떻게 알겠어? 캉탱의 아버지가 이토록 오랜 세월이 지나 자백하기로 결심했다면 놀랄 일이고, 아들 쪽은, 우리가 바로 어제 땅에 묻었다는 걸 기억해."

"넌 제대로 추론할 만큼 명확하게 생각하지 못하고 있어."

"그 사람 내려다보는 태도 좀 집어치워!" 그녀는 이를 악물고 말했다. "내가 무슨 말을 하는지쯤은 똑똑히 알아."

"그럼 내 생각을 말해 주지. 그래, 난 자식을 잃은 여자라면 복수를 위해 대단히 마키아벨리적인 계획을 세울 수 있다고 생각해. 맞아, 캉탱의 아버지가 널 고용했다고 털어놓아 봐야 이로울 게 없고, 난 우리가 어젯밤 그의 아들을 매장했다는 걸 잊지 않았어. 그런데 넌 캉탱에 대해 정확히 뭘 알지? 사고 이후 그의 행적은 묘연하지. 지금껏 죄의식이 그의 내면을 갉아먹지 않았다고 확신할 수 있어? 그가 아나이스의 부모님에게 고백해 양심의 가책을 덜었다고는? 말해 줄까? 내게 그런 일이 일어났다면, 난 분명 그렇게 했을 거야!"

세드리크는 숨을 고르며 블랑슈의 뺨에 흐르는 눈물을 바라보았다.

45

블랑슈가 우는 것은 누군가 자기를 죽이고 싶을 만큼 증오하기 때문이 아니었다. 그 생각은 너무 추상적이었다. 그 모든 것이 부당하다고 여겨서 우는 것도 아니었다. 그렇지 않았다. 분명 그녀는 아나이스의 죽음에는 책임이 없었지만, 아나이스의 실종에 가담했다. 어머니와 아버지가 딸에게 마지막으로 작별 인사를 할 기회를 빼앗았다. 묘비를 보면 스테판 팔랭은 자식이 죽고 삼 년 뒤 쉰세 살의 나이로 사망했다. 끝내 체념하기까지 얼마나 오랫동안 아나이스가 돌아오길 소망했을까?

"모든 행동에는 결과가 뒤따른다." 아드리앙은 종종 되풀이했고, 이렇게 덧붙였다. "네 선택들에 책임을 질 때 비로소 어른이 되는 거야."

블랑슈가 우는 것은 자신의 결정들에 대가를 치르고 있는 것이 아드리앙이기 때문이었다. 자신이 아니라. 그는 그녀의 잘못 때문에 살인자가 되었다. 그녀의 잘못 때문에 도주 중이었다. 절실하게 그와 말하고 싶었다. 할 말이 너무도 많았다.

퍼즐에는 빠진 조각이 많았지만 전체적인 그림을 그려 볼 수 있게 되었다.

캉탱은 이 사건 전체에서 그저 조종당한 장기짝이 아니라 주요 동인이었다. 모든 일을 유발한 장본인이었다. 세드리크가 분명 옳았다. 죄책감으로 괴로워한 끝에 캉탱은 아나이스의 부모님, 정확히 말하면 어머니에게 자신의 죄를 고백하여 속죄하고자 했다. 블랑슈는 아나이스 아버지의 죽음도 연관이 없지 않았으리라고 확신했다. 어쨌든 캉탱은 아나이스의 남자친구였고 팔랭 부부는 아마 그와 연락을 유지했을 것이다. 캉탱은 아나이스의 아버지가 매년 기력을 잃어 가다가 결국 생을 마감하는 것을 보았을 것이다. 어쩌면 장례식까지 참석했다가 묘비명을 보고 정신적으로 무너졌을 수 있다. 그는 더 이상 불운한 사고로 한 소녀의 죽음에만 책임이 있는 게 아니었고, 한 가족을 파괴한 원인이 되고 말았다. 심연의 가장자리에서, 그는 아직 구할 수 있는 유일한 사람에게 모든 것을 털어놓기로 결심했다.

마리옹 팔랭 ─ 세드리크는 아나이스의 어머니 이름을 쉽게 찾아냈다 ─ 은 청년을 경찰에 넘기기보다 스스로 복수하는 편을 택했다. 그녀가 견뎠던 일에 비해 징역형은 너무나 가볍게 느껴졌으리라. 지난 이 년 동안 그녀는 계획을 짰다.

블랑슈는 문자 메시지들을 보낸 것이 캉탱이었고, 캉탱 쪽에서는 자신이 블랑슈의 뜻대로 놀아난다고 여겼을 거라 생각했었다. 이제 보니 아나이스의 어머니가 그간 줄곧 조종하고 있었음이 명백했다. 마리옹 팔랭이 그 메시지들을 작성한 다음 캉탱에게 휴대전화를 주었던 게 틀림없었다. 심지어 그의 목을 그은 다음 주머니에 휴대전화를 슬쩍 넣었을 수도 있었다. 블랑슈의 집에서 약속이 있다고 캉탱에게 일러 주기만 하면 그만이었다. 그녀는 종이에 주소를 적어 주었다. 하지만 무엇 하러 블랑슈의 필체를 흉내 냈을까? 그건 공연한 일에 지나치게 수고를 들이는 격이었다. 블랑슈는 캉탱과 잘 아는 사이가 아니었고, 그가 그렇게 자질구레한 데까지 확인하려 들 리는 결코 없었다. 아나이스의 어머니가 용의주도한 여자임을 드러내는 부분이었다.

캉탱은 자신의 고백만으로 용서받기 충분했다고 믿었을 것이다. 목에 닿은 칼날을 느끼면서, 그는 자신의 죽음이 오래전부터 예정되어 있었음을 깨달았을까?

그 죽음으로 채무를 청산할 수 있었으리라. 한 생명을 다른 한 생명으로. 마리옹 팔랭은 분명 다른 균형도 맞추기를 바랐다. 딸의 실종에 조금이라도 책임이 있었던 이들 모두가 벌을 받아야 했다. 캉탱은 아무 데서나 죽은 게 아니었고 아무나의 집에서는 더더욱 아니었다. 그는 청소부의 집 거실에서 죽었다. 시체를 처리하는 온갖 요령을 아는 사람. 블랑슈는 그녀가 바라는 일을 해냈다.

"꼭 그렇지는 않지." 세드리크가 끼어들었다.

"무슨 말이야?"

"네가 캉탱의 시신을 강둑에 갖다 놓은 건 발견될 수 있게 하기 위해서였다고 했잖아."

세드리크가 옳았다. 블랑슈는 명예를 걸고 캉탱의 아버지가 아들의 장례를 제대로 치를 수 있게 하려 했다. 아나이스의 부모는 그런 배려를 누리지 못했다.

"그래서 도로 가져다 놓은 거였어!" 블랑슈가 탄성을 질렀다. "사라지게 하는 것 외에 내게 다른 선택의 여지가 없도록."

그 결론에서 나오는 예상에도 불구하고, 블랑슈는 마음이 놓였다. 그녀는 꿈을 꾼 게 아니었고 정신이 이상해진 것은 더더욱 아니었다.

방정식은 거의 완벽했다. 캉탱은 죽었고 그의 부모는 생의 마지막 날까지 피가 마르리라.

하나의 미지수만 남았다. 마리옹 팔랭이 블랑슈에게 마련한 운명은 무엇이었을까?

"날 죽이는 거야!" 블랑슈는 자문자답했다.

"그런 후 사라지게 하는 거지." 세드리크가 덧붙였다.

"하지만 그건 사냥개의 소관이 아냐! 그의 일은 훗날 아무런 의문도 제기되지 않도록 희생자를 제거하는 것일 뿐. 청소는 날 불러야 해."

"그런 일을 하는 사람이 너만 있는 건 아닐 테니까!"

세드리크가 또 1점을 땄다.

"아직 알 수 없는 일이 너무나 많아."

"예를 들면?"

"그 여자가 어떻게 사냥개와 접촉할 수 있었을까?"

"이 년 동안 준비했잖아. 그동안 충분히 널 관찰했을 거야. 네 방식들을 연구하고, 고객들을 찾아내고."

"나조차 그날 밤까지 사냥개를 한 번도 만난 적 없는걸!"

"네 컴퓨터를 해킹하는 데 성공했겠지."

그럴듯한 답이었지만 불충분했다.

"날 죽이는 게 그의 목적이었다면 왜 내게 일을 의뢰했지?"

"널 함정에 끌어들이려고. 그 임무 이후부터 미쳐 가는 기분이었다고 네가 분명 그랬잖아. 그것도 아마 마리옹이 세운 계획의 일부였을 거야."

블랑슈는 무슈 M과의 대화를 곱씹었다. 그녀의 정신 상태가 의문시된다면, 불안해진 나머지 그녀를 제거하려 들기까지 할 사람이 많았다. 그렇게 함으로써 마리옹 팔랭에게는 뒤탈이 남지 않는다. 사냥개가 임무를 제대로 수행하지 못하더라도, 다른 이들이, 그것도 공짜로, 그 일을 맡아 줄 터였다.

"그러니까 네 말대로라면 사냥개는 가방에 스카프를 넣고, 내가 청소를 마친 집에 고의로 불을 지른 다음, 희생자의 손가락을 잘라서 내게 다른 메시지들을 보냈고, 그 모든 게 나로 하여금 정신착란에 빠졌다고 믿게 하려는 목적이었다는 거네."

"나라고 너보다 더 많이 아는 건 아냐, 블랑슈. 하지만 충분히 가능한 이야기 같아."

"그럼 아드리앙은? 그는 이 일과 무슨 관련이지?"

"모르겠어. 부수적 피해겠지. 널 더 괴롭히기 위한 추가적인 요건. 내가 그 여자 머릿속에 들어갔다 나온 건 아니지만, 네 뒤통수에 한 발 쏘아 죽이는 것만으론 성에 차지 않았던 게 분명하니까."

블랑슈는 정상적으로 호흡하려 애썼다. 손 닿는 곳에 약통이 있었지만 그녀는 정신을 무디게 할 화학물질로 도피하길 거부했다. 지난 나흘을 아무것도 잊지 않고 하나하나 되새기려고 했다. 사소한 점 하나하나가 조금이라도 새로운 깨달음을 안겨 줄 수 있었다.

스카프. 사냥개는 어떻게 그 실크 천 조각이 그녀에게 그렇게 엄청난 영향을 주리라는 걸 알았을까? 아드리앙과 그는 오래전부터 아는 사이였지만, 양아버지가 그 이야기를 입에 올렸으리라고는 한순간도 상상할 수 없었다.

그리고 아드리앙은 왜 자기 집에서 도망쳤을까? 그 메시지들이 자신을 향한 거라고 믿게 된 다른 사건이 있었던 걸까?

캉탱, 아니 마리옹은 와트 거리에서 약속을 정하면서 남자친구는 데려오지 말라고 분명히 밝혔다. 그녀가 세드리크의 존재를 어떻게 알았을까? 블랑슈가 뒤를 밟히고 있던 것은 틀림없지만, 누가, 무엇보다 얼마나 오래전부터 그랬을까?

머리가 터질 것 같았다. 이미지들이 스트로보스코프♦처럼 빠르게 눈앞에 떠올랐다. 냉동고에 있던 아드리앙의 휴대전화. 잘린 손가락에 있던 그의 반지. 은반지에 새겨진 어머니의 거의 노골적인 협박. 빛에 대한 엔초 오르티니의 편지. 아드리앙과 관련된 모든 일은 여전히 설명되지 않은 채였다.

♦ 주기적으로 깜박이는 빛을 이용하여 회전하는 물체의 정지 상태를 관측하는 장치.

"앞으로 네가 어떻게 할지에 집중해야지." 세드리크가 차분하게 말했다.

"내가 어떻게 할지?"

"누군가 널 죽이려고 해, 블랑슈. 아드리앙이 사냥개를 제거했지만 그렇다고 다른 이들이 이미 널 노리지 않는다고 볼 수는 없잖아. 거기서 벗어날 방법을 찾아야지."

블랑슈는 슬프게 그를 바라보았다. 아주 오랜만에 처음으로, 그는 '우리'가 아닌 '너'라고 말했다. 지금부터는 혼자서 이 시련과 맞서야 한다는 것을 그는 일깨우고 있었다.

46

　블랑슈는 내키지 않는 심정으로 다음 일에 대비하기 위해 자기 집에 돌아가겠다고 말했다. 세드리크의 대답은 그녀의 느낌을 확인시켜 주었을 뿐이었다. 그들의 동반 관계는 끝나 가고 있었다.

　"하룻밤은 더 머물러도 돼, 그러고 싶다면."

　어찌나 성의 없이 말하는지 블랑슈는 모욕당한 기분이었다.

　"더 폐를 끼치고 싶지는 않아."

　"괜찮아. 난 오늘 밤 약속이 있거든."

　"데이트?" 블랑슈는 농담을 던져 보았다.

　"엄마랑 식사하는 거야!"

　"알겠어. 한 마디로 금요일은 부모님과 함께하는 날이로군!"

　세드리크는 그녀의 유머에 무반응이었다. 자기가 봐도 재밌지 않았다. 어떤 시도를 해 봐도 잘못된 것 같았다. 자신의 퉁명스러움을 깨달았는지 세드리크는 그녀의 맞은편에 앉았다.

"네게 필요한 건 내가 아냐, 블랑슈. 나도 노력했어. 진심이야. 정말로 잘되기를 바랐지만 난 계속할 수가 없어. 너와 가까이 지낸 뒤로 난 완전히 방향을 잃은 기분이야. 내 인생에 약간의 짜릿한 자극이 있으면 신나겠다고 생각했지만, 내가 그럴 깜냥이 안 된다는 걸 잘 알겠어. 이런 일들은 내게 맞지 않아. 이해해 주길 바라."

"이해해." 그녀는 목이 메어 말했다. "걱정할 거 없어. 넌 이미 내게 큰 도움이 됐어. 네가 깨기 전에 떠날 거야."

세드리크는 눈길을 떨구었고 블랑슈는 가슴이 한층 더 뭉클해졌다.

"그건 그렇고 너희 집 잠금장치는 꼭 바꾸도록 해." 그가 화제를 전환하려고 말했다. "아무나 마음대로 드나들 수 있다는 거 알지!"

블랑슈는 그의 노력에 감동받았다. 그저 그를 좀 더 붙잡아 두기 위해 그녀는 대꾸했다.

"맞아, 누가 들어왔었는지 모를 일이지."

"적어도 아나이스의 엄마가 거기 갔었다는 건 알잖아!"

"사냥개나 다른 부하를 보냈을 수도 있잖아."

"아드리앙도 있지."

"아직도 반지를 두고 간 게 아드리앙이라고 생각해?"

"그건 애초에 네 생각이었고 잘못 짚은 것 같진 않아. 아직 살아 있음을 네게 알리려던 거겠지."

"그리고 그의 집으로 가서 사냥개의 시체를 찾아내라고. 그는 내게 가야 할 길을 알려 주려던 거야."

"내 생각도 그래, 확실히"

블랑슈는 이 대화가 마지막이라는 것을 알았다. 자신의 생각을 그와 나눌 수 있다는 것이 너무나 좋았다. 처음에는 세드리크가 아드리앙을 일시적으로 대신하리라 여겼지만, 그런 생각은 이제 사라진 지 오래였다.

그들은 인사를 나누기 위해 동시에 일어섰다. 블랑슈는 그가 자기에게 무엇을 기대하는지 알 수 없었다. 둘 사이의 거리는 1미터에 불과했지만 블랑슈는 손을 흔들었다. 세드리크가 다가와 그녀를 품에 안았다. 그들은 몇 초간 그대로 있었다. 블랑슈는 그의 향기를 한껏 들이마셨다.

"열쇠 두고 갈게." 세드리크가 포옹을 풀며 말했다. "바람을 쐬고 싶거나 뭐 그럴지도 모르니까. 갈 때는 식탁 위에 두면 돼."

문이 닫히는 소리에 블랑슈는 흠칫했다. 고뇌들과 함께 그녀는 다시금 홀로 남았다.

포스트잇으로 이루어진 퍼즐이 여전히 그 자리에 있었다. 블랑슈는 이제 쓸모없어진 자기 작품을 응시했다. 이 아파트에 들어온 이후 너무나 많은 일들이 일어났다. 그녀는 정사각형 종이들을 모아 하나도 남김 없이 버렸다. 그녀에게 관심 있는 정보는 세 가지만 남았고 그녀는 재빨리 적어 두었다. 1. 마리옹 팔랭은 내 죽음을 바란다. 2. 아드리앙은 살아 있다. 3. 나는 미치지 않았다.

그녀는 마지막 두 가지를 소리 내어 다시 읽어야 했다. 거기서 엄청난 안도감을 느끼고 그 말들이 주문 같은 효과를 낼 때까지 몇 번이고 거듭 되풀이했다. 아드리앙이 그녀를 데리러 올 때까지 어딘가에 숨어 있다는 생각에 매달려야만 했다. 그는 이제 그녀가 위험에 처했다는 것을 알았다. 어떻게 된 일인지 알지 못하고 사냥개를 죽였을 리는 결코 없었다. 물론, 사냥개가 덮치는 바람에 본능적으로 행동한 거라면 얘기가 다르다. 정당방위로 그랬던 거라면. 여전히 남은 의심들. 너무나 많은 의문들. 블랑슈는 피곤했다. 그녀는 정신을 맑게 유지하고 싶었다. 약은 해결책이 아니라는 걸 알고 있었다. 감각을 날카롭게 벼려야 했다. 경계 상태를 유지해야 했다. 그녀를 죽이러 올 사람이 경고장을 보내지는 않을 테니까.

마리옹 팔랭은 SNS에서 캉탱처럼 비밀스레 숨어 있지는 않았다. 얼마 전부터 활동이 뜸하기는 했지만 블랑슈는 그녀가 딸이 실종되고 석 달 후에 시작한 블로그를 발견했다. 블로그에서 그녀는 기나긴 날들을, 불면의 밤들을 이야기했다. 누군가 문을 두드릴 때의 희망과 곧장 도로 기운이 빠지는 무기력 상태를. 어느 모로 보나 일기 같았으나, 매일 수십 명의 남녀가 그녀의 글에 댓글을 단다는 점이 달랐다. 그녀와 같은 부모들, 집 나간 아이가 돌아오기를 기다리거나 자식의 죽음을 받아들이지 못하는 부모들. 그 모든 괴로움은 견딜 수 없었다. 블랑슈는 속이 메슥거릴 때까지 그들이 주고받은 글들을 읽었다.

마리옹 팔랭은 직업적 교류 네트워크에도 계정이 있었다. 블랑슈는 아나이스의 어머니가 안식년 중이지만 원래 어느 보험회사의 보험 계리사라는 것을 알아낼 수 있었다. 그녀는 통계와 확률 계산의 전문가였다. 블랑슈는 미소를 짓지 않을 수 없었다. 수학적인 두뇌. 그거야말로 꼭 필요한 것이었다! 이 여자가 블랑슈를 죽이는 것으로 만족하지 못하는 것도 당연한 일이었다.

마리옹 팔랭은 메일 주소를 공개해 두었다. 블랑슈는 그녀에게 연락했을 때의 위험을 계산해 보았다. 블랑슈가 음모의 장본인이 마리옹 팔랭임을 알아냈다는 사실을, 마리옹 팔랭은 아직 알아채지 못했을 수 있었다. 사냥개의 답신이 없으니 분명 방심하지 않고 있겠지만, 블랑슈가 킬러의 휴대전화를 손에 넣었다는 것을 그녀가 어떻게 알겠는가? 아드리앙의 집까지 그녀를 미행했다면 그럴 가능성도 있었다. 그녀의 일거수일투족은 오래전부터 감시당하고 있었다. 다른 한편, 사실 잃을 게 뭐가 있겠는가? 블랑슈는 누군가 그녀의 목에 걸린 살인 의뢰가 취소되었다고 알려줄 때까지 이 아파트에 틀어박혀 있을 수 없었다. 그 순간은 결코 올 리 없었다. 그녀는 착각 따위 하지 않았다.

블랑슈는 필사적으로 압박을 가할 수단을 찾아내려 했다. 마리옹 팔랭의 뜻을 완전히 꺾을 뭔가를. 아드리앙이 고객들로부터 자신을 보호하는 법은 가르쳐 주었지만, 희생자들을 의심하는 법은 일러 주지 않았다. 아나이스는 열일곱 살이지만 어쩌면 수치스러운 잘못을 저질렀을지 몰랐다. 어머니가 입을 다물고 싶어 할 만한, 비난 받을 방법들에 의지했을지 몰랐다. 그렇지만 그 점에 몰두하기에는 너무 늦었다. 아나이스에게 비밀이 있었더라도, 블랑슈가 그것을 파묻어 버렸으니. 어머니 쪽을 직접 공격하는 것 역시 소용없을 터였다. 마리옹 팔랭은 모든 걸 잃었다. 더 이상 무엇도 그녀에게 타격을 입히지 못하리라.

남은 것은 진실함이라는 카드뿐이었다.

블랑슈는 표현 방법에 대해 고민할 필요가 없었다. 굳이 고르지 않아도 말들이 저절로 흘러나왔다. 오 년 전부터 표출되기를 기다린 말들이었다. 블랑슈는 마리옹 팔랭의 용서를 간청하지 않았다. 그건 부적절했다. 그녀는 자신의 후회, 끝내 떨치지 못한 죄의식을 전하는 편을 택했다. 아무런 변명도 꾀하지 않고 어떤 관용도 기대하지 않았다. 그녀는 아나이스의 유령과 더불어 살아가야 마땅했다. 선택을 했고 그 결과를 감수해야 했다. 물론 그녀가 쓴 문장 어디에도 유죄의 증거가 될 만한 부분은 없었다. 사정을 아는 이만이 무슨 뜻인지 알 수 있었다. 마리옹 팔랭에게 문제를 법정으로 가져갈 생각이 없는 것은 명백했고, 캉탱의 운명이 그 증거였지만, 메일이 가로채이지 않으리라는 보장은 없었다. 신중해야 했다. 블랑슈는 고백문의 마지막을 제안으로 마무리했다. 마리옹 팔랭에게 만나서 아나이스가 어디 있는지 알려 주겠다고 제의했다. 정확한 위치를 가르쳐 줄 수는 없지만 함께 갈 용의가 있었다.

그녀는 마지막으로 메일을 다시 읽어 보고, 전부 지우려 했다. 마음을 완전히 정하지 않았는데 손가락이 발송 버튼을 눌렀다.

블랑슈는 이 자백이 자신의 운명에 아무런 영향도 끼치지 못할 것을 알았고, 그러길 바라지도 않았다. 그것을 작성한 이유는 양심이 그러길 요구했기 때문이었다. 그리고 아드리앙을 구할 수 있는 유일한 기회였기 때문이었다.

47

메일 도착 알림에 블랑슈는 잠에서 깼다. 저녁 아홉 시밖에 안 되었지만 최근의 발견들이 강력한 마취제 효과를 냈다. 적어도 아직은 자신이 미치지 않았음을, 캉탱의 죽음에 아무런 책임이 없음을, 이 혼란스러운 상황이 끝나가고 있음을 알게 된 것은 귀중한 위안이었다. 세드리크가 등을 돌린 것은 아쉬웠지만 극복할 것이다. 두려움을 극복한 것처럼. 전투에서 승리한 기분이었지만, 전쟁의 결말에 대해서는 일말의 헛된 기대도 없었다. 그녀는 머지않아 죽는다. 정해진 일이었다. 그녀에겐 킬러를 피할 재간이 없었다. 놀랍게도 두렵지 않았다. 심지어 약간 근사한 일이며 차마 바라지 못했던 탈출구로 여겨지기까지 했다. 한창때에 능력을 고스란히 간직한 채 죽는 것이었다. 아드리앙에게 막중한 부담이 될 일은 결코 없을 터였다.

그녀는 컴퓨터를 확인하려고 소파에 앉았다. 목이 뻐근했는데, 편안한 자세를 취하기도 전에 소파에서 잠이 들었다는 증거였다. 정신은 아직도 느릿느릿 돌아갔다. 무감각함에서 벗어나기 위해 두 손으로 얼굴을 세게 문질렀다. 마리옹 팔랭의 답장을 읽는 순간, 행동할 준비를 해야 한다는 것을 알았다.

메일 발신 주소는 그녀가 고백문을 보낸 주소가 아니었다. 그리고 제목도 나와 있지 않았다.

마리옹 팔랭이 보낸 메시지가 아니라는 것을 이해하기까지는 잠시 시간이 걸렸고, 그 메시지의 중요성을 파악하기까지는 더 오래 걸렸다.

언뜻 보기에 그것은 꼭 스팸메일 같았다. 거짓말투성이 광고의 수법이 전부 들어 있었다. 아메리카 에어라인에서 올랜도Orlando로 가는 여행에 당첨되었음을 알리는 내용이었다. 메일에는 그녀의 이름이 명시되어 있었다. 상품을 받으려면 지정된 휴대전화 번호로 생년월일을 적어 문자 메시지를 보내기만 하면 됐다.

분별 있는 사람이라면 누구라도 그 말에 따르지 않고 메일을 삭제할 것이었다. 블랑슈만 빼고. 그 메일은 독특한 방식으로 그녀에게 보내진 것이었다.

카드 게임, 특히 포커를 즐기는 이들에게, 아메리칸 에어라인은 에이스 두 장을 가리키는 은어였다. 아드리앙이 가르쳐 주지 않았다면 블랑슈는 몰랐을 것이다. "A가 두 개잖니." 그는 말할 필요도 없는 것을 굳이 설명하더니, 아이처럼 미소를 지으며 덧붙였다. "내 이름이랑 똑같지!" 그날부터, 그는 이따금 메일에 항공사 이름으로 서명을 했다. 아드리앙 알베르티니Adrian Albertini 대신 아메리칸 에어라인American Airlines 이라고.

블랑슈가 놓칠 리 없었다. 다른 단서라면, 메일에서 제안하는 목적지였다. 오를란도Orlando 는 아드리앙 아버지의 이름이었다.

첫 단어들을 읽자마자 눈물이 흘렀다. 아드리앙은 살아 있었다. 더 이상 소망이나 불확실한 추측이 아니었다. 소리쳐 기뻐하고 싶었다. 그녀는 내용 전체를 매우 주의 깊게 다시 한번 읽었다.

아드리앙은 연락할 방법을 알려 주었다. 그런데 두 가지 조건을 내걸었다. 그에게 연락하는 순간 혼자여야 하며, 전화가 아니라 메시지로 대화해야 했다. 이 두 번째 조건에 속이 바싹 탔다. 블랑슈는 너무도 그와 말하고 싶고, 그의 목소리를 듣고 싶었다. 게다가 왜 그렇게 신중을 기하는지 이해할 수 없었다. 전화가 도청당할까 겁내는 거라면, 문자로 대화를 나누는 것도 똑같이 부주의한 짓이었다. 그럼에도 그의 뜻을 존중하여 자기 생년월일을 보냈다.

십 초 후, 그녀는 아드리앙의 첫 메시지를 받았다. 이번에는 암호문이 아니었다.

— 혼자 있니?
— 하라는 대로요! 무사하세요?
— 살아 있다. 너는?
— 지금은 좀 낫지만, 누군가 날 죽이려는 것 같아요.
— 알고 있다.

블랑슈는 이 무뚝뚝한 대꾸에 섭섭했지만 이내 아드리앙이 문자 메시지에 익숙하지 않다는 사실을 떠올렸다. 그는 자신의 굵은 손가락으로는 자판 터치가 쉽지 않다고 투덜거리곤 했다. 그녀는 참을성 있게 기다렸고 답장이 두 차례에 나뉘어 오는 것을 보고 마음 놓았다.

─ 널 거기서 구하려고 노력했지만 성공하지 못했어. 미안하다.

블랑슈는 메시지의 내용을 완전히 이해한 건지 확실하지 않았다.

─ 사냥개를 말씀하시는 거예요?
─ 사냥개는 죽었어.
─ 알아요. 제가 발견해서 치웠어요.
─ 네가 해낼 줄 알았지.

블랑슈는 웃었다. 아주 오랜만에 겪는 다정함이었다. 이제 모든 게 잘될 것이다. 그녀는 알았다.

─ 보고 싶어요. 어디 계세요?
─ 말할 수 없다. 너무 위험해.
─ 제가 킬러에게 제거당하는 것보다 더 위험해요?
─ 농담이 아니야. 우린 신중해야 해.

블랑슈는 자기가 투정을 부리다가 거절당한 어린애 같다고 여겼지만, 그렇게 쉽게 포기할 생각은 없었다.

— 저도 농담하는 거 아니에요. 꼭 봐야겠어요.
— 우선 이 문제를 해결해야 해.

그녀는 자신이 그의 곁에 있어야 더 도움이 되리라는 것을 입증해야 했다.

— 누가 절 해치려는지 알 것 같아요.
— 마리옹 팔랭. 나도 알고 있다.

블랑슈는 두 눈을 믿을 수가 없었다. 어떻게 알았을까? 그는 아나이스에 대해서도 모르는데.

— 사냥개에게 들었어요?
— 얘기하자면 길다. 나중에 설명해 주마. 그때까지 넌 몸을 숨겨야 해.
— 지금 친구 집에 있어요.
— 누가 뒤를 밟지 않은 게 확실하니?

알 수 없는 일이었다. 최근 며칠을 생각해 보면 충분히 가능했다. 근거 없이 그를 놀라게 하고 싶지는 않았지만 어쩌면 그의 고집을 꺾을 기회인지도 몰랐다.

─그런 것 같지는 않아요. 최악의 경우가 생기더라도 혼자 있는 건 아니니 괜찮아요.

─혼자라고 했잖니!

블랑슈는 문자 대화가 질색이었다. 빠르게 친 몇 단어로는 늘 모든 걸 설명하기 부족했다.

─지금은 여기 없는데 곧 돌아올 거예요.

─누군데?

─아드리앙은 모르는 친구예요.

─그 집 주소를 알려 주렴. 모든 게 끝나자마자 데리러 가마.

주소를 입력하던 중 블랑슈는 별안간 멈췄다. 그녀는 상대가 아드리앙이 맞다는 확실한 증거도 없이 오 분 동안 문자 메시지를 주고받았다. 한 줄기 공포가 그녀를 사로잡았다. 왜 직접 보거나 이야기하길 거부할까? 그녀는 세드리크의 주소를 지우고 대신 질문을 작성했다.

─내가 제일 좋아하는 음식이 뭐죠?

답은 더디게 왔고 블랑슈는 이마에 식은땀이 솟는 것을 느꼈다.

─로마풍 뇨키.

— 왜 이렇게 오래 걸렸어요?

— 왜냐하면 어릴 때 너는 볼로냐식 스파게티를 더 좋아했으니까.

블랑슈는 눈을 감고 폐를 짓누르던 공기를 마침내 내보냈다. 더 머뭇거리지 않고 주소를 작성해 보냈다. 아드리앙이 답장하기까지 마치 영원처럼 느껴지는 시간이 흘렀다.

— 누구 집에 있는지 말해 주겠니?

블랑슈는 그가 거듭 묻는 게 재밌었다. 어머니가 사망한 이후, 문을 나서면서 남자 친구들과 놀러 나간다고 그에게 외치던 시절이 떠올랐다. 아드리앙은 지치지도 않고 그녀를 붙들어 친구 각각의 이름을 묻곤 했다. 이번에는 쟁점이 달랐고 그녀는 그에게서 말싸움의 수고를 덜어 주었다.

— 세드리크 콜랭의 집이에요. 바르드의 조카요.

메시지 작성 중을 알리는 점 세 개가 여러 차례 사라졌다가 나타났다. 블랑슈는 수많은 질문이 떠올랐지만 참을성 있게 기다렸다. 아드리앙의 메시지가 떴을 때, 블랑슈는 사방의 벽이 자신을 덮쳐 오는 기분이었다. 아드리앙은 이야기하는 게 아니었다. 그는 고함을 쳤다.

— **도망쳐라 블랑슈. 내 말 알겠니. 도망쳐.**

48

"미시간, 미시시피, 미주리, 몬태나…." 블랑슈는 여전히 손에 휴대전화를 쥐고 몸을 앞뒤로 흔들며 화면을 뚫어져라 쳐다보면서 한 줄도 읽지 못하고 있었다. 아드리앙은 그녀가 공황에 사로잡혔음을 짐작했고, 신호음이 일정한 간격으로 아파트 안에 울렸다.

"네브래스카, 네바다, 뉴햄프셔…." 블랑슈는 현실로 돌아오려고 최선을 다했다. 주 이름을 열거하는 것이 효과를 낼 것이다, 그래야만 했다. 정신을 통제할 수 있을 것이다, 자신을 믿어야 했다. 그저 인내를 발휘해야 했다. 발작이 악화되게 놔둬서는 안 된다.

메시지 도착 알림이 더 격해졌다. 블랑슈는 아드리앙이 멈추지 않기를 기도했다. 그 신호들은 바다 위의 구명대와 같았다. 결국은 하나를 붙들고야 말 것이다. 전화벨 소리에 그녀는 소스라치게 놀랐다. 휴대전화를 놓쳐 마룻바닥에 떨어뜨렸으나 부서지지는 않았다. 감히 주워들 수가 없었다. 감정이 한 번만 더 요동치면 끝장일 터였다.

블랑슈는 멀리서 화면을 지켜보고 아드리앙이 마침내 말을 하기로 결심했다는 것을 확인했다. 그가 대책을 찾아냈다. 그녀의 모든 병의 해독제. 흉곽을 조이던 바이스의 톱니가 즉시 풀렸다. 블랑슈는 공기를 크게 들이마셨다.

"블랑슈?"

블랑슈는 말소리를 낼 수 있는 상태가 아니었다. 아드리앙은 마치 그녀 맞은편에 있는 것처럼 말했다.

"내 목소리에 집중해라, 블랑슈. 숨 쉬어. 내 말 들리니? 숨 쉬어."

아드리앙이 블랑슈가 그렇게 하는지 확인할 방법이 전혀 없는데도, 블랑슈는 그 말에 따랐다.

"이제 자세를 펴렴. 몸을 곧게 세우길 바란다."

이번에도 그녀는 그대로 했다.

"숨을 크게 들이쉬었다가 십 초 동안 호흡을 참도록 해라."

아드리앙은 카운트다운을 시작했다.

"다 됐다. 천천히 공기를 내보내. 모조리. 마지막에는 기침하는 소리가 들렸으면 한다. 그래, 잘했어. 이제 말을 해 보렴."

"......"

"블랑슈?"

"저 여기 있어요."

블랑슈는 그가 자기를 안심시켜 주길 바랐다. 마지막 문자 메시지는 그녀에게 보낸 게 아니었다고 말해 주기를. 모든 게 잘 될 거라고 말해 주길 바랐다. 위험은 피했다고. 무엇보다도 그가 거기에, 자기 곁에 있었으면, 품에 안아 주었으면 했다.

"당장 떠나야 한다, 블랑슈. 거기에 계속 있으면 안 돼."

아드리앙은 침착하게 말했지만 그 어조는 단호했다. 협상의 여지가 전혀 없었다.

"왜요?"

"날 믿으렴. 그 아파트에서 떠나야 한다. 네 집으로 가. 거기서 만날 방법을 찾으마."

"무슨 일인지 말해 줘요!"

"설명하자면 너무 길어. 세드리크는 마리옹 팔랭과 한패야. 네가 지금 알아야 할 것은 그것뿐이야."

블랑슈는 귀에 들리는 말을 믿을 수가 없었다. 받아들이고 싶지조차 않았다. 세드리크에게 연락한 건 그녀였다. 여기에 오기로 결심한 것은 그녀였다. 그가 한 일이라고는 그녀를 따라다닌 것뿐이었다. 진실을 찾도록 도와준 것뿐이었다.

"그에 대해 오해하신 것 같아요." 그녀는 더듬거렸다.

"그랬으면 얼마나 좋겠니, 블랑슈! 하지만 그게 진실이다. 그곳을 떠야 해, 그것도 빨리. 전화 끊지 않으마. 네가 그 아파트에서 떠나는 소리를 듣고 싶구나."

아드리앙은 계속해서 그녀에게 말을 했지만 블랑슈는 한쪽 귀로 흘려듣고 있었다. 그의 말은 그녀를 안심시키기 위한 단어의 조합일 뿐이라는 걸 알았다. 정신은 다른 주제들에 붙들려 있었다. 그녀는 세드리크와 함께 나누었던 모든 순간들을 되새겨 보려 했다. 머릿속이 복잡하게 뒤엉킨 가운데, 짐을 챙기기 위해 손님용 침실로 갔다. 기계적으로 몸을 움직이면서 머릿속으로는 지난 며칠의 여정을 되짚었다.

세드리크는 그녀가 아드리앙의 납치범과 연락하도록 도왔다. '멍청한 소리 하지 마!' 그녀는 곧 화를 냈다. '네가 대화를 주고받은 건 납치범이 아니라 마리옹이었어!' 아드리앙의 말이 옳다면, 세드리크는 참으로 재미있어했을 게 틀림없었다.

그녀는 침실에서 나와, 손에 세면용품 가방을 들고 주방으로 갔다. 약은 커피포트 옆에 있었다. 애초에 그럴 리 없었다는 머릿속의 속삭임이 들렸다. 블랑슈는 상황을 완전히 파악하기 시작했다. 세드리크가 그녀의 정신에 장난을 치려고 했던 게 분명했다. 그는 거짓말을 했다. 약은 핸드백에 넣어 두었던 게 맞았다. 분노 덕분에 기운이 솟았다.

다시 거실로 나와 재빠르게 방을 점검했다. 남겨 두었던 마지막 포스트잇들을 버리고 컴퓨터를 챙겼다.

세드리크는 아파트에서 기절해 있는 그녀를 발견하고 캉탱의 시체를 처리하는 것을 도왔다. '생각해, 블랑슈, 망할, 생각을 좀 해 봐! 왜 그가 하필 그 순간에 들이닥쳤을까? 네가 제대로 반응했는지 확인하기 위해서야!'

아드리앙은 계속 말하고 있었다. 블랑슈는 그에게 자기가 무엇을 하고 있는지 알렸지만, 생각들은 머릿속에 간직한 채 말하지 않았다.

세드리크는 자기가 휴대전화를 들고 있을 때 사냥개가 마리옹의 메일을 받도록 계획했을까? 그럴 리 없다. 임기응변이었을 것이다.

블랑슈는 더 이상 그의 행동을 정당화하려 들지 않았다. 의심 하나하나를 확신으로 바꾸었다.

세드리크가 고집하지 않았다면 르발루아-페레 묘지에 가는 일은 없었을 것이다. 그는 그녀가 혼자서 스테판 팔랭의 무덤을 향해 가도록 했다.

'확실해? 그 통로를 고른 건 그였어! 그리고 넌 강아지처럼 졸졸 따라갔지!'

머리가 다시 빙빙 돌았고 그녀는 아드리앙의 목소리에 집중했다.

"네 소리가 안 들리는구나, 블랑슈. 여전히 거기 있니?"

"여기 있어요."

"지금 뭘 하고 있는지 말해 주렴."

블랑슈는 발치에 가방을 둔 채 거실 한복판에 우뚝 서 있었다. 더 움직일 수가 없었다.

"떠나야 한다, 지금."

"세드리크의 물건을 뒤져 보면 어떨까요?" 그녀가 다시 정신을 차리고 물었다.

"무엇 하러?"

"저도 몰라요! 어쩌면 날 죽이기 위해 누구를 고용했는지 알아낼지도 모르죠. 다른 거라도. 뭐라도요."

"시간이 더 없다. 그런 것 없이도 어떻게든 될 거야. 넌 거기서 나와야 해!"

그의 말은 선고처럼 울렸다. 그녀는 전화기를 귀와 어깨 사이에 끼고 문 쪽으로 갔다.

블랑슈는 자유로운 두 손가락으로 손잡이를 움직였지만 문은 열리지 않았다. 짐을 내려놓고 다시 해 보았다. 결과는 똑같았다. 문은 잠겨 있었다. 그녀는 외투를 걸친 채 땀을 흘리기 시작했다.

"갇혔어요." 그녀는 날카로운 소리로 말했다.

"뭐?"

"그가 날 가뒀어요, 아드리앙. 나갈 수가 없어요."

"진정해라. 생각해 봐. 다른 출구를 본 적 없는지."

블랑슈는 숨을 크게 내쉬고 집중했다. 이렇게 멍청했던 스스로가 저주스러웠다.

"열쇠!" 별안간 그녀는 말했다.

"열쇠라니?"

"열쇠를 두고 갔어요!"

그녀는 거실로 뛰어가 낮은 테이블 위에 잘 보이게 놓인 열쇠 뭉치를 집어 들었다. 문 앞에 다다랐을 때에는 숨이 거칠었다. 손이 떨린 나머지 여러 번 되풀이한 끝에야 열쇠를 꽂았다.

"안 맞아요!" 그녀가 외쳤다.

"무슨 말이냐, 안 맞는다니!"

"열쇠를 꽂기는 했는데 열리지가 않아요!"

"숨 쉬어라, 블랑슈. 제대로 꽂은 게 분명하니?"

블랑슈는 할 수 있는 한 침착하게 숨 쉬면서 다시 시도했다. 그럼에도 명백한 사실과 마주해야 했다. 열쇠는 맞지 않았다. 세드리크가 그녀를 감금한 것이다.

49

아드리앙은 블랑슈에게 침착함을 유지하라고 명령했지만 효과를 기대하지는 않았다. 블랑슈는 스트레스를 억누르며 그의 모든 질문에 객관적으로 답했다. 그랬다, 주방에 비상계단으로 통하는 다른 문이 있지만 열 수가 없었다. 문은 잠겨 있었고 맞는 열쇠는 하나도 없었다. 창문으로 나갈 수는 없었다. 그녀가 있는 곳은 5층이었고 몸을 숨길 돌출부나 붙잡고 매달릴 빗물받이 홈통은 없었다. 그 층에 다른 집은 없고 도와 달라고 소리치는 건 아무래도 신통하지 않았다. 경찰이 들이닥쳐서 좋을 건 전혀 없었으니까.

아드리앙은 더 이상 선택의 여지가 없었다.

"내가 널 데리러 가마." 결국 그는 말했다. "넌 한 시간만 버티면 돼. 최대 두 시간."

블랑슈는 손목시계를 보고 머릿속으로 카운트다운을 시작했다.

"어디 계신지는 여전히 말 안 할 거예요?"

"그건 중요치 않아. 최대한 빨리 갈게, 약속하마."

"그 전에 세드리크가 돌아오면요?"

"그는 네게 아무 짓 안 할 거야. 살인자는 아니니까."

"어떻게 그렇다고 장담할 수 있어요?"

"그냥 안다, 그뿐이야!"

블랑슈는 그의 신탁 같은 대답들에 지쳤다.

"나중에 어떻게 된 건지 말해 주긴 할 거죠?"

"만나면 전부 설명해 줄게."

블랑슈는 우겨 봐야 소용없다는 것을 알았다. 그럼에도 하릴없이 두 시간을 기다려야 한다는 사실을 받아들이기 힘들었다.

"바르드는요?" 그녀가 희망에 차 말했다.

"바르드가 뭐?"

"그는 조카랑 한통속이 아닌 게 확실해요. 그에게 여벌 열쇠가 있어요."

"네가 어떻게 아니?"

일 년 전, 바르드는 그녀가 시간 맞춰 마리화나 화분을 모조리 없애도록 열쇠를 주었었다. '그리고 전화도!' 블랑슈는 즉시 떠올렸다. '바르드가 내게 일회용 휴대전화를 주면서 일이 어떻게 돌아가는지 알도록 세드리크에게 전해 주라고 했지.' 캉탱의 주머니에서 발견했던 휴대전화였다. 이제 납득이 갔다. 직접 심 카드를 삽입했던 기억이 났다.

"블랑슈? 아직 거기 있니?"

"있어요!" 그녀가 기운을 되찾고 말했다. "바르드에게 전화를 걸어야겠어요."

"좋은 생각 같지는 않구나." 아드리앙이 난처한 듯 대꾸했다.

"왜요? 그와는 늘 좋은 관계를 유지해 왔어요."

말을 마치자마자 블랑슈는 무엇이 문제인지 깨달았다.

"날 믿지 않겠군요, 그렇죠? 내가 미쳤다고 생각할 거예요. 그것도 다 아드리앙 덕분에!"

"미안하구나 블랑슈. 널 지키기 위해 그랬다."

"그것도 나중에 설명해 주시겠죠…."

"약속하마!"

"지금부터 두 시간 후면 전 아마 죽어 있을 거라는 게 문제죠!" 그녀는 차갑게 말했다.

"세드리크는 아무 짓 안 할 거야. 날 믿으렴. 기껏해야 자기가 연루되었다는 걸 네가 알게 되었음을 깨닫고 마리옹의 지시를 받기 위해 그녀에게 연락하겠지. 그 여자가 널 없앨지 말지 결정할 거다. 그러려면 그녀는 킬러를 파견해야 해. 그러기까지는 시간이 걸린다. 많이는 아니지만 내가 널 찾으러 가는 시간보다는 오래 걸릴 거야."

"그럼 그때까지 전 뭘 해야 하죠?"

"네 짐을 전부 제자리에 돌려놓으렴. 내가 연락하지 않은 것처럼 행동해."

"말은 쉽죠!"

"내 말 잘 들어라, 블랑슈! 그로 하여금 떠난 후로 아무것도 달라지지 않았다고 믿게 해야 해. 네 마음 상태가 여전히 똑같다고."

"그는 내가 내일 아침까지는 있어도 되지만 그 뒤엔 가야 한다고 말했어요."

"그건 네 신뢰를 유지하기 위해서였어. 네가 마리옹 팔랭의 의도를 간파했다면 그의 정체가 밝혀지는 것도 머지않았을 거다."

"해답을 내게 일러준 건 그였어요."

"그렇다면 마리옹 팔랭의 계획이 끝나 가는 거로군."

"별로 안심이 되는 말은 아닌데요."

"내가 연락했을 때 넌 뭘 하고 있었니?" 그가 말을 돌렸다.

"소파에서 자고 있었어요."

"그럼 그 자세로 도로 누워서 그가 돌아올 때까지 움직이지 말거라. 혹시 아니, 널 깨우는 게 내가 될지."

블랑슈는 대화가 끝나 간다는 것을 깨달았다. 준비는 되지 않았지만 준비된 순간은 결코 오지 않으리라는 것을 알았다. 그녀는 마지막인 것처럼 그에게 인사를 했다. 아드리앙은 그저 "좀 이따 보자"라고만 했다.

블랑슈는 약을 커피포트 옆에 도로 갖다 놓고, 짐을 풀어 세드리크가 보지 못했던 포스트잇 세 장까지 제자리에 돌려놓았다. 다시 짐을 푸는 일에 그렇게나 노력이 필요할 줄은 몰랐다. 마치 아드리앙이 사형 집행인의 일을 수월하게 하기 위해 목을 쭉 뽑으라고 요구한 듯한 느낌이었다.

그녀는 소파에 앉았으나 잠을 청하지는 않았다. 어쩌면 몇 시간밖에 살 시간이 남지 않았고, 어떤 이들과는 달리 자다가 죽는 건 그녀의 소원이 아니었다. 컴퓨터를 켜고 정신을 팔 만한 주제를 찾았다. 힘겨운 일이었다. 별생각 없이 그녀는 검색엔진에 캉탱의 이름을 넣었다. 자신의 순진함이 한 번 더 눈에 들어왔다. 캉탱은 세드리크가 말했던 은둔하는 젊은이가 아니었다. 그녀는 이를 굳이 확인하지도 않았다. 뭐 하러 그랬겠는가? 세드리크가 그녀를 돕기 위해서라면 무슨 짓이든 할 것처럼 속이는 데 성공했는데.

캉탱의 페이스북 프로필은 공개되어 있었다. 그녀는 그에겐 친구가 적지 않았고, 만족스러운 삶을 살았음을 볼 수 있었다. 캉탱은 일하고, 놀러 나가고, 여행을 다녔다. 애인이 없는 상태라고 나와 있었지만 사진을 보면 그래서 힘들어하기는커녕 한껏 즐기는 듯했다. 그는 파리 정치대학에서 학위를 받았다. 블랑슈는 기뻐해야 할지 알 수 없었다. 결국 그녀가 그의 여자친구의 시체를 숨기기로 수락한 건 그가 그런 삶을 누리게 하기 위해서였으니까. 아나이스에 대한 암시는 전혀 없었다. 이따금 생각했다 해도, 마음속에만 담고 있었던 모양이었다.

'이건 말이 안 돼!' 블랑슈는 갑자기 깨달았다. 캉탱이 어째서 모든 것을 잃을 위험을 무릅쓰고 마리옹을 만나러 갔을까? 그는 너무나 행복해 보였다. 물론 SNS는 일그러진 거울이며 실제와 다른 인생을 만들어 내기에 이상적인 도구였지만, 블랑슈는 그의 눈에서 일말의 슬픔도 읽을 수 없었다. 죄의식은 말할 것도 없었다. 시간을 들여 이 년 전까지 피드를 거슬러 올라갔다. 장인이 될 수도 있었던 이의 죽음을 캉탱은 단 한순간도 언급하지 않았다. 배경의 촛불 사진이나 인생의 중요한 가치들에 대한 포스트도 없었다. 캉탱은 게 시물을 올리는 데 딱히 수줍어하는 것 같지 않았다. 불행을 겪어 힘들었다면 어떤 식으로든 티를 냈을 것이다.

그녀는 캉탱이 마리옹을 찾아가 자신의 죄를 고백했다고 단단히 믿었지만, 사실 그 생각은 세드리크에게서 나온 것이었다. 블랑슈는 그의 말을 글자 그대로 떠올렸다. "내게 그런 일이 일어났다면, 난 분명 그렇게 했을 거야!" 마리옹을 추적에 나서게 한 게 캉탱이 아니라면, 누구였을까? 그리고 세드리크는 몇 번이나 그녀를 잘못된 길로 이끌었을까? 맨 처음부터 다시 시작해야 했다. 진실과 거짓을 분류해야 했다.

자물쇠가 열리는 소리를 들었을 때, 그녀는 그럴 시간이 없을 거라고 씁쓸하게 생각했다.

50

블랑슈는 현관 바닥을 딛는 세드리크의 발소리를 들었다. 그녀
는 진짜처럼 보이길 바라며 미소를 굳혔다. 고막에서 심장 뛰는 소
리가 울렸다. 세드리크가 혈관을 통해 심장의 불규칙한 맥박을 알
아차릴까 두려워 그녀는 터틀넥을 매만졌다. 허벅지에 손을 반듯하
게 얹은 채, 최대한 열의를 보이며 그를 맞이했다.

"벌써 오는 거야? 다시 보지 못할 줄 알았어."

"어떤 자리인지 알잖아⋯."

"엄마랑 식사하는 거? 잘 몰라. 사실 너무 오래된 일이라 기억이
안 나."

"미안." 그가 그녀 맞은편 안락의자에 주저앉으며 말했다. "그런
말 하려던 게 아니었어."

"알아, 신경 쓰지 마. 농담한 거야."

"아주 기운이 넘쳐 보이는데!"

"그 정도는 아니야." 그녀는 기지개를 켜며 하품하는 척했다. "막 자러 가려던 참이었어."

"벌써? 열 시도 안 됐어."

"내일 일찍 떠나고 싶어서."

"있잖아, 내가 얘기했던 거 말인데, 곰곰이 생각해 봤어. 네가 있고 싶은 만큼 오래 있어도 괜찮아. 여기 있으면 더 안전할 거야."

'그러시겠지!' 블랑슈는 미소를 잃지 않으며 생각했다. 그러니까 그게 마리옹 팔랭의 지시였다. 그녀에게 간수를 붙여 가둬 두는 것. 블랑슈는 그의 심기를 거스르지 않고 경계심은 더더욱 불러일으키지 않기 위해 수를 써야 했다.

"나도 네가 했던 말 다시 생각해 봤는데 네 말이 맞아. 내게 널 이 사건에 끌어들일 권리는 없어. 그랬던 게 후회스러워."

"그런 말 마."

"아니야, 정말이야! 넌 그보다 나은 대접을 받아야 마땅해. 그리고 혹시 알아, 이 모든 일이 끝나면 네가 말했던 저녁 식사를 함께할 수 있을지!"

블랑슈는 자기 눈이 자기가 의도하는 대로 빛나길 바랐다. 어쨌든 세드리크는 그녀의 말을 믿는 것 같았다. 그가 어떤 대응책을 찾아낼까 궁금했다.

"이렇게 하자." 그가 일어서며 말했다. "맛있는 차를 끓여 올게. 내일 아침 네가 일어나면 그때 다시 이야기하자. 어떻게 생각해?"

'네가 분명 내 차에 약을 타서 네가 결정할 때까지 재워 두려는 거라고 생각하지!' 블랑슈는 그렇게 대꾸하고 싶었으나 간신히 참았다.

"좋은 생각이야!"

좀 지나치게 열을 올린 듯했으나 블랑슈는 걱정하지 않았다. 이 밤은 그들이 함께하는 마지막 밤이었다. 조금 부자연스러운 것도 당연했다.

세드리크는 블랑슈를 혼자 거실에 남겨 두었다. 그는 위험의 여지를 남겨두지 않았다. 블랑슈는 그가 열쇠로 문을 다시 잠그는 소리를 들었다. 열쇠를 잠금쇠에 그대로 두었을 가능성은 거의 없었고 확인하기 위해 현관으로 간다면 그가 즉시 알아차릴 터였다. 마룻장 하나하나가 발을 디딜 때마다 삐걱거렸다. 그는 주방에서 나오지 않아도 그녀의 움직임을 감시할 수 있었다. 한 시간, 최대 두 시간. 그때까지만 버티면 되었다.

그녀는 이미 다음 행동을 예정해 두었다. 세드리크가 김이 오르는 머그잔을 가져오면 오 분 동안 입김을 불며 시시콜콜한 잡담을 한다. 그다음에는 더 이상 못 버티겠다는 핑계를 대며 잔을 침실로 가져간다. 목소리와 손이 떨리지만 않는다면 세드리크는 믿을 것이다. 일단 손님용 침실에 들어가면 아드리앙이 구하러 올 때까지 기다리기만 하면 된다. 그 부분이야말로 가장 상상하기 어려웠다. 아드리앙은 76세이고, 손가락은 관절염으로 고생이며 방광 때문에 자유롭게 움직일 수 있는 시간은 고작 네 시간에 불과했다. 은퇴한 노인이 영웅 노릇을 하는 건 영화에나 나오는 이야기다.

세드리크가 주방에서 이따금 이것저것 잡담을 걸었다. 그녀는 태연한 어투로 대꾸했다. 적어도 그러려고 노력은 했다. 저녁 시간을 어떻게 보냈는지 묻고 자기는 어땠는지 이야기한 후 조사에 진전이 있었느냐고 물었다.

"별로." 그녀는 거실에서 외쳤다. "너무 피곤해서 제대로 생각이 안 되는 것 같아. 내일이면 더 명확해지겠지."

"분명 그럴 거야. 마리옹 팔랭에게 연락할 작정이야?"

그 질문은 덫이었고 블랑슈는 걸려들 의향이 없었다. 세드리크는 그녀가 마리옹에게 보낸 메일을 알고 있음이 분명했다.

"인터넷에서 메일 주소를 찾았어." 그녀는 자신 있게 말했다.

"메일 쓸 거야?"

"벌써 했지!"

"정말? 뭐라고 썼는데?"

'모르는 척하긴!' 블랑슈는 속으로 구시렁거렸다.

"만나자고 제안했어." 그녀는 그렇게만 말했다. "관심을 보일지 두고 봐야지."

"위험할 수도 있을 텐데."

'여기 있는 것보단 덜하지!'

"어쩌면 그 메일 주소를 확인조차 하지 않을지도 몰라. 그건 업무용 메일인데, 당분간 일을 쉰다고 나와 있더라고."

"내가 다른 주소를 알아볼까?"

"귀찮게 그럴 거 없어. 지금부터는 나 혼자 해 나갈 거야."

세드리크가 머그잔 두 개를 들고 다시 나타났다. 그녀 쪽으로 오던 그의 시선이 창문 하나의 창턱에서 멎었다. 뭔가가 잘못됐다. 그의 겉치레뿐인 미소가 사라졌다. 블랑슈는 소파 위에서 몸을 조금 내밀어 무엇이 그를 불편하게 했는지 보았다. 몸이 굳어지는 와중에, 그녀의 온몸과 마음이 달아나서 숨으라고 외쳤다.

예비 열쇠 뭉치가 창문 아래에 떡하니 놓여 있었다. 급히 서두르는 바람에 블랑슈는 열쇠를 세드리크가 놔둔 자리에 갖다 놓는 것을 잊었다. 최대한 빨리 위치가 바뀐 이유를 찾아내야 했지만 그럼에도 세드리크가 반응을 하기까지 기다려야 했다. 변명을 늘어놓는다는 인상을 줘서는 안 됐다. 세드리크는 아무 일 아닌 듯 계속 걸어오면서 바로 열쇠를 집어 들었다. 그는 다시 입술에 미소를 띤 채 찻잔을 건네고 앉았다.

"약을 먹었나 보네?" 그가 대수롭지 않은 투로 말했다.

블랑슈는 놀라움을 감추지 못했다.

"약상자 말이야!" 그가 운을 떼며 차에 입김을 불었다. "놓인 방향이 달라졌어."

"눈썰미가 좋네." 그녀가 쌀쌀맞게 말했다.

그는 웃었고 그 웃음소리에 그녀는 피가 얼어붙었다.

"걸리적거리지 않게 커피포트 왼쪽에 놓았거든."

"그 정도로 까다로운 줄은 몰랐는걸." 블랑슈는 대꾸했다. 대화가 흘러가는 방향이 마음에 들지 않았다.

"네가 날 파악할 만큼 우리가 오래 같이 지낸 건 아니니까. 그래서?"

"그래서 뭐?"

"약 먹었어?"

"그게 중요해?"

"전혀! 난 그냥 마지막 밤을 기념하며 같이 조인트를 피우자고 하고 싶었어. 그렇지만 이미 약을 복용했다면 안 그러는 게 좋겠지."

블랑슈는 무엇이 되었든 피우고 싶은 마음은 전혀 없었다. 절대적으로 맑은 정신을 유지해야 했다.

"아쉽네." 그녀는 어깨를 으쓱하며 말했다. "그것도 신날 텐데. 하지만 맞아, 난 약을 먹었어."

세드리크는 안락의자에 깊숙이 몸을 파묻었고 그의 미소는 육식동물의 표정으로 변했다.

"거짓말 잘 못한다는 소리 듣지 않아?"

5 1

세드리크는 나가기 전 알약의 수를 세어 두었다. 블랑슈는 그 생각을 했어야 했다. 눈가에 눈물이 고였지만 그의 앞에서 우는 것은 스스로에게 용납할 수 없었다. 그는 그녀가 당황하는 걸 보며 사악한 즐거움을 느끼는 듯했다. 블랑슈는 태연한 척하려고 차를 입으로 불었다. 그걸 입에 댈 마음은 여전히 없었지만 상상했던 것이 죄다 물거품이 되었다는 것을 알았다. 세드리크는 이제 그녀가 침실로 가도록 놔두지 않을 것이다.

"이건 뭐야?" 그녀가 침묵을 깨려고 말했다.

"녹차. 괜찮아?"

블랑슈는 고개를 살짝 끄덕였다. 세드리크는 양손으로 찻잔을 쥐고 편히 자리를 잡았다.

"언제 알았어?"

때가 왔다. 세드리크는 여전히 미소를 짓고 있었다. 이 상황을 즐기는 듯 보였다. 블랑슈는 연극을 할까, 무슨 말인지 모르는 척할까 망설였으나 그의 화를 돋울까 두려웠다.

"바람을 쐬러 나가고 싶었거든." 그녀는 있는 힘껏 확신을 담아 말했다.

그녀는 무엇보다도 아드리앙이 연락했다는 것을 들키고 싶지 않았다. 양아버지를 위험에 빠뜨리고 싶지 않았을 뿐 아니라, 여기서 살아 나갈 수 있는 어쩌면 유일할 기회였다.

"내가 무심코 문을 잠그고 착각해서 네게 엉뚱한 열쇠를 주고 갔다고는 생각하지 않았어?"

"그랬어, 처음엔."

"그런데?"

"그런데 너도 알다시피 내가 좀 편집증 기질이 있잖아!"

블랑슈는 그 결점을 변명이라도 하는 듯 얼굴을 찡그렸다.

"그런데도 약을 먹지 않았군." 세드리크가 지적했다. "놀라운데. 네가 발작을 일으켰거나 넋 나간 꼴이 되어 있을 거라 생각했는데."

그가 1점을 얻었다. 블랑슈는 혼자 자신을 통제하지 못한다는 것을 수없이 입증해 보였다.

"미국의 주 이름을 모조리 늘어놔야 했지만 결국은 극복해 냈지." 그녀는 억지 미소를 띠고 말했다.

"기쁜 일인데!"

그들의 대화는 점점 거짓 울림을 띠었다. 블랑슈는 흐름이 바뀌고 있다는 것을 알았고 어떻게 해서든 수습해야 했다. 대화의 주도권을 잡아야 했다.

"언제부터 마리옹을 알았지?" 그녀는 그의 눈을 똑바로 보며 물었다.

"이십 년 정도라고 해 두지. 내가 다닌 대학에서 통계학 강의를 했어."

"학업을 그만둔 줄 알았는데."

"거짓말은 아니야. 처음 이 년만 다녔거든. 그녀를 알기엔 충분했지. 대단한 여자야! 너도 마음에 들걸."

"그 말에 의심이 가는 게 내 탓은 아니겠지?"

"내 말은, 다른 상황에서라면 말이야. 그녀와 난 즉시 잘 통하게 됐어. 내가 학교를 그만둔다는 걸 알고, 유일하게 그녀만이 내 뜻을 꺾으려 하지 않았어. 뭐든 필요한 게 있으면 기꺼이 도와주겠다고 했지. 난 걱정할 게 없다고 여겼지만 어느 날 아버지가 조금이라도 스스로 밥값을 하지 않으면 생활비 지원을 끊겠다고 위협했어. 난 마리옹과 연락을 유지하고 있었고 그녀는 아르바이트를 제안했지. 딸에게 과외수업이 필요했거든."

"아나이스." 블랑슈가 속삭였다.

"그래, 아나이스. 그 애를 만났을 때, 그 애는 일곱인가 여덟 살이었어. 그 나이 때의 아나이스를 봤어야 하는데! 정말 놀라운 아이였어. 난 한 학기 동안 그 애를 맡기로 되어 있었어. 결국은 재학 기간 거의 내내 돌봐 주었지. 아나이스는 집중력에 문제가 있었어. 바보는 아니었고, 그와는 거리가 멀었지만, 들은 것을 잘 기억하지 못했어. 그 애가 인터넷을 써 보고 싶어 해서 마리옹이 내게 기초 지식을 가르쳐 주라고 했지. 아나이스는 꽤 재능이 있었어. 난 다른 과목에서도 계속 그 애를 도왔어. 나중에는 내게 대마초를 약간 사 가기도 했지."

"미성년자일 때 마약을 팔았다는 거야?"

"도덕적인 척하는 건 너에게 그다지 안 어울리는데!" 그가 짜증을 냈다.

블랑슈는 시선을 떨구며, 그가 뉘우침의 표시로 받아들이길 바랐다.

"생의 마지막 몇 달간 아나이스는 행복하지 못했어." 그는 무거운 투로 말했다. "그 애는 벗어나야 했어."

"무슨 일이었는데?"

블랑슈의 흥미는 진심이었다. 아나이스의 곤경이 이야기의 핵심일 거라 짐작했다.

"사랑에 빠졌지." 세드리크가 쓰디쓰게 웃었다.

"아름다운 병이지!" 블랑슈가 부드러운 목소리로 대꾸했다.

"연인이 상스러운 인간 말종처럼 굴 때는 그렇지가 않지."

블랑슈는 이어질 설명이 두려웠다. 그녀는 온몸의 용기를 다 짜냈다.

"캉탱?"

"그럼 누구겠어!" 그가 내뱉었다.

"난 그 애를 한 번밖에 못 봤지만, 그러니까 살아 있을 때 말인데, 내가 보기엔 점잖은 청년 같았어."

블랑슈는 자기가 그렇게 어이없는 소리를 했다는 걸 믿을 수가 없었다. 그녀가 캉탱을 알게 된 것은 그가 여자 친구를 죽인 직후였다.

"그야, 사랑받기 위해서는 어떻게 해야 할지 알았으니까! 아나이스도 너랑 똑같은 소리를 했을걸."

"정확히 무슨 말을 하려는 거야?"

세드리크는 차를 한 모금 마시고 아나이스가 서서히 지옥으로 떨어진 과정을 이야기했다. 처음 몇 주는 문제없이 지나갔다. 아나이스는 사춘기의 꿈속에 그리던 낭만적인 사랑을 경험했다. 당시 그녀는 열여섯 살이었고 구름 위를 둥둥 떠다니는 기분이었다. 학교 성적표에서 그녀가 복습보다는 다른 일에 몰두해 있다는 사실이 드러났다. 마리옹은 세드리크에게 딸을 좀 더 돌봐 달라고 청했다. 하지만 아나이스는 더 이상 어린애가 아니었고, 그 결정이 본인을 위해서라고 설득하느라 그는 몹시 애를 먹었다. 그녀는 그를 자기의 행복을 가로막는 벽처럼 여겼다. 그리하여 세드리크는 좀 더 온화한 방식을 취하기로 마음먹고 자기 집에 와서 수업을 들으라고 제안했다. 그는 그녀 앞에서 대마초를 피우기 시작했는데, 자신을 어머니에게 돈을 받는 교사가 아니라 친구처럼 봐 주길 바랐기 때문이었다. 수법은 매우 잘 먹혀 아나이스는 그에게 자기 이야기를 하기 시작했다. 그녀는 끊임없이 캉탱 이야기를 했다. 잘생겼고, 총명하고, 나중에 성공할 거라고. 캉탱은 그녀가 보답으로 기대하는 것을 제공할 줄 알았다. 아나이스는 그만큼 자상한 남자는 없을 거라 믿어 의심치 않았다. 그는 매일 학교가 끝나면 그녀를 데리고 영화관에 가거나 그저 산책을 즐겼다. 이유도 없이, 그저 그녀가 웃는 것을 보려고 선물을 했다. 한마디로 두 사람은 완벽한 사랑을 이어 갔다. 어느 날 세드리크가 아나이스의 손목에서 푸른 멍을 발견하기까지는. 손목이 온통 멍이었다. 그는 이유를 물었고 그녀가 공들여 준비한 거짓말을 쉽게 간파했다.

"그때는 그냥 넘어갔어." 그는 후회가 가득한 목소리로 말했다.

다음은 놀랄 것도 없었다. 아나이스의 눈에서는 매일 빛이 조금씩 꺼져 갔고, 일 년 내내 긴소매 옷을 입기 시작했다. 그녀는 더 이상 소리 내어 웃지 않았다. 결코. 기껏해야 미소를 지어 보일 뿐이었다. 세드리크는 마리옹에게 경고했지만 아나이스의 부모는 곧 어쩔 도리가 없음을 알게 되었다. 한창 사춘기인 딸은 부모와 대화를 거부했고 캉탱을 만나지 못하게 하면 가출하겠다고 위협했다.

"나이를 불문하고, 사랑하는 남자가 당신을 파괴하고 있다고 설득하는 것만큼 어려운 일은 없지."

블랑슈는 세드리크가 그래도 노력했다고 생각했다. 그는 허공을 바라보며 이야기를 계속했다.

아나이스는 끊임없이 변명거리를 찾아냈다. 캉탱은 그녀보다 한 살 많았고 이미 파리 정치대학 입학을 준비하고 있었다. 그녀는 캉탱의 잘못이 아니라고 말했다. 스트레스 때문에 거친 반응을 보이는 것뿐이라고. 세드리크는 그를 한번 찾아갈까 아나이스에게 묻는 실수를 저질렀다. 그녀는 그러면 자살하겠다고 못을 박았다. 그냥 하는 소리였지만 세드리크는 혹시 모를 위험을 감수할 수 없었다. 그리하여 그는 할 수 있는 대로 그녀를 도왔다. 그녀의 얘기를 들어주고, 상처를 치료해 주고, 이따금 대마초를 좀 피우게 해 준 것도 사실이었다.

블랑슈는 더 이상 눈물을 참을 수 없었다. 그녀는 깊은 슬픔을 느꼈지만, 강렬한 분노도 느꼈다. 캉탱의 매력에 굴복한 것은 아나이스만이 아니었다. 블랑슈는 그의 슬픔이 진실하다고 믿었다. 그는 사고였다고 말했다. 평생을 두고 후회할 단순한 사고라고. 시체를 없애는 일을 맡도록 그녀를 설득하는 데 성공한 건 그의 아버지가 아니었다. 그 임무를 수락한 건 캉탱을 위해 옳은 일이라고 여겼기 때문이었다.

52

"차 안 마셔?" 세드리크가 놀랐다.

"아직 내 입에는 좀 뜨거워서."

블랑슈는 영원히 입김만 불고 있을 수는 없다는 것을 알았다. 한 시간이 지나기 전에 한 모금은 마셔야 할 터였다. 세드리크가 차에 탄 약이 너무 강하지 않기를 바라는 수밖에 없었다. 무슨 일이 있어도 깨어 있어야 했다. 가장 좋은 교란 작전은 여전히 대화뿐이었다. 세드리크는 과거 이야기를 하기 시작하면서 그녀의 행동에 주의가 소홀해졌다. 그리고 이야깃거리라면 잔뜩 있었다.

"아나이스가 죽었다는 걸 언제 알게 됐지?"

"우리가 언제 희망을 버렸는지 알고 싶다는 거야? 스테판과 마리옹이 딸을 찾아봐야 더 이상 소용없다는 걸 언제 깨달았는지? 그게 궁금하다는 거야?"

블랑슈는 그의 시선을 견디기 어려웠다.

"부모가 자식이 돌아오길 기다린다는 게 어떤 건지 알기나 해?"

세드리크는 대답을 기다리지 않고 말을 계속했다. 아나이스의 아버지는 언젠가 그날이 오리라는 믿음을 버리지 않았다. 마리옹은 좀 더 현실적이었다. 몸으로 느꼈다거나 가슴으로 느낀 게 아니었다. 그런 예감 같은 건 전혀 아니었다. 그녀는 딸을 잘 알았고 또 통계는 거짓말하지 않기 때문에 딸이 돌아오지 않을 것임을 알았다. 아나이스는 자기 앞가림을 할 수 있는 아이가 아니었다. 열일곱 살이나 되었는데도 줄곧 뒤치다꺼리를 해야 했다. 언제나 느긋한 성격의 아나이스는 자기가 자라난 동네에서나 어디가 어디인지 아는 게 고작이었다. 가출은 어림도 없었다. 48시간도 버티지 못할 게 뻔했다. 결국은 어릴 때부터 그랬던 것처럼 울며 부모님에게 연락할 터였다. 그런 전제하에 결론은 두 가지뿐이었다. 아나이스가 실종된 날 밤 죽었거나, 다음 날 위험한 일을 당했다는 것. 어느 쪽이건 기다려 봐야 이젠 소용없었다. 경찰의 관점은 달랐다. 팔랭 부부의 요청에 따라 경찰은 캉탱을 신문했으나, 캉탱은 울면서 아나이스가 성급히 집을 나간 것은 자기 잘못이라고 설명했다. 아나이스가 실종되기 전날 어쩔 수 없이 그녀와 결별했는데, 그녀가 질투로 화내는 것을 더 이상 견딜 수 없었기 때문이었다는 것이었다. 경찰이 보기엔 더 알아볼 것도 없었다. 아나이스는 집을 나갔고 진정되면 돌아올 것이었다.

딸을 찾기 위해, 혹은 적어도 시신이라도 찾기 위해 모든 수단이 동원되지 않으리라는 걸 깨닫자 마리옹은 자기 손으로 해결하기로 결심했다.

"그러느라 저축한 돈 대부분을 써 버렸지." 세드리크가 짚고 넘어갔다.

아나이스의 아버지가 점차 우울증에 빠져드는 동안, 마리옹 팔랭은 진실을 알기 위해 동분서주했다. 사립 탐정들을 고용했으나 시간은 곧 돈이라는 것 외에 알아낸 것은 아무것도 없었다.

"그날 밤 무슨 일이 있었는지 어떻게 알아낸 거야?" 인내심이 바닥난 블랑슈가 물었다.

세드리크는 미소를 지었다. 그 질문을 기다리고 있었다.

"캉탱이 자백했다는 내 가설을 더 이상 믿지 않는 모양이군!"

"그랬으면 좋겠어, 진심으로."

"왜? 그래야 네 죄의식이 덜할 테니까?" 그가 신랄하게 쏘아붙였다. "그러면 네가 잘못 본 게 아니라는 뜻이 될 테니까? 아까 뭐라고 했더라? 아, 그래, 캉탱이 점잖은 청년이었다는 네 판단이 입증될 테니까 그렇겠지!"

"내가 알 도리가 없었잖아." 블랑슈가 변명했다.

"그래, 알 도리가 없었지. 왜냐하면 넌 다른 모든 해석을 제치고 그렇게 보는 편을 택했으니까. 자기 양심이 편하고 싶었으니까. 캉탱은 물론 네 다른 고객들도 똑같이! 그렇게 쉽게 자신을 속일 수 있어서 참 좋겠군!"

블랑슈는 반박할 말을 찾지 못했다. '난 다만 내 일을 했을 뿐이야'라는 말 뒤에 숨을 수 없었다. 그 일은 자신이 직접 선택했다. 아무도 강요하지 않았다. 세드리크가 모든 점에서 옳았다. 스스로가

착한 사람이라고 믿으려면 캉탱이 그런 도움을 받을 자격이 있다고
믿어야 했다.

"하지만 네가 전부 알고 싶다고 하니 말하는데." 세드리크가 말
을 이었다. "죄다 분 건 너의 친애하는 마담 C야! 어쨌든, 네 맘에
안 들지는 몰라도, 난 늘 그 여자를 마담 클로드라고 불렀지."

뜻밖의 사실에 블랑슈는 온몸이 경직되었고 세드리크는 걱정스
러워졌다.

"내 말 듣고 있는 거야?"

블랑슈는 깊이 숨을 내쉬고 계속하라는 몸짓을 했다.

"마리옹은 결국 정석적인 길은 어디로도 이어지지 않는다는 것
을 깨달았어. 사립 탐정들이 줄을 지어 비탄에 빠진 어머니를 희희
낙락 벗겨 먹었지. 그들 중 하나가 제 딴엔 남들보다 약게 군다고 그
녀에게 지하 세계 이야기를 했어. 그에 상응하는 대가를 지불할 용
의가 있다면 좀 지저분해지는 것도 감수하겠다고. 마리옹에겐 이젠
더 잃을 것도 남지 않았다는 것을 몰랐던 거야!"

마리옹 팔랭은 사립 탐정으로부터 최대한의 정보를 짜냈다. 결
정을 내리기 위해서라는 구실이었다. 그녀는 이름 하나를 특별히
마음에 새겨 두었다. 마담 클로드라는 이름이었다. 마리옹은 새로
운 생활 방식을 택했다. 밤이면 그 사기꾼이 언급한 바와 나이트클
럽들에 죽치고 있었다. 그녀는 존재하는지조차 몰랐던 인간 군상들
과 친해지게 되었다. 그녀의 얼굴은 유명해졌고 사적인 파티에 초
대받게 되었다. 그중 마담 클로드를 위해 열린 파티가 있었다. 그녀
는 황태후에게 소개되었고, 뜻밖에도 황태후는 접견을 허가했다.

마리옹은 착각하지 않았다. 딸의 시신을 찾는 어머니의 처지 따위가 그녀의 마음을 움직일 리 없었다. 그녀에겐 밤 외출을 통해 얻어들은 정보가 있었다. 마담 클로드는 무엇보다도 사업가였다. 그래서 마리옹은 그녀를 위해 일하겠다고 제안하며 보험 계리사의 능력으로 막대한 수익을 가져다줄 수 있음을 입증했다. 새로운 분야의 수익 확률이나 특정 활동에 따르는 리스크를 계산한다면 이로울 것이었다. 마담 클로드는 마리옹과의 협력이 세력을 확장하고 경쟁자들을 제거할 기회가 되리라 여겼다. 계약은 성사되었다. 그 당시 마리옹이 몰랐던 것은 무엇보다도 마담 클로드에게 복수의 기회를 주었다는 사실이었다.

"복수의 기회?"

"마담 클로드는 몇 달이나 마리옹을 부려 먹고 나서야 무슨 일이 있었는지 안다고 털어놓았어. 그녀가 어떻게 알았는지 알겠어?" 세드리크가 눈을 반짝이며 물었다.

블랑슈는 별로 알고 싶지 않다는 느낌이 들었다.

"생각난 것 같군!" 세드리크가 손을 마주치며 즐거워했다. "맞아, 딱한 블랑슈, 네가 그녀에게 말했던 거야!"

"난 누구에게도 절대 내 임무 이야기는 하지 않아!" 그녀가 차갑게 대꾸했다.

"자세히 말하지는 않았지, 그건 인정해. 넌 모호하게 여지를 남기는 걸 좋아하니까. 여기저기 조각들을 떨어뜨리지."

"난 마담 C에게 아무것도 말하지 않았어! 했다면 기억날 거야."

"자신감이 아주 넘치는구나!"

블랑슈는 더 말할 엄두가 나지 않았다. 스스로 무덤을 파게 될까 두려웠다.

"최근에 그녀를 만나러 갔을 때를 얘기하는 게 아냐. 솔직히 그 여자는 감탄을 자아낸다니까. 그날 어떻게 진지한 태도를 유지할 수 있었는지 난 짐작도 못하겠어. 정말 존경심을 불러일으키지! 아니야, 내가 말하는 건 그녀가 널 고용하려 했는데 네가 정중하게 제안을 걸어찼을 때였어!"

"난 그런 짓 하지 않았어!"

"네 마음대로 생각해. 어쨌든 그녀는 그렇게 받아들였으니까."

블랑슈는 더 이상 대꾸하고 싶지 않았다. 세드리크는 그녀의 대답에 너무나 즐거워했다.

"기억 안 나?" 그가 약간 실망스러운 듯 말했다. "내가 기억을 좀 되살려 주지. 네가 뭐라고 했냐 하면 ─ 말이 좀 바뀌더라도 양해해 줘, 내가 그 자리에 있던 건 아니니까 ─ 대충 이렇게 말했어. '전 임무를 고를 수 있는 편을 좋아해요. 제겐 명예 규범이 있거든요.' '명예 규범'이라니." 그는 손가락으로 따옴표 모양을 흉내 내며 되풀이했다. "말 같지 않은 소리!"

"네가 믿거나 말거나, 사실이야."

"집어치워. 우린 그럴 단계는 지난 것 같은데!"

블랑슈는 더 이상 윽박지름 당하는 걸 참고만 있을 수 없었다.

"그래, 말했다고 쳐! 그 말의 어디가 비난받을 만하다는 건지 모르겠는데."

"네가 거기서 그치지 않았으니까 그렇지! 넌 그녀에게 바로 어제

만 해도 한 소년이 단순한 사고로 인생을 망칠 뻔한 걸 구했다고 했
어. '무슈 Q는', 계속 네 말을 빌리자면, '한 번 더 기회를 얻을 자격
이 있었고 내가 이 일을 하는 목적은 그것'이라고! 은혜로운 블랑
슈! 순수한 영혼을 구하기 위해 더러워지는 것도 마다 않는 수호천
사 블랑슈!"

블랑슈는 다시금 눈물이 넘치는 것을 느꼈다. 이제 그 대화가 기
억났다. 문맥 속에서 그 말들은 다른 의미로 비쳤지만, 분명 말했다.
선행을 한다고 자랑하려던 것은 아니었다. 황태후를 위해 일하지
않을 대책을 찾고 있었다. 자비로운 면을 내보이면 사업가인 마담
클로드는 즉시 자신에게 흥미를 잃을 거라 여겼다. 최악은 지금껏
그 말이 효과가 있었다고 믿어 왔다는 것이었다.

"얼굴을 보니 파악이 되는 모양이군! 그래, 캉탱의 죽음에 책임
이 있는 건 너야. 그를 구한다고 생각했던 너라고. 그 아이러니가 느
껴져?"

"아드리앙도 역시 죽어야 했겠지." 블랑슈가 화제를 바꾸기 위해
말했다.

"맞아. 하지만 마담 클로드가 사냥개를 보내리라고는 생각 못
했어."

블랑슈는 눈썹을 찡그렸다.

"뭐?" 세드리크가 신경을 썼다.

"마담 클로드는 사냥개를 몰라!" 그녀가 장담했다.

"그렇다고 믿어야겠지! 게다가 이렇게 말하고 싶진 않지만 내가
보기엔 다들 그 남자를 과대평가한 것 같아! 네 양아버지는 단숨에

그를 제압했잖아."

"그래서 난처한 기색은 아니네."

"조금 지연되었을 뿐이니까. 난 마담 클로드가 결국 그를 찾아내고 말 거라고 확신해. 결국 네가 그녀에게 부탁한 것도 그거였잖아, 안 그래?"

블랑슈는 간에서 담즙이 역류하는 기분을 꾹 참았다. 머리가 어지러웠다. 그녀는 간절히 눕고 싶었다. 눈을 감고 싶었다. 손으로 귀를 틀어막고 싶었다. 더 이상 한마디도 듣고 싶지 않았다. 처음으로 손목시계를 보았다. 세드리크가 온 지 삼십 분밖에 지나지 않았다.

"누구 기다려?" 그가 여전히 미소를 띠었지만 의심스러운 시선으로 물었다.

블랑슈는 공포를 숨기려고 했다. 무너져선 안 됐다. 지금은 아니다. 너무 일렀다. 빨리 다른 화제를 찾아내야 했다.

53

세드리크의 의심을 가라앉히기 위해, 블랑슈는 찻잔을 입술에 갖다 댔다. 한 모금 홀짝인 다음 눈에 띄지 않게 도로 뱉었다.

"그래, 맛이 어때?"

"향긋해, 늘 그렇듯."

세드리크는 오랫동안 그녀를 뜯어보았다. 블랑슈가 먼저 시선을 떨구었다.

"그렇게 침착하다니 이상한데." 그가 돌연 말했다.

"네 마음이 놓인다면 말하겠는데, 머릿속으로는 미국의 주들을 외우고 있어."

"그럴지도 모르지… 하지만 보통 때 넌 훨씬 나약한데."

세드리크는 구명줄을 내민 셈이었고 그녀는 얼른 붙들었다.

"왜 내가 미쳤다고 믿게 하려는 거지?"

"그야 넌 미쳤으니까, 블랑슈!" 그가 외쳤다. "그것도 아주 완전히 돌았다고!"

블랑슈는 그의 얼굴에 차를 끼얹고 싶은 충동을 억눌렀다.

"그렇지 않아! 내가 그렇게 믿게 하려고 너희들이 모두 꾸민 거잖아."

"그만둬, 코제트! 네 양아버지조차 그렇게 생각해. 너도 수없이 그렇게 말했잖아."

블랑슈는 그가 무언가 감추고 있다고 확신했다.

"내가 그 말을 하기 한참 전부터 날 제거할 계획이었잖아! 왜지?"

세드리크는 대답을 망설이는 듯했다. 그녀는 이유를 알 수 없었다. 지금까지 그는 자발적으로 이야기를 털어놓았다. 그는 혀로 쯧 소리를 내고 말을 시작했다.

"마리옹은 널 죽이는 것만으론 충분치 않다고 여겼어. 아나이스가 실종된 이후 몇 주간 겪었던 일들을 너도 당하기를 바랐지. 경찰을 설득하려 노력했던 그 모든 날들을. 그녀는 캉탱이 딸을 죽였다는 것을 알았지만 입증할 수 없었어. 그러려면 시체가 있어야 했지. 남편조차 그녀의 이야기를 들으려 하지 않았어. 마리옹은 너 역시 그 좌절감을 느끼길 바랐어. 아무도 절대로 널 믿지 않기를."

"카산드라 같군…." 그녀가 중얼거렸다.

"둘이 독서 취향이 같군! 서로 잘 통할 거라고 내가 그랬잖아!"

블랑슈는 아무 말 하지 않았다. 세드리크가 그 사실을 별로 달가워하지 않는다는 느낌이 들었다.

"그럼 넌, 네 생각은 어땠어?"

"내 생각은 전혀 중요치 않아."

"내게는 중요해."

"그만 집어치워, 블랑슈. 혹시 내가 널 불쌍하게 여겼다고 믿거나 뭔지 모를 딴생각을 품고 있다면, 완전히 잘못 짚었어. 네가 어떻게 되든 내겐 아무 상관 없어."

블랑슈는 가슴이 욱신거리는 것을 느꼈고 이내 그런 자신에게 화가 났다.

"그런데 왜?" 그녀는 애써 분명하게 물었다.

"왜냐하면 이 이야기가 오래 지속되어야 한다는 뜻이었으니까."

블랑슈는 그가 차를 마시는 것을 보고 거기서 그칠 거라 생각했으나 세드리크는 내처 말을 계속했다. 마리옹은 자신이 마담 클로드를 위해 거의 일 년을 일했는데 그녀는 진작부터 사건의 전모를 알고 있었음을 깨달았다. 마리옹은 부당한 대우를 받았다고 여겼고 그 점을 지적했다. 일반적으로 마담 클로드는 그런 종류의 자기 연민에는 전혀 관심이 없었지만, 마리옹은 그녀에게 큰돈을 벌어다 주었고 권력을 보다 확고하게 만들었다. 그 조커 카드를 간직하고 싶었다. 마리옹이 일한 대가로 그녀는 그 사건의 모든 주요 인물들을 속속들이 조사하겠다고 약속했다. 그리고 그녀는 수단과 방법을 가리지 않았다.

"이 년 동안, 너는 미행당하고, 도청당했고, 아드리앙도 마찬가지야. 두 사람 인생에 우리가 모르는 비밀은 더 이상 없어. 난 녹음본 수백 개를 들었어. 마리옹은 내가 너에 대해 모든 걸 알길 바랐거든. 하느님 맙소사, 네 인생은 정말 시시하더라!"

세드리크는 이제 블랑슈의 기분을 상하게 하지 못했다. 분노가 다른 모든 감정을 뒤덮었다.

"이해할 수 없는 게 있어." 그녀가 차갑게 말했다.

"하나뿐이야?"

"왜 그렇게 오래 기다렸지?"

세드리크가 얼굴을 찌푸렸다.

"이번에는 나 때문이라고 인정해야겠군! 내가 재수가 없었지."

마리옹 팔랭은 복수를 제대로 실행하기 위해 조사 결과를 끈기 있게 기다렸다. 시간이 지날수록 조급함은 점점 사라졌다. 그녀는 모든 게 완벽하길 바랐다. 아나이스가 죽은 지 거의 삼 년이 지났다. 완벽한 타이밍이었다. 아무도 두 사건을 관련지을 수 없을 터였다. 계획을 실행에 옮길 준비가 되었을 때, 첫 번째 예기치 못한 사건이 그녀를 꺾었다. 남편이 딸이 돌아오기를 기다리다 지친 나머지 수면제 과용으로 생에 종지부를 찍었던 것이다. 마리옹은 그런 날이 오리라고 알고 있었고 대비하고 있었다. 그럼에도 몇 달간 애도 기간을 지켜야 한다고 느꼈다. 다시 때가 되었다고 여겼을 때, 두 번째 사건이 계획을 저지했다.

"네가 우리 삼촌을 위해 일한다는 것은 알고 있었지만, 내 식물들을 처리하는 일을 너에게 부탁할 줄이야 상상도 못 했지! 마리옹도 그 일은 예상하지 못했어. 통계적으로 그럴 확률은 거의 없거든."

"그래서? 무슨 연관인지 모르겠어. 그런다고 뭐가 달라지지?"

"전부! 모든 게 달라지지! 네가 내 얼굴을 봤잖아."

"미안하지만, 여전히 이해가 안 가."

"당초 계획에서 내 역할은 널 미행하는 거였어. 오랫동안, 하지만 무엇보다도 너무 조심스럽지는 않게. 난 네 편집증을 부추겨야 했어, 알겠어?"

"그런데 내가 널 알아보고 결국 네게 말을 걸지도 모르게 됐구나."

"이해가 느리군, 하지만 맞아, 그랬던 거야. 마리옹은 전략을 완전히 다시 짜야 했어."

"짜증 나는 일이었겠네!"

"그 정도는 아니었어."

세드리크의 목소리가 한층 심각해졌다. 그가 마리옹의 계획을 언급할 때마다, 블랑슈는 불편한 기색을 감지했다. 그녀가 공략해야 할 민감한 부분이었다.

"그래서 다른 계획을 생각하는 데 그렇게 오래 걸렸던 거야? 미안하지만 너의 마리옹은 별로 비상하지가 못한데!"

"감히 그 사람을 그런 식으로 말하지 마!" 세드리크가 고함을 질렀다.

블랑슈는 깜짝 놀라 청바지 위에 차를 쏟았다. 그녀는 사과의 말을 중얼거리며 소매로 차를 닦았다.

"마리옹이 그 지경이 된 건 너 때문이야! 바로 너 때문이라고!"

"아나이스를 죽인 건 내가 아냐." 블랑슈가 부드럽게 대답했다.

"그 말 좀 그만해! 넌 그 애를 때리지 않았을지는 몰라도 그 애가 평화롭게 잠들지 못하게 했어. 그 애의 죽음에는 직접적인 책임이 없다 해도, 적어도 그 애 아버지의 죽음에는 책임이 있어. 스테판은 딸에게 작별 인사를 하지 못했고, 그래서 죽은 거야!"

블랑슈는 그 말에 조금도 반박할 수 없었다. 그가 관심 있는 주제로 돌아가는 게 최선이었다.

"'그 지경'이라니 무슨 뜻이야?"

"무슨 소릴 하는 거야?"

"네가 그랬잖아, '마리옹이 그 지경이 된 건'이라고."

세드리크는 대번에 얼굴을 굳히고 찻잔에 코를 박았다.

"내겐 알 자격이 있다고 생각해, 안 그래?"

"왜 그렇지?"

"왜냐하면 난 곧 죽으니까." 그녀는 차분히 말했다. "오늘 밤, 아니면 며칠 안에. 시간문제에 불과하단 걸 너도 알고 나도 알잖아. 난 모든 진실을 알 자격이 있다고 생각하는데?"

세드리크는 그녀를 주의 깊게 뜯어보더니 그 부탁에 응했다.

"그 계획은 마리옹에게 집착이 되어 갔어. 그것 말고 중요한 건 하나도 없게 됐지. 밤중에 일어나 세부 사항 하나하나를 다듬었고, 거기에 전력을 쏟기 위해 직장도 그만뒀어. 준비가 길어질수록 예전의 자기 모습을 잃어 갔어."

"네가 그녀를 잃어 갔다는 말이구나."

블랑슈는 자기가 한 말에 위험 부담이 있다는 것을 알았다. 세드리크가 다시 벌컥 화를 낼 수도 있었다. 자기 속 이야기를 그만할 수도 있었다. 하지만 그건 그가 내보인 첫 번째 약점이기도 했고 그 약점을 이용해야 했다. 그가 일어서는 것을 보고 그녀는 한순간 자기가 선을 넘었다고 생각했다. 그는 현관 쪽으로 가서 일 분간 시야에서 사라졌다. 블랑슈는 그 틈을 타 반 남은 차를 옆에 있던 무화과나무 화분에 쏟아부었다. 돌아왔을 때 세드리크는 한 손에 조인트를 들고 있었다.

"하나 줄까?" 그가 털썩 주저앉으며 말했다.

"사양할게."

"한번 해보라는 말은 농담이 아니었어. 장담하는데 네 약들보다 나을걸."

"끊을 생각이야." 그녀는 별생각 없이 말했다.

세드리크가 미소 지었고 그제야 그녀는 자기 대답이 얼마나 어리석게 들렸을지 깨달았다. '당연히 끊겠지! 오늘 밤이 다 가기 전에 죽을 테니까!'

"마리옹 얘기를 하고 있었지?" 세드리크가 마치 방금 막간극을 즐기고 온 것처럼 계속했다.

"내가 얘기하던 건 아니었지."

그는 이 지적을 순순히 받아들였다. 블랑슈는 문득 그가 오래 전부터 마음속을 털어놓을 수 있는 순간을 기다렸다고 느꼈다.

"마리옹은 내가 아는 여자들 중 가장 경이로운 여자야."

"오래전부터 연인 사이였어?"

세드리크는 미소를 지었고 그의 눈은 다시 아련해졌다.

"아주 오래전부터라고 해야겠지. 우린 여러 번 헤어졌지만, 그러니까, 그녀가 여러 번 나를 버렸지만, 결국은 늘 되돌아왔어."

"나이 차이가 있는데도?"

"너 정말 꽉 막혔구나!" 그가 연기를 내뿜으며 말했다. "그러니까 늘 애인이 없지!"

블랑슈는 그 공격을 아무렇지 않게 받아들였다.

"난 열정을 이야기하는데 넌 나이 이야기라니!"

"열정이라, 과연 그렇군!"

세드리크는 그녀를 매섭게 쏘아보았지만 입을 다물 것 같지는 않았다.

"난 세상 끝까지라도 마리옹을 따라갈 거야, 그녀가 내게 부탁한다면."

"만일 그녀가 자기를 위해 살인을 부탁하면?"

"할 거야. 한 치의 망설임도 없이."

블랑슈는 이제 어떻게 될지 확실히 알았다. 아드리앙이 잘못 알았다. 세드리크가 그녀를 죽일 것이었다.

54

블랑슈가 아드리앙과 통화를 끝내고 한 시간도 지나지 않았다. 아직 시간을 벌어야 한다는 것을 알았다. 진실을 알고 싶은 갈망을 느끼긴 했지만, 세드리크가 결국 이 대화가 교란 작전에 불과하다는 것을 알아차릴까 두려웠다. 다른 구실을 찾아내야 했다. 무엇이라도.

"내가 뭘 좀 먹어도 될까? 아무것도 먹질 않았거든."

세드리크는 오랫동안 그녀를 응시하다가 낮은 테이블에 찻잔을 내려놓았다.

"뭘 감추고 있지?"

"아무것도 없어! 왜 그래?"

"날 바보 취급하지 마! 난 널 알아. 넌 뭔가 숨기는 게 있고 그게 뭔지 알아야겠어."

"내가 너에게 뭘 숨기겠어? 내가 여기서 나가지도 못하게 해 놓고!"

세드리크는 조인트를 마지막 한 모금 빨고 재떨이에 비벼 껐다. 그는 그녀가 소파에서 일어나지나 않을까 걱정하는 것처럼 여전히 그녀를 지켜보았다. 블랑슈는 그의 한 손이 등 뒤로 가는 것을 보았다. 그는 아무 말 하지 않았고 그 침묵이 그녀를 짓눌렀다. 그의 손이 반대로 움직였고 그녀는 심장 박동이 빨라지는 것을 느꼈다. 그는 손에 리볼버를 쥐고 있었다. 차분히 말할 수 있다는 게 스스로도 놀라웠다.

"그러니까 날 죽이도록 그녀가 선택한 게 너였군!"

"강요하지 않았어. 내가 자발적으로 맡은 거야."

"영광으로 알아야겠지? 혹시 내가 처음이 아니라면 모르지만."

세드리크는 미소를 되찾았으나 대답하지 않았다.

"내 시체를 어떻게 할 건지는 벌써 정했어?"

"몇 가지 생각이 있지… 네 덕분이야. 사흘 만에 많은 걸 배웠지 뭐야!"

"내가 도움이 되었다면…."

"무슨 일인지 말해, 블랑슈!" 그가 이를 악물고 말했다.

블랑슈는 그가 인내심을 잃어 가고 있음을 알았고, 총으로 위협하고 있는 지금 그건 그다지 좋은 징조가 아니었다. 진실을 말해 봐야 상황을 악화시킬 뿐이었다.

"왜 화를 내는지 모르겠네! 넌 만족스러울 거 아냐. 난 내 운명을 받아들였고 네 인생을 복잡하게 만들 생각도 없어. 뭘 더 바라는 거야?"

"내가 알던 블랑슈를 돌려줘. 유머라곤 손톱만큼도 없는 신경증 환자를."

"내가 뭘 어쨌다고 날 그렇게 미워하는 거야?" 블랑슈는 생각했던 것 이상의 진심으로 물었다.

"내게서 마리옹을 훔쳐 갔어!" 그가 내뱉듯이 말했다.

"뭐?"

"똑똑히 들었을 텐데! 너만 없었다면, 우린 행복하게 살 수 있었어. 그녀와 나는."

"남편이 있었잖아…."

"둘은 더 이상 서로 사랑하지 않았어! 오래전부터였지. 그녀는 그를 떠났을 거야. 그런데 네가 우리 인생에 들어오고야 말았지! 딸이 사라진 이상 마리옹은 떠날 수가 없었어. 남편 곁에 머물렀지. 단지 그에게 더 이상의 고통을 안겨 주고 싶지는 않았기 때문이었어."

"그가 죽은 지 이 년이 됐어. 충분히 만회할 시간이 있었잖아!"

"넌 유령을 믿지 않을지 모르지만 내가 장담하는데, 유령은 있어! 마리옹은 남편의 죽음이라는 무게를 짊어지고 있어. 결코 입 밖에 내진 않지만 나는 알아. 아나이스의 실종으로 그녀는 예전 같지 않게 되었고, 지금은 내가 알던 그녀가 맞는지조차 모르겠어. 그리고 나는 아무것도 할 수가 없어. 왠지 알아? 죽은 사람들과는 싸울 수 없기 때문이야."

"그리고 넌 그게 전부 내 탓이라는 거지!" 블랑슈가 처음으로 짜증을 냈다.

"나와 함께 있는 것보다 널 생각하느라 보내는 시간이 더 많아!

난 투명인간이 되었어. 내가 말했지. 지금은 네가 그녀의 집착 대상이라고!"

"남 탓도 잘한다! 누굴 원망하려거든, 그 여자를 원망해! 네가 말하는 것처럼 둘의 사랑이 그렇게 강하다면 상황이 이렇지는 않았을 거야."

"네가 사랑에 대해 뭘 알아!" 그가 빈정거렸다.

세드리크의 손이 떨렸지만, 블랑슈는 더 이상 달랠 말을 찾고 싶지 않았다. 그녀는 피로했고 무엇보다도 화가 났다. 마리옹의 증오는 이해할 수 있었지만, 세드리크의 증오는 지나쳤다.

"그럼 어서 해!" 그녀가 말했다. "뭘 기다리는 거야? 날 죽여!"

세드리크는 더 이상 블랑슈에게서 느끼는 반감을 감추지 않았다. 그의 얼굴에는 혐오감만이 드러났다. 어떻게 그렇게까지 눈이 멀 수 있었을까? 그녀는 그가 이마에 했던 입맞춤들을 생각하며 구역질을 느꼈다. 발작을 일으킬 때마다 서슴지 않고 어루만져 주던 순간들도. 전날까지만 해도 그녀는 그에 대해, 그의 몸에 대해 상상했다.

"빨리하라니까!" 그녀는 다그쳤다. "왜 지금 죽이지 않는 거야, 끝장을 내 버리지!"

"곧 그럴 거야." 그가 일어서며 대답했다. "먼저 네가 해 줘야 할 일이 있어."

"진심으로 내가 아직 네 말에 순순히 따를 거라 믿는 거야?"

"너 좋을 대로 해! 마리옹은 널 죽이는 방법에 대해서는 구체적으로 지시하지 않았어. 난 편안하고 빠른 죽음을 약속할 수도 있고,

네 두 눈 사이에 한 방을 쏘아 끝내기 전에 재미를 좀 볼 수도 있어. 어느 쪽이 좋겠어?"

블랑슈는 세드리크가 고문을 할 거라곤 상상할 수 없었지만, 조금 전까지는 그가 살인자일 거라고도 생각하지 못했다. 스스로의 직감을 의심해야 할 때인지도 몰랐다.

"내가 뭘 하길 원하지?"

"편지를 쓰는 거야. 사람들이 눈물 흘릴 만한 감동적인 고별 편지를. 자필로, 그래야 신빙성이 더할 테니까!"

"굳이 왜 그래야 하는지 모르겠는걸."

"마리옹은 생명 보험을 마련해 두는 게 좋다고 여겼어. 누군가 네가 실종되어 걱정할 수 있고 조사가 그녀에게까지 닿길 원치 않거든. 개인적으로, 난 그럴 필요 없다고 보지만. 네게 친구들이 있다면 우리가 알았겠지. 네가 처음 문제에 부닥치면 내게 연락할 거라 마리옹에게 말한 것도 그 때문이었는걸."

"난 네가 컴퓨터 엔지니어인 줄 알았다고!" 블랑슈가 방어했다.

"알아. 삼촌은 늘 그렇게 말씀하시지. 솔직히 이번만은 내 계획에 잘 맞아떨어졌어."

"네 계획? 모든 생각은 마리옹의 머리에서 나온 줄 알았는데."

세드리크는 기분이 상한 것 같았다. 블랑슈는 약간의 만족을 느꼈다.

"아드리앙을 빠뜨렸어." 그녀는 창피스러웠지만 말했다.

"아드리앙이 뭐? 내가 말했잖아. 마담 클로드가 그를 찾아낼 거라고. 이번에는 무사하지 못할걸."

"만일 찾아내지 못한다면? 분명 마리옹이 그것도 대비해 놨겠지!"

"아드리앙은 문제가 안 될 거야. 그는 사냥개가 자기를 죽이려 했다고 생각하니까. 생각해 보면, 황태후도 꽤 짓궂다니까. 그에게 오래된 지인을 보냈으니 말이야. 아드리앙이 그 모든 일을 어떻게 생각할지 모르겠군! 그의 과거로 미루어 보면, 은퇴하기 전에 문제가될 만한 서류들을 남겼을 게 틀림없어."

"아드리앙은 바보가 아니야! 내가 자살했다고는 절대 믿지 않을 거야."

"정말? 자신 있어? 내가 제대로 기억하는 거라면, 너희 엄마의 시신을 발견한 게 그였을 텐데, 아니야? 딱 이십 년 전이었어, 맞지?"

블랑슈는 그가 추론을 계속해 나가는 것을 듣고 싶지 않았다. 한시간이 겨우 지났고 더 오래 버틸 수 없으리라는 것을 알았다. 이 편지를 작성하는 동안이 최후의 유예기간이었다.

"뭐라고 써야 하는지는 준비해 놨겠지?"

"물론 네가 따라 써야 하는 몇 줄을 마련해 놨지만 덧붙이고 싶은게 있으면 편하게 써. 그건 그렇고, 내 책상에 앉도록 해."

"왜?"

"난 네 옆에 앉고 싶은 마음은 전혀 없으니까! 그렇다고 해서 널감시할 생각이 없다는 건 아니거든. 책상으로 가!"

세드리크가 총구를 그녀 쪽으로 겨누었다. 책상은 소파에서 2미터 떨어진 곳, 창문 하나의 아래에 있었다. 현관으로 향하는 통로는세드리크가 막고 있었다. 그녀는 교수대로 향하는 사형수처럼 그거리를 걸어 갔다.

블랑슈는 앉았다. 세드리크는 등 뒤에 서 있었다. 그는 리볼버의 총신으로 그녀의 두 견갑골 사이를 가볍게 누르며 상황을 만끽했다. 창문에 비친 그의 모습을 볼 수 있었다. 미소를 짓고 있었다. 그녀는 몇 글자 쓰기 시작했다가 곧 지웠다. 누군가 특정한 사람에게 써야겠다는 생각이 들었다. 그녀는 새 종이를 꺼내 쓰기 시작했다.

아드리앙,
한 번도 고맙다고 말한 적 없는 것 같아요. 이제 때가 되었네요.
이 글을 읽을 때쯤이면….

55

블랑슈는 펜을 처든 채 그대로 굳었다. 너무나 긴장해서 유리 깨지는 소리로도 마비되기 충분했다. 일 초도 되지 않아, 더 둔탁한 다른 소리가 뒤따랐다. 그 이후로 움직일 엄두를 내지 못했다. 그녀의 전화가 울리기 시작했고 그 소리는 심장 박동을 더욱 거세게 만들 뿐이었다. 전화기는 낮은 테이블 위에 있었고 벨소리가 울릴 때마다 고막을 찔렀다.

문득 블랑슈는 두 견갑골 사이에 더 이상 거북함이 느껴지지 않는다는 것을 의식했다. 뇌는 이미 한참 전에 상황을 파악했지만 도저히 신뢰할 수 없었다. 그녀는 의자에서 천천히 몸을 돌렸다.

세드리크의 머리 아래서 벌써 피 웅덩이가 번졌다. 그는 빛이 사라진 눈으로 천장을 응시하고 있었고, 이마 한복판에 1센티미터가 될까 말까 한 구멍이 나 있었다. 벨소리가 몇 초간 멎었다가 다시 울리기 시작했다. 블랑슈는 시체를 넘어야만 했고 전화기를 향해 달려갔다.

"블랑슈?"

아드리앙의 목소리를 듣고 그녀는 눈물을 흘리며 무너져 내렸다.

"블랑슈, 다 잘됐다. 끝났어."

"어디 있어요?" 그녀는 흐느끼며 간신히 더듬더듬 말했다.

"엘리베이터 안이야. 곧 가마. 열쇠를 찾아서 문을 열어 보렴, 그래 주겠니? 날 위해 할 수 있겠지?"

블랑슈는 그것이 무슨 의미인지 알았다. 세드리크가 열쇠를 청바지 주머니에 넣는 것을 보았던 것이다.

"못 하겠어요." 그녀는 작은 소리로 말했다.

"할 수 있고말고! 벌써 백 번이나 했잖니! 이런, 넌 청소부 아니냐!"

누군가 문을 두드리는 소리에 그녀는 비명을 지르기 시작했다.

"진정해라, 나다! 도착했다. 이제 네가 문을 열어 줘야 해. 알겠니?"

❖

탈진 상태가 된 블랑슈는 범죄 현장 청소를 아드리앙에게 맡겼다. 그녀는 그가 시체를 싸서 거실 한복판에 두는 것을 보고 놀랐다. 아드리앙은 다른 사람이 처리하러 올 거라고 설명했다.

모르세르프로 가는 길에서, 아드리앙은 어떻게 마담 클로드를 설득해 제거 대상을 바꾸기로 했는지 이야기했다.

"너와 이야기한 직후에 그녀에게 전화했다." 그가 말문을 열었다. "상당한 거액을 제시했지."

"그게 다예요?" 블랑슈는 놀랐다. "그저 돈 때문에 다른 편에 서기로 했다고요?"

"그 여자는 무엇보다도 사업가니까!"

"수락하리라는 걸 어떻게 알았어요?"

"난 이 모든 일 배후에 그녀가 있으리라고 확신했어. 마리옹 팔랭이 그런 주소록에 접근할 수 있을 리가 없었거든. 난 그녀의 수하들 중 하나, 내 신세를 진 적 있는 오래된 지인에게 연락했지. 그는 내가 두려워하던 일이 사실임을 확인시켜 주었지만 날 도울 순 없었단다. 그가 내게 선뜻 말해 준 것은, 황태후가 오늘 아침부터 미친 듯이 격노해 있다는 게 전부였어. 마리옹이 그녀에게 연락해 앞으로 그녀 밑에서 일하지 않겠다고 통보했거든."

"그러고는요?"

"그리고 나는 그 정보를 어떻게 이용해야 할지 오늘 밤에야 알게 되었단다. 마담 클로드가 마리옹을 방해하는 일이라면 기뻐할 걸 알았거든."

"연락을 받고 놀라지 않았어요? 그것도 마침 오늘 밤에?"

아드리앙은 도로에서 눈을 떼지 않은 채 어깨를 으쓱했다.

"중요한 건, 그녀가 수락했다는 거지." 그는 그렇게만 대꾸했다. "자기가 거느린 최고의 저격수를 보냈어. 우리 둘은 맞은편 지붕 위에서 널 관찰했어."

"그동안 줄곧 날 보고 있었으면서 아무것도 하지 않았단 거예요?"

"거기 있은 지 오 분밖에 안 됐다!" 그가 역정을 냈다. "샤를이 기회를 잡자마자 쐈지."

"샤를?"

"네 구원자. 나중에 고맙다고 해라."

블랑슈는 너무나 피곤해서 정보들을 제대로 소화하지 못한 채 받아들였다. 꼭 집어 말할 수는 없지만 뭔가가 마음에 걸렸다.

"마담 클로드에게 얼마 줬어요?"

"그게 중요하냐?"

"그냥요, 알고 싶어요."

"그녀가 우리에게 해 준 일에 비하면 많지도 않아!"

"그리고 그녀가 곧장 받아들였다고요?"

"말했잖니, 마리옹 덕분에 일이 쉬워졌다고."

"이상해요."

"뭐가 말이냐?"

"마리옹은 마담 클로드가 곱게 받아들이지 않으리란 걸 알았을 거예요. 내가 그 입장이라면, 스물네 시간을 기다렸을 텐데요."

"내가 무슨 말을 하겠니? 네가 그녀 입장이 아니었던 게 우리에겐 다행이지 뭐냐!"

차 안에 정적이 내려앉았다. 블랑슈는 더 이상 하품을 참을 수가 없었다.

"녹초가 된 모양이구나." 아드리앙이 그녀를 흘끗 보며 말했다. "좀 자야겠다. 도착하면 깨워 주마."

블랑슈는 그에게 다른 질문들을 하고 싶었다. 어떻게 해서 이렇게 신속하게 모든 일을 바로잡았는지 알고 싶었다. 혹은 마리옹 팔랭이 이 사건 전체의 주모자였다는 것을 어떻게 알았는지도. 그리고 반지 문제도 있고…

하지만 잠을 이길 수 없었다.

56

블랑슈는 깨어나서 지난 몇 시간이 꿈이었음을 알게 될까 무서
웠다. 세드리크는 죽지 않았고 그녀는 안전하게, 아드리앙의 집 자
기 침실에 있는 게 아닐까 봐. 커피 향기에 모든 두려움이 사라졌다.
그녀는 여전히 눈을 감은 채 미소 지었다.

아드리앙은 그녀에게 5성 호텔급 아침 식사를 준비해 두었다. 식
탁에는 그릇 하나와 접시 하나를 놓을 자리만 겨우 남아 있었다. 블
랑슈는 프렌치토스트와 팬케이크 사이에서 고를 수 있었다. 반숙
달걀, 과일 샐러드, 각종 빵도 있었다. 반사적으로 아드리앙이 간밤
에 잠을 자지 못했을 거라 여겼다가, 벽시계를 보고 벌써 정오임을
깨달았다. 시곗바늘이 한 바퀴 도는 동안 아무런 악몽에도 시달리
지 않고 잤던 것이다.

아드리앙은 집 안에 없었다. 그녀는 연거푸 그를 불렀지만 돌아오는 대답은 침묵뿐이었다. 서둘러 현관문으로 갔을 때 아드리앙이 장작과 잔가지를 한 아름 안고 나타났다. 그는 그녀에게 미소를 지었고 블랑슈는 울먹이기 시작했다.

"내 얼굴이 그렇게 더러우냐?" 그가 그녀의 이마에 입맞춤하며 말했다.

그녀는 눈물이 맺힌 채 웃음을 터뜨렸다.

블랑슈의 식욕은 채워질 줄을 몰랐다. 그녀는 멈출 수 없이 앞에 놓인 전부를 집어삼켰다. 아드리앙은 재미있어했다. 그는 한 입 먹을 때마다 숨을 쉬라고 엄포를 놓았지만 블랑슈는 그럴 겨를이 없었다. 아무리 짧은 휴식으로도 이 순간을 방해받고 싶지 않았다.

아드리앙은 그들이 나눠야 할 대화를 먼저 시작할 사람이 아니었다. 그녀는 그 타이밍이 자기에게 달려 있다는 것을 알았다. 전날에는 머릿속에서 질문들이 들끓었다. 지금은 과연 답들이 필요한지 알 수 없었다. 그 일은 끝났다. 아드리앙과 그녀는 위험에서 벗어났다. 그녀가 잠자리에 들기 전 그가 그렇게 말했다. 다시 말해, 마리옹 팔랭의 운명은 결정되었다는 뜻이었다. 그녀는 마담 클로드에게 등을 돌렸고, 그건 황태후가 처벌 없이 넘어가지 않을 대역죄였다. 블랑슈는 판결이 사형일까 궁금했다. 그 생각을 하면 편치 않은 기분이었지만, 어차피 누가 그녀의 의견을 물은 것도 아니었다. 그 앙갚음은 그녀와 상관없었다.

블랑슈는 여전히 마리옹이 무엇 때문에 목표를 눈앞에 두고 그렇게 자기 계획을 망쳤는지 이해할 수 없었다. 마리옹은 마담 클로드를 알았다. 그녀 밑에서 거의 오 년간 일했다. 그녀가 무자비하게 대응하리라는 것을 알았을 게 틀림없다. 어쩌면 대응이 그렇게 신속하리라고는 예상치 못했을 수 있다. 세드리크가 일정을 준수하지 않았을지도 모른다. 그날 더 일찍 블랑슈를 죽여야 했었는지도. 그 생각에 그녀는 숟가락을 내려놓았다. 아무 걱정 없이 행복하던 아침 식사 시간은 끝났다.

"마리옹은 마담 클로드에게 등을 돌리면 자기 생명이 위태로워질 것을 알고 있었어요!" 그녀는 느닷없이 말했다.

"물론이지." 아드리앙이 대답했다.

"그렇다면 왜 그랬을까요?"

"나도 같은 의문이 들었다."

"그래서요?"

"그리고 난 의문을 뒤집어 보았지. 네 생각엔, 마리옹이 복수를 완수하고 나면 어떻게 할 예정이었을 것 같니?"

"제가 어떻게 알아요!"

"생각해 보렴. 그녀는 그 순간을 오 년간 기다렸어."

"몰라요. 여기서 멀리 떠나 세드리크와 완벽한 사랑을 하겠죠!" 블랑슈는 진절머리를 내며 그렇게 말했다.

"정말 그렇게 믿니?"

"아뇨." 그녀는 진지하게 인정했다. "마리옹은 더 이상 사랑을 할 수 없었을 거예요."

"내 생각도 그렇다. 오늘부터 그녀에겐 뭐가 남을까?"

블랑슈는 아드리앙이 무슨 말을 하려는지 이해했다. 마리옹은 자기 계획의 최종 단계를 준비해 두었다. 그녀에게 복수로 이익을 볼 마음은 전혀 없었다. 마담 클로드는 그녀를 죽여야 했다. 그렇게 함으로써 모든 것이 완수되어야 했다. 블랑슈는 세드리크가 알고 있었을까 의심스러웠다.

"다른 궁금한 것들도 있겠지."

아드리앙은 팔짱을 끼고 기다렸다.

"너무 많아서 어디서부터 시작해야 할지 모르겠어요." 블랑슈가 대꾸했다.

그는 일어서서 커피 한 잔을 가지러 갔다. 돌아와서 자리에 앉았을 때 그의 얼굴은 주름이 더 깊어 보였다.

"내가 도와주마. 네 엄마가 왜 반지에 그런 문구를 새겼는지 알고 싶겠지?"

"괜찮은 시작 같네요."

아드리앙은 눈을 감고 숨을 길게 내쉬었다. 블랑슈는 그를 재촉하려 들지 않았다.

"네 엄마의 정신착란이 점점 빈번해졌어. 그녀는 그 이야기를 깊이 하길 거부했고 치료라면 어떤 것이든 더더욱 거부했지. 어쨌든 별다른 도리가 없었어. 병은 퇴행성이었고 계속 악화될 뿐이었으니까. 하지만 그건 너도 이미 알고 있겠지."

블랑슈는 고개를 끄덕였다. 아드리앙이 본론을 벗어날까 두려워 끼어들고 싶지 않았다.

"한번은 발작이 유난히 난폭했어." 그는 눈을 내리깔고 말했다.

"나는 전혀 대비하지 못했기 때문에 어떻게 대응해야 할지 알 수 없었다."

그는 머리를 긁적였는데, 뭔가 마음에 걸리는 게 있다는 신호였다.

"전 알아야만 해요." 블랑슈는 부드럽게 말했다.

"네 엄마가 내 머리에 재떨이를 던졌어. 유리로 된 재떨이를."

"그래서 아드리앙은요? 어떻게 했어요?"

"그 순간에는 아무것도 하지 않았어. 재떨이는 빗나갔고 나는 너무나 충격을 받아 꼼짝하지 못했다. 그래서 그녀는 더욱 흥분했지. 내게 달려와 마구 때렸어. 나는 그녀의 팔을 막을 수 없었고 결국 따귀를 때리고 말았어. 세게. 그녀가 쓰러질 정도로 세게."

블랑슈는 의연하게 양아버지의 말을 들었다. 그녀는 세드리크가 했던 말을 되새겼다.

"그래서 결혼하자고 한 거예요? 용서를 구하는 의미로?"

"그랬던 것 같다. 그때까지 난 단 한 번도 여자를 때린 적 없었어. 그랬다는 사실에 괴로웠다. 한편 네 엄마도 자기가 너무 심했다는 것을 알았어. 그 반지는 날 용서하지만 잊지는 않았다는 걸 전하려던 거야."

"그런데 제가 그 일과 무슨 상관이죠?"

아드리앙은 어리둥절해서 그녀를 보았다.

"'절대 그녀에게 손대지 마'." 블랑슈는 읊었다.

"그건 별거 아니야!"

"별거 아니라고요?" 블랑슈는 숨이 막혔다.

"화내지 말아라. 네가 생각하는 그런 게 아냐."

"그러니까 어떻게 생각해야 할지를 전혀 모르겠다고요!"

아드리앙은 두 손으로 얼굴을 문지르더니 항복했다.

"네가 우리 다툼의 원인이었거든."

블랑슈가 예상치 못했던 말이었다. 그다음이 두려웠다.

"난 우리 관계가 제자리걸음이라고 느꼈어." 아드리앙이 말을 이었다. "하지만 내가 그 말을 꺼낼 때마다 네 엄마는 이대로가 낫다고 했어. 내가 들어가 함께 살게 되는 걸 네가 이해 못 할 거라고."

블랑슈는 어머니의 생각이 옳았는지 알 수 없었다. 그녀는 그 질문을 한 번도 한 적 없었다.

"넌 거의 열아홉 살이었어. 난 너를 내보내고 아파트를 하나 구해 주자고 제안했지."

블랑슈는 아무런 반응도 하지 않았다.

"네가 싫어서 그랬던 건 절대 아니다!" 아드리앙이 즉시 변명했다. "난 그저 카트린이 우리 관계에 기회를 주길 바랐어. 아니면 네 얘기가 핑계였다는 걸 제대로 인정하든지."

"그래서 엄마는 뭐라고 답했어요?"

"재떨이가 그 대답이었지."

블랑슈는 그 장면을 그려 보며 미소를 억누를 수 없었다.

"왜 한 번도 그 얘길 해 주지 않았죠?"

"뭐? 내가 널 치워 버리려 했다거나 네 엄마를 때렸다는 얘기를 말이냐?"

블랑슈는 무슨 뜻인지 이해하고 고집하지 않았다. 그 이야기는 과거에 속했다.

57

아드리앙과 블랑슈는 대화를 계속하기 위해 거실에 자리 잡았다. 블랑슈는 지난 며칠의 여파를 느끼기 시작했다. 완전히 마음이 가라앉기까지는 아직 많은 답이 부족했다. 아드리앙은 그녀가 질문하기만을 기다리고 있었다. 그는 나흘 전 그들이 창고를 떠난 이후로 자신이 겪었던 일을 자세히 이야기했다.

블랑슈가 상황을 다르게 보기 전에 짐작했던 대로, 아드리앙은 몇 시간 혼자 있을 필요를 느꼈다. 스카프, 백지 카드, 잘린 손가락, 그 모든 발견으로 그는 몹시 뒤흔들렸다. 그는 가는 길에 멈춰서 새 발전기를 구입한 다음 일부러 시골길을 헤매며 설명을 찾았다. 마침내 그가 돌아오기로 결심했을 때, 블랑슈는 집에 없었고, 사냥개의 시체도 없었다.

"네게 문자 메시지를 보냈지." 그가 이야기를 뒷받침하려 말했다.

"시체를 어떻게 했니?" 블랑슈가 확인했다. "정말로 제가 시체를 처리했다고 믿었군요."

"네가 문제를 혼자 해결하려는 줄 알았지. 그래서 걱정이 됐다."

그의 대답이 너무나 단순했기에 블랑슈는 후회가 들었다. 메시지를 읽었을 때 자기 반응이 어땠는지 정확히 기억났다. 그녀는 거기서 공격적인 어조를 읽었다. 분명히 드러난 비난을. 이제는 그렇지 않다는 것을 깨달았다.

"그런 거라면, 왜 제 전화를 받지 않았죠?"

"어떤 남자가 그 직후에 내게 전화했어. 너와 함께 있다고 하더구나. 너는 시체를 처리하는 중이라 내게 전화를 걸 수 없는데, 냉동고에 흔적을 남겼다고 걱정하고 있다고 했어. 내가 전부 청소하고 네 아파트에서 너와 만나야 한다고."

"누군지 물어보지 않았어요?" 블랑슈가 놀랐다.

"자기 이름을 말하면서 내가 자기를 모를 거라고 했지. 나는 다른 질문들을 하고 싶었지만 그러기도 전에 그가 전화를 끊었어. 불안해하는 것 같더구나."

"그 이름이 뭐였는지 기억하세요?"

"알랭 파네스."

마리옹이 메일 주소를 만드는 데 썼던 가명이었다. 그녀가 누군가를 시켜 그 전화를 걸게 했음이 분명했다. 세드리크일 리는 없었다. 그 순간 그는 블랑슈와 함께 있었으니까. 어쩌면 캉탱일지 몰랐다. 마리옹이 마담 클로드의 부하들 중 하나의 도움을 받았다면 모를까. 지금은 더 이상 중요하지 않았다.

블랑슈가 사는 건물 앞에 도착해서야 아드리앙은 휴대전화가 없다는 것을 깨달았다. 블랑슈가 자기가 발견했다고 말하기까지 그는 집에 두고 온 줄로만 알았다.

"내가 은퇴하길 잘했다는 증거지." 그가 서글프게 말했다. "청소 현장에 나 자신의 단서들을 흘리기 시작한다면…."

"세드리크의 집에서 일한 걸 봤을 땐 감을 하나도 안 잃었는걸요!"

아드리앙은 미소로 고마움을 표하고는 한층 심각한 얼굴이 되었다.

"집 앞에 도착했을 때 난 네게 골치 아픈 일이 생겼다는 걸 알아차렸다. 내가 건물에 들어가기 전에 창문부터 살펴보는 습관이 있는 거 알지."

"알아요."

"빛줄기만이 보였어. 상당히 강력한 손전등에서 나오는 빛이었지. 당장 걱정하고 싶지는 않아서 올라갔어. 네가 사는 층에 도착하자, 문에 귀를 갖다 댔지. 누군가 네 집을 뒤지고 있는 게 분명했어. 앞서 했던 전화 통화가 떠올랐지. 그건 너답지 않았어. 네가 그런 메시지를 내게 전하라고 할 만큼 누군가를 신뢰할 리는 결코 없으니까."

아드리앙은 발끝걸음으로 계단을 도로 내려왔다. 그는 차 운전석에 앉아 끈기 있게 기다렸다. 십오 분이 지나자, 온통 검은색으로 차려 입은 남자가 큰 운동용 가방을 들고 건물에서 나왔다. 확실히 해두기 위해 아드리앙은 창문을 힐끗 쳐다보았다. 빛줄기는 사라졌다. 그는 차를 타고 미행하다가 15구의 보그르넬 구역 중심부에서 놓치고 말았다.

"마담 클로드가 사는 곳이예요!" 블랑슈가 끼어들었다.

"그때는 몰랐지만 나도 나름의 조사를 했지."

"그렇게 해서 그녀가 모든 일의 배후에 있음을 알아냈군요!"

아드리앙은 고개를 끄덕여 긍정했다. 그다음에 대해서는 그리 길게 이야기하지 않았다. 그가 주변 여기저기서 묻고 다닌 질문들이 끝내 마담 클로드의 귀에 들어갔다. 그는 몸을 숨겨야 했고 블랑슈를 더 큰 위험에 빠뜨리고 싶지 않았다. 그는 몇 가지 짐을 챙기러 집에 돌아갔다. 사냥개가 기다리고 있었다. 아드리앙을 제거하기 위해서였다. 아드리앙은 옛일을 생각하라며 그의 마음을 돌리려 했지만 헛일이었다.

"그 순간 난 다음이 네 차례라는 걸 알았지." 아드리앙이 떨리는 목소리로 말했다. "그러도록 놔둘 수는 없었다!"

"그래서 그를 때려눕히고 칼로 죽였죠, 맞아요?"

"그렇단다."

블랑슈는 어느 정도 자부심을 느끼지 않을 수 없었다. 사건이 일어났던 그대로 현장을 그려내는 데 성공했으니 말이었다.

"그리고 반지, 반지를 우리 집 냉장고에 넣어 두신 거죠! 제가 아드리앙 집으로 가서 사냥개를 발견하라고요."

"네가 이해할 줄 알았지."

블랑슈는 미소를 띠었다가 폐에서 거북함을 느꼈다. 뭔가 숨 쉬기 어렵게 하는 게 있었다. 정체를 알 수는 없지만 정신적 문제가 신체적으로 발현된 것임을 아는 고통. 본능이 그녀의 경계를 발동시

컸다. 양아버지를 그토록 속속들이 꿰뚫어 보았다는 만족스러움은 사라졌다. 실제로, 아드리앙이 그녀에게 준 정보는 거의 없었다. 그는 그녀가 제시하는 바를 수긍할 뿐이었다. 그녀는 그를 관찰했고 갑자기 거북함이 어디서 오는지 알아차렸다. 이야기를 시작했을 때부터, 아드리앙은 쉬지 않고 머리를 긁적였다. 왜 이렇게 자신이 없지?

블랑슈는 눈을 감고 그의 설명을 하나씩 짚어 보았다. 조금 거리를 두고 보니 아드리앙의 이야기에는 아예 말이 안 된다고 할 수는 없어도 일관성 없는 부분이 많았다. 블랑슈가 시체를 처리 중이라는 말을 남을 시켜 전할 거라고, 어떻게 한순간이라도 믿을 수 있었을까? 아드리앙이 그런 상황에서 모르는 이의 전화를 신뢰할 리 없었다. 그녀는 또 그에게 곧바로 전화를 걸었던 것, 그것도 여러 차례 계속 시도했던 것도 기억났다. 그가 냉동고에서 휴대전화를 잃어버리기까지는 어느 정도 시간이 분명 있었다. 왜 전화를 받지 않았을까?

다른 부분들도 모호했다.

그가 그녀 집에 침입한 남자를 미행해서 마담 클로드가 모든 일의 뒤에 있었음을 알게 되었다고 치자, 그다음 날들엔 무슨 일이 있었던 걸까? 왜 아드리앙은 그 부분을 얼버무리려는 것일까?

마담 C는 사냥개를 알 리 없었다. 그 킬러는 그녀와는 다른 세상에 속했다. 블랑슈에게는 아드리앙이 놀라지 않는 것이 이상했다.

마찬가지로, 그는 마리옹 팔랭이 청부 살인의 의뢰인이었다는 것을 어떻게 알았는지 설명하지 않았다. 그녀가 세드리크의 아파트에 갇혀 있을 때 그 이름을 처음으로 꺼낸 것은 그였다. 그는 나중에 설명하겠다고 했지만, 그럴 마음이 있어 보이지 않았다.

마지막으로, 어머니의 스카프가 있었다. 이 모든 일과 아무런 상관이 없는 장신구. 그가 잊을 수 없었던 물건.

"그럼 스카프는요?" 그녀는 싸늘하게 물었다.

"스카프가 뭐?"

"'스카프가 뭐'라니 무슨 말이에요? 그게 왜 가방 속에 있었는지 궁금하지 않아요? 특히 사냥개가 어떻게 그게 엄마 거라는 걸 알았는지?"

"최근에 난 다른 걱정거리들이 많았잖니, 생각해 봐라!"

아드리앙은 엄한 말투로 말했지만 블랑슈는 회피하는 그의 시선을 놓치지 않았다.

"그러니까 몰라도 아무렇지 않다는 거예요?" 블랑슈가 물고 늘어졌다.

아드리앙은 일어서서 등을 돌린 채 벽난로 불을 돋우며 대답했다.

"내가 무슨 말을 하길 바라니. 네 가설에 만족해야 할 것 같다! 사냥개가 창고를 뒤지다가 딱 하나만 이름표가 없는 상자를 발견했겠지. 그것이 우리에게 특별한 의미가 있음을 알아차렸을 거다."

"그런데 왜 가져갔죠? 무슨 목적으로?"

"내가 어떻게 알겠니!" 아드리앙이 돌아서며 화를 냈다. "내가 그를 죽이기 전에 물어보지는 않았다, 그게 알고 싶은 거라면! 우리에게 메시지를 보내고 싶었던 게지. 우리에게 경고한 거야."

블랑슈는 의심을 분명히 드러내며 눈썹을 치켜올렸다. 아드리앙은 그녀에게 맞섰지만 그녀는 그가 버티기 힘들다는 것을 느꼈다. 그녀가 계속 물고 늘어졌으므로 그는 버텨야만 했다.

"그럼 마담 C에게 준 돈은, 어디서 구했어요?"

"비상금이 좀 있었지." 아드리앙이 어깨를 으쓱하며 대답했다.

"얼마나 제시했어요?"

"그게 뭐가 중요하냐?"

"제겐 중요해요!"

"네가 알 필요가 있는 건, 마담 클로드가 널 평화로이 놔두리라는 것뿐이야."

"그렇다면 막대한 금액이 틀림없겠군요." 블랑슈가 대꾸했다. "제가 그녀에게 빚을 지기로 했었으니까요."

"그럼 이제 내게 빚을 진 셈이구나!" 아드리앙이 가벼운 투로 들리게 애쓰며 말했다.

"그러니까 제 빚이 얼마인지 말해 줘요!"

"바보같이 굴지 마라." 아드리앙이 성을 냈다. "그리고 그 질문들 좀 그만둘 수 없겠니? 너무 피곤하구나."

블랑슈는 몸을 쭉 펴고 이번에는 그가 그녀의 눈을 똑바로 바라보도록 했다.

"진실을 말해 주시면 그만두죠!"

58

아드리앙은 마치 평가하려는 듯이 블랑슈를 살펴보았으나, 그녀는 꺾이지 않았다. 그녀는 결국 그가 항복할 때까지 그의 시선에 맞섰다.

"피곤하게 구는구나, 블랑슈!" 그가 낮은 테이블 아래 있던 위스키 한 병과 잔 두 개를 집어 들며 말했다. "내가 더 이상 무슨 말을 하길 바라니! 내가 이 사건의 자초지종을 다 아는 건 아니란다. 내 대답으로 만족해야 해. 조금만 있으면 마리옹 팔랭은 이 세상 사람이 아닐 거고 마담 클로드에게 물어보는 건 네 자유야. 사냥개로 말할 것 같으면, 그가 무슨 생각이었는지 알기엔 너무 늦었다는 건 굳이 말할 필요도 없겠지."

"돈을 어디서 구했죠?" 블랑슈는 재차 물었다.

"말했잖니. 비상금이 있었다고."

"왜 거짓말을 해요?"

단언에 가까운 어조였다.

"거짓말이 아니다!" 아드리앙이 벌컥 화를 냈다. "언제부터 날 믿지 않게 됐니?"

블랑슈는 양아버지의 고집스러움을 이해할 수 없었다. 자존심 때문에 진실을 말하지 못하는 걸까?

"채무 관련 편지를 봤어요!" 그녀가 털어놓았다.

아드리앙은 타격을 입은 듯했다. 그의 표정은 긴장되고, 턱은 꽉 다물렸다. 블랑슈는 그가 반응하기를 기다렸다. 그가 반대 질문을 하기를. 그녀는 결코 그의 물건을 뒤진 적 없었고 그에겐 해명을 요구할 권리가 있었다. 그렇게 하지 않는다는 건, 그래 봐야 약간 시간을 버는 일밖에 안 된다는 걸 안다는 뜻이었다.

"네가 다 알고 싶다니 말하겠는데, 사실, 난 네 잘못들을 바로잡기 위해 빚을 져야 했다!"

말투는 얼음장 같고 시선에는 비난이 서려 있었다. 블랑슈는 주눅 들지 않았다.

"제 잘못들이라고요?"

"그래, 네 잘못된 판단들! 넌 그 여자애의 시체를 처리해선 안 됐어. 살인을 사고로 넘어가게 했어야지. 그 애의 부모님은 애도할 수 있었을 거고 이 모든 일은 일어나지 않았을 게다."

"제 목에 걸린 계약을 두고 협상하기 위해 그 돈을 빌렸다는 말씀이에요?"

"그 밖에 뭐겠니?"

블랑슈는 차디찬 기운이 온몸을 훑고 지나가는 것을 느꼈다. 아드리앙은 일부를 생략하거나 부끄러워서 거짓말을 한 게 아니었다. 그가 고의로 진실의 일부를 감췄음이 명백해졌다.

"날 병신 취급하는 거 그만둬요." 모든 감각이 사라져 가는 가운데 그렇게 말하는 자기 목소리가 들렸다.

"말 조심해라!"

"그만둬요!" 그녀는 소리쳤다. "그만하라고요, 알겠어요? 그 빚이 생긴 건 작년이었어요. 그러니 제가 그 일과 무슨 상관인지 설명해 보시죠!"

아드리앙은 아무 대꾸도 하지 않았다. 그는 마치 자기 소파에 앉은 낯선 여자인 양 그녀를 바라보았다.

"그거 알아요?" 블랑슈가 말을 이었다. "어쩌면 결국 맞는 말씀일지 몰라요. 이 사건의 완전한 전모를 알고 싶으면 마담 C에게 연락하는 게 낫다는 거!"

"어리석은 짓은 그만두렴!" 아드리앙이 끼어들었다. "그 여자를 상대하는 게 위험하다는 건 너도 나만큼 잘 알잖니."

"그럴지도 모르죠. 하지만 선택의 여지를 주지 않잖아요!"

블랑슈는 테이블에 있는 휴대전화를 잡으려 팔을 뻗었지만 아드리앙이 한층 빨랐다. 그는 휴대전화를 낚아채 자기 옆에 놓았다. 그것을 되찾으려 일어서려던 차에 블랑슈는 양아버지가 말하기로 결심했다는 것을 깨달았다.

"내가 했던 모든 일은 널 보호하기 위해서였다는 걸 이해해 줘야 한다."

하지만 블랑슈는 더 이상 그런 것에 신경 쓰지 않았다. 해결되지 않은 질문이 너무나 많아 어디서부터 시작해야 할지 모를 정도였다. 그녀는 지난 며칠을 돌아보고 자신을 쓰러뜨릴 뻔 했던 맨 첫 번째 사건에 대해 묻기로 결심했다. 이 혼란을 촉발한 방아쇠였던 요소.

"사냥개가 어떻게 스카프가 엄마 것이라는 걸 알았죠? 그걸 가방에 넣은 게 사냥개가 맞다면요."

"사냥개가 한 게 맞아." 아드리앙이 단숨에 술잔을 비우고 말했다. "하지만 모든 것을 알려면 더 멀리 거슬러 올라가야 한다."

블랑슈는 그런 대답은 예상하지 못했다. 그녀는 자기도 한 잔을 따르고 그가 이야기를 풀어놓길 기다렸다.

"일 년 조금 더 전에 누군가 네게 원한을 품고 있다는 걸 알게 되었어."

블랑슈는 입술을 깨물었다. 그다음 내용은 마음에 들지 않으리라는 짐작이 갔지만 들어야만 했다.

"정확히 누군지는 몰랐지만, 마담 클로드가 그 일에 끼어들기로 했다는 것은 알았지."

"왜 내게 말하지 않았어요?"

"네가 점점 약을 많이 먹고 있었으니까. 네 반응이 너무… 예측 불능이었어."

"전 잘 대처했을 거예요!"

"과연 그랬을지 의심이 드는구나! 어찌 됐든, 난 혼자서 문제를 해결하기로 결심했어. 나 나름의 조사를 했고 결국 마리옹 팔랭으로 이어졌지."

"정확히 어떻게 했어요?"

"아직 그 바닥에 연줄이 좀 있거든. 내가 동원할 수 있는 연줄을 다 이용했다."

"그렇다면 그녀였다는 걸 내내 알고 있던 거예요? 그런데도 내게는 아무것도 말하지 않는 게 좋다고 생각했군요!"

"내 말을 끊지 말아 주겠니? 난 그 여자를 만났고 설득을 시도했어. 그러기 위해 많은 돈을 빌렸지. 그녀가 배상금으로 받아 주길 바랐거든."

"엔초 오르티니의 돈이요?"

아드리앙이 고개를 끄덕였다.

"더 이상 그 가족을 상대하고 싶지 않은 줄로 알았는데요."

"내게 그만한 금액을 그렇게 빨리 빌려주기로 승낙할 만한 사람을 많이 알지 못한단다, 어쩌겠니! 게다가 엔초는 그 부친과는 달라. 적어도 난 그렇게 믿었지."

목표에 가까워지자 블랑슈는 안달이 났다. 모든 것을 당장 알고 싶었다. 그럼에도 담담한 얼굴을 유지하려 애쓰며 아드리앙이 계속 이야기해 나가길 기다렸다.

"그래서 난 그 돈을 마리옹에게 제시했지만 그녀는 완강히 거부했어. 네가 자신에게 안겨준 고통에 대한 대가를 치러야 한다는 거였어. 그래서 난 협상했지. 난 네 목숨 대신 내 목숨을 제시했어. 그녀는 그 생각을 마음에 들어 했지만 네가 너무 쉽게 극복하지는 않을까 우려했지. 그녀가 너를 살려두도록 내가 찾아낸 유일한 방법은, 그녀를 도와 널 미치게 하는 거였어."

"그녀를 도왔다고요?" 블랑슈는 숨이 막혔다.

"그래." 아드리앙은 무표정하게 대답했다. "그리 어렵지 않으리라는 걸 알았지. 넌 그렇게 되기만을 기다렸으니까! 열아홉 살 때부터 너는 아주 사소한 증상도 걱정하며 동시에 그걸 바라고 있었어. 그 병은 너를 엄마와 가까이해 주는 최후의 연결 고리였으니까. 두 사람 사이가 여전히 이어져 있다는 것을 네게 증명해 주었으니까. 넌 그날이 닥치기를 기다리느라 인생을 전혀 설계하지 않았지."

"제 정신이 불안정해서 죄송하군요!" 블랑슈가 빈정거렸다.

"요컨대." 아드리앙은 여전히 같은 어조로 말을 이었다. "그 생각은 그녀의 마음에 들었고 우리는 함께 계획을 구상했어. 그 여자만큼 주도면밀한 사람은 본 적이 없다. 무엇 하나 우연에 맡겨두지 않았어. 사냥개에게 네게 임무를 제의하라고 시킨 건 우리야. 사냥개는 무료로 일하지 않으니, 마리옹은 자기가 보수를 지불하겠다고 약속했어. 그녀가 이미 내 뒤통수를 칠 계획이었다는 걸 당시에 난 몰랐지. 난 사냥개에게 네 엄마의 스카프를 주고 여행 가방 안에 슬쩍 넣으라고 했지. 카드와 잘린 손가락은 내가 직접 했고."

"누가 캉탱을 처리했어요?"

"그건 공동 작업이었어, 그렇게 부를 수 있다면. 마리옹이 네 집에서 약속을 잡았지. 캉탱에게 할 이야기가 있다고 했어. 과거의 감정을 묻고 화해하자고. 그 뒤로 다시는 귀찮게 하지 않겠다고 약속했지. 사냥개는 계단에서 그를 기다렸어. 나는 시체를 옮기는 일을 맡았고."

블랑슈는 모든 점을 하나씩 연결했다. 그녀는 자기가 음모의 한복판에 있었으며, 도움을 청하려 했던 모든 이들이 자신을 더 깊숙이 빠뜨리기만 했다는 것을 깨달았다.

"그런 거라면, 사냥개는 왜 아드리앙을 죽이려 했죠? 앞뒤가 안 맞아요!"

"내가 말했잖니. 마리옹은 미리 일격을 준비해 두었어. 그녀는 사냥개에게 가짜 임무든 캉탱 살해 건이든 보수는 신속하게 지불될 거라고 장담했어. 사냥개가 돈을 요구했을 때에야 나는 그녀가 내 이름으로 계약했다는 것을 깨달았지. 내가 그에게 지불해야 했던 거야. 그런데 내 빚의 상환 기한이 만료가 가까웠어. 오르티니의 빚을 갚지 못하거나 사냥개의 심기를 상하게 하거나 둘 중 하나였어."

"그래서 어떤 결정을 내렸어요?"

"코르네유적인◆ 선택은 전혀 아니었단다! 마리옹은 내가 사냥개에게 돈을 지불하지 않으면 우리의 계약은 파기되고 네 목숨은 다시 위험해진다고 경고했어. 나는 오르티니의 표적이 되는 편이 낫다고 보았지. 내가 두려워한 건 시간이 부족해지는 것뿐이었어. 그래서 마담 클로드에게 만남을 청했던 거다. 그녀에게 돈을 빌려 엔초 쪽을 해결하고 싶었거든. 그런 돌려막기는 임시방편밖에 안 된다는 걸 알았지만 나는 몇 주만 더 시간을 벌면 됐어. 계획은 거의 끝에 이르렀어. 복수를 마치면 마리옹은 널 평화로이 놔둘 거고 그 후에 내게 무슨 일이 생기든 난 개의치 않았거든."

"평화로이? 정신병원에서 말이겠죠?"

◆ 프랑스의 극작가 코르네유의 작품에서 유래한 말로, 그의 작품 속 주인공들은 종종 명예와 사랑처럼 대립적인 가치 사이에서 어려운 선택의 기로에 놓인다.

"그게 아니면 머리에 총을 맞고 죽는 거였다! 난 가능성들을 헤아려 봤어. 믿어 주렴, 그게 네게 제일 나은 선택지였단다. 난 네가 정신병원에서 나올 수 있을 거라 믿어 의심치 않았어! 의사가 한 번만 진찰하면 분명히 네가 미치지 않았다는 결론을 내리겠지. 물론의사는 네게 좋은 치료 요법을 따르게 할 거고, 우리끼리 얘기지만그건 네게 해롭지 않을 테니까."

"그러고도 밤에 잠이 오던가요? 정신병원 입원이 내게 이로울 거라고 생각하면서?"

"네 엄마가 우리 곁을 떠난 이후 난 잠을 못 잔다." 그가 심각한목소리로 말했다.

"눈물 한 방울도 안 흘려서 미안하군요!"

침묵이 내려앉았고 블랑슈는 다시 흥분했다.

"사냥개가 왜 아드리앙을 죽이려고 했는지 아직 말하지 않았잖아요!"

"의무 때문이었지." 아드리앙이 미소를 지으며 말했다. "난 그에게 보수를 지불했지만 오르티니 가문은 그에게 내 처형을 위임했지. 아이러니하지 않니? 그가 집에 들어오는 것을 보았을 때, 난 대번에 무슨 일인지 알았지. 그는 날 죽여야 한다는 게 괴로운 것 같았고, 거의 감동적이기까지 했어. 오르티니 가문은 언제나 그의 주요 고객이었어. 그는 임무를 피할 수 없었지. 나는 그에게 한잔 하자고 했어. 좋았던 옛날을 추억하며 마지막으로 한잔 하자고. 그는 승낙했어. 우리는 거의 반세기를 함께 지나왔지. 우리는 거실에 앉아이 위스키를 마셨단다. 나는 전혀 두렵지 않았고 원한은 더더욱 들

지 않았지. 우리는 대화를 나누었고 나는 마지막으로 그에게 내게
남은 약간의 돈을 제안하며 네 뒷일을 봐 달라고 했어. 그는 정중히
거절하며 어차피 네 운명은 스물네 시간 안에 결판날 거라 말했어.
난 마리옹이 결국은 널 죽이기로 결심했음을 깨달았지. 피가 거꾸
로 솟는 듯했어. 나는 그가 일어서서 내게 등을 돌릴 때까지 기다렸
다가 그를 때려눕히고 칼로 끝장냈지. 그다음에는 마리옹의 계획을
저지할 방법을 빨리 찾아내야 했어. 내가 아직 살아 있고 여기서 기
다린다는 것을 네가 알아차리도록 손가락과 반지를 남겨두었어."

"그렇지만 여기 없었잖아요!"

"네가 마리옹의 애인을 데리고 올 줄은 상상도 못 했지. 내겐 떠
나는 것밖에 선택의 여지가 없었단다."

"그리고 마담 클로드는, 어떻게 그녀를 설득해 나를 구하도록
했죠?"

"그 점은 거짓말하지 않았다. 난 마리옹의 판단 착오를 이용했지.
그녀가 황태후를 내치지 않았다면, 내겐 전혀 기회가 없었을 거다."

블랑슈는 여전히 목표가 그렇게 가까웠을 때 그렇게 위험한 적
수에게 등을 돌리기로 한 마리옹 팔랭의 결정을 이해할 수 없었다.
뭔가 마음에 걸렸지만 그녀는 거기에 대해서는 아는 것이 없다는
아드리앙의 말을 믿을 용의가 있었다.

전화가 울리는 소리에 아드리앙이 깜짝 놀랐다. 그는 전화를 받
았지만 한마디도 하지 않았다. 통화를 마친 그는 쓴웃음을 보였다.

"마담 클로드야. 우리에게 소식을 전하려는 거였다. 마리옹은 더
이상 위험이 못 돼. 그들이 자기 아파트에 있던 마리옹을 찾아냈지.

머리에 한 발. 총에서 아직 연기가 나고 있다는군."

아드리앙이 제대로 본 것이었다. 마리옹은 결코 복수를 마치고
즐길 생각이 없었다. 블랑슈가 위기에서 벗어났다는 것을 그녀가
알기는 했을까?

기진맥진해진 블랑슈는 더 이상 양아버지의 시선을 마주할 상태
가 아니었다. 그는 심각한 얼굴을 하고 있었고, 그녀가 위안의 말을
해 주길 기다리는 것이 분명했다. 블랑슈가 용서한다는 것을 보여
줄 말 한마디, 혹은 미소라도. 하지만 그건 지나친 요구였다. 오늘
밤은, 지금은 아니었다. 어쩌면 내일쯤. 그녀는 말없이 일어나, 아드
리앙을 위스키와 더불어 홀로 남겨 두었다.

59

블랑슈는 약 네 알을 먹기 전 오랫동안 머뭇거렸다. 그건 평소 복용량의 두 배였으나 그녀가 바라는 건 하나밖에 없었다. 잠드는 것. 할 수 있는 한 깊이 잠드는 것. 그녀는 사건들의 다음을 생각하고 싶지 않았다. 깨어나서 계단을 내려가 아드리앙과 눈을 마주치는 순간을 상상하는 것부터 막막했다. 그녀는 떠나야 했고, 자신의 작은 아파트로 돌아가야 했지만, 그러지 않았다. 달아나고 싶지 않았다. 다시는 돌아오지 않는 것이 가장 좋은 방법이겠지만 그녀는 진심으로 양아버지를 용서할 수 있기를 바랐다. 그의 의도가 선했다는 점은 의심하지 않았다. 그가 했던 모든 일은, 오직 그녀를 보호하려는 목적에서였다.

약 덕분에 눈을 감고 있을 수는 있었지만 휴식은 조금도 취하지 못했다. 블랑슈는 악몽과 기억 사이를 오갔고, 두 가지는 복잡하게 뒤엉켜 있었다. 무덤 속 어느 노파 곁에 누운 캉탱, 식탁에서 엔초 옆자리에 앉아 손가락이 잘린 손을 자랑스레 내보이는 사냥개. 목에 엄마의 스카프를 감고 열심히 핏자국을 지우는 아드리앙, 그리고 관자놀이에 구멍이 뚫린 채 목젖이 보이도록 크게 웃고 있는 마리옹 팔랭. 블랑슈는 꿈에서 달아나려고 애썼지만 약 때문에 깨어날 수가 없었다. 몇몇 생각들이 그 꿈의 미궁에서 길을 열기 시작했다. 왜 마리옹 팔랭은 자신의 계획에 자충수를 두었을까? 세드리크가 제 임무를 제대로 수행할 때까지 스물네 시간만 기다리면 충분했다. 스물네 시간, 그건 공들여 음모를 꾸미기 위해 필요했던 오 년에 비하면 아무것도 아니었다.

그녀는 또한 아드리앙과의 대화를 돌이켜 보았다. 그는 그녀의 눈을 똑바로 보면서 여러 번 거짓말을 반복했다. 그가 그럴 수 있으리라고는 생각도 하지 못했다. 일 년도 넘게, 그는 그녀의 등 뒤에서 일을 꾸몄고 그녀는 의심조차 하지 않았다. 아직도 그를 신뢰할 수 있을까? 열아홉 살 때부터 그녀는 그의 말이라면 덮어놓고 귀를 기울였다. 아드리앙은 어른들의 세상에서 그녀의 유일한 기준이었다. 모든 것을 의문시해야 할까? 그리고 엄마가 그에게 선물했던 반지는 또 어떤가. 그의 말이 진실이기는 할까?

블랑슈가 마침내 눈꺼풀을 들어 올리는 데 성공했을 때는 새벽 네 시였다. 남은 밤 동안 진실과 환상을 분류하느니 차라리 사색에 잠기고 싶었다.

그녀는 실내복을 걸치고 거실로 내려갔다. 커피가 필요했다. 일주일 전이었다면 분명 차를 준비했겠지만 그 음료와 그녀를 죽이려던 사람을 분리해서 생각하려면 시간이 좀 지나야 할 것 같았다.

집은 고요했다. 평소에 블랑슈는 그 생기 없음을 좋아하지 않았고, 다른 때였다면 피하려고 무슨 짓이든 했을 것이다. 오늘은 조용히 생각에 잠길 필요가 있었다.

그녀의 컴퓨터는 낮은 테이블 위에 있었다. 기계적으로 컴퓨터를 잡고 전원을 켰다. 시스템이 가동되기도 전에, 그녀는 무엇을 해야 할지 알았다. 마리옹 팔랭이 머릿속을 사로잡고 있었고 블랑슈가 그녀를 잊고자 한다면 그녀에 대해 더 많은 것을 알아내어 환상 속의 존재로부터 벗어나야 했다. 블랑슈는 그녀의 죽음에 대해 한 줄이라도 읽게 되리라고는 기대하지 않았다. 시신은 비밀리에 처리되었을 게 분명하지만 그래도 그녀의 인생에 대한 다른 정보들을 찾을 수 있길 바랐다.

메일함에 읽지 않은 메일 여러 통이 보였지만 단 한 통이 그녀의 주의를 붙들었다.

분별 있는 사람이라면 누구나 장난이라고 생각하겠지만 블랑슈는 그 메시지가 오리라는 것을 알고 있었다. 스물네 시간 전부터 기다리고 있었다. 마리옹 팔랭은 아직 끝낸 게 아니었다.

제목: 딱하고 작은 하얀 거위♦
발신: 알랭 파네스

♦ 프랑스어 거위oie에는 '바보'라는 뜻이 있고, 하얀blanche은 블랑슈의 이름이기도 하다. 마리옹이 블랑슈를 조롱하고 있음이 드러나는 대목.

수신: 블랑슈 바르자크

친애하는 블랑슈,

정말로 내가 목표를 눈앞에 두고 포기할 거라 믿었어?

그렇다면, 넌 내가 생각했던 것보다 훨씬 더 순진하구나.

내 죽음이 네게는 휴식이 되겠지. 항상 널 보호해 주었던 이에게 다시금 신뢰를 회복했을 테고. 난 네가 그런 마음 상태가 되기를 바랐어.

널 죽인다는 건 당치도 않았어. 널 죽이는 건 너무 쉽지. 너무 빠르고. 너무 친절해. 세드리크의 생각은 달랐지만 세드리크는 자기 총에 공포탄이 장전되었다는 걸 몰랐어. 네가 그렇게 자주 말하길 좋아하는 것처럼, 결국, 넌 우리의 아나이스를 죽이지 않았으니까. 그러니까 너에겐 그 처벌이 어울리지 않아.

아니, 넌 한 가족을 깨뜨리고, 우리를 미치게 만들었을 뿐이지. 결국 우리 중 한 사람이 견디지 못했을 정도로.

이젠 네가 그 시련을 겪을 차례야. 네 기준점들이 산산이 날아가는 것을 보고, 네 가족이 해체되는 것을 지켜볼 때야.

세드리크가 말했겠지만, 삼 년 전부터 나는 매일같이 널 도청했어. 첫해에는 헛수고라고 생각했지. 네 인생은 너무나 기복이 없어서 난 포기할 뻔했거든. 널 무너뜨릴 수 있는 공격 지점을 전혀 발견하지 못했으니까.

그러다가 네 양아버지가 날 찾아 냈어.

네가 모르고 있었다면, 앞으로도 새로 알게 될 일이 많을 거야. 좀 있으면 내가 보낸 편지를 받을 거야. 널 위해 분명 네 마음에 들 서류 하나를 편집해 놨어. 네 양아버지가 누가 음모를 꾸몄는지 알았을 뿐 아니라, 아주 열성적으로 참여했다는 걸 입증해 줄 거야.

그 얘기는 길게 늘어놓지 않을게. 네 멘토는 분명 온갖 말을 동원해 널 위해 한 일이었다고 널 설득하겠지만 말이야.

그가 늘 너에게 했던 말 아니야?

네 양아버지가 너와 네 엄마 정신 건강 이야기를 했을 때, 난 마침내 널 괴롭힐 수 있다는 걸 알았어. 그 생각은 지극히 내 마음에 들었지. 하지만 난 네 양아버지의 설명이 좀 빈약하다고 여겼어. 어쩌겠니, 너와 달리 난 맹목적으로 신뢰하는 걸 잘 못하는데.

지금쯤 너도 내가 각종 데이터를 다루는 걸 좋아한다는 걸 알겠지. 난 네 병에 대해 모든 걸 알고 싶었어. 그런데 아드리앙은 계속 회피했지. 그의 대답으로는 아무것도 알 수 없었어.

그래서 내 나름대로 조사에 착수했어. 참고 자료들을 뒤졌어. 논문들을 모조리 읽고 그 방면의 전문가를 여럿 만났지. 한마디로, 난 착실히 숙제를 했어. 넌 그러지 않았던 게 분명하지만.

놀랍게도, 알면 알수록 나는 이해할 수가 없었어. 잘못된 방향으로 가는 느낌이었지. 뭔가 놓치는 게 있었어. 그래서 난 조사를 더 밀고 나갔어. 시간이 걸렸지. 돈도 들었고. 하지만 지금은 장담할 수 있어. 그렇게 고생한 가치가 있다고.

내가 발견한 것과 너와 네 양아버지 사이의 대화 도청에서 난 많은 걸 알았어. 첫 번째는 아드리앙이 누구도 필적하지 못할 궤변론자라는 거야. 기회가 되면 내가 깊은 존경을 바친다고 전해 줘!

그 남자는 네 사고를 형성하는 데 성공했어. 그의 말이 강하면 강할수록, 너는 열심히 들어. 논거가 궤변이면 궤변일수록 넌 더 신뢰하고. 그가 널 너무나 잘 길들여 놔서 넌 더 이상 진실을 알려고도 하지 않지. 네가 어떤 설명을 제안하면 그는 그걸 갖다 쓰기만 하면 되니까. 난 정말 감동받았어!

네가 보이지는 않지만 네 혼란을 짐작할 수 있어. 아주 솔직히 말해, 난 몹시 기뻐!

하지만 난 네가 바보가 아니라는 것도 알아. 내가 말한 모든 것이 네 안의 어딘가에 울리고 있다는 것도. 삼 년 전부터 난 네 사생활을 감시했고 네 인생 전부가 거대한 의심에 지나지 않는다는 걸 알아.

그러니까 네게 이해할 '기회'를 줄게. 그래서 네가 괴로워하도록.

이 메일에 첨부 파일이 있을 텐데, 네 의문들에 대한 답을 꽤 많이 알려줄 거야. 난 진심을 다해 네가 결코 회복되지 못하길 소망해.

됐어. 할 말은 다 한 것 같네. 네가 내 딸이 어디 있는지 말해 줌으로써 선행을 한다고 생각했던 건 알지만 그럴 필요가 없어진 지 오래됐어. 딸의 곁으로 갈 거라고 여기는 게 더 좋아.

네가 오래 살기를 바라. 더 이상 믿을 사람이 아무도 없는 긴 인생을.

증오를 가득 담아,
마리옹 팔랭

60

블랑슈는 첨부 파일을 열고 싶지 않았다. 그러고 싶지 않았지만 선택의 여지가 없다는 것을 알았다. 마리옹 팔랭이 옳았다. 그녀의 인생은 의심에 불과했다. 내면 깊은 곳에서 그녀는 무엇인가가 행복해지지 못하도록 방해한다고 믿고 있었다. 자기 의지와 상관없는 어떤 요소가. 이제 진실을 마주할 시간이었다.

자신이 읽고 있는 게 무엇인지 깨달았을 때, 그녀의 주변이 점차 변했다. 거실은 이제 전혀 아늑한 고치 같지 않았다. 추위가 찾아들고 침묵은 귀를 먹먹하게 했다. 블랑슈는 더 이상 주변에서 아무것도 분간할 수 없었지만 그럼에도 모든 감각이 날카로워졌다. 감각이나 지각의 문제가 아니었다. 그녀가 읽는 것은 구체적이었고 그녀의 욕망들은 더 이상 정신을 왜곡할 수 없었다.

마리옹이 어떻게 그런 일을 해냈는지는 모르겠지만, 블랑슈의 눈앞에 놓인 것은 어머니의 검시 보고서였다. 그녀는 그것을 읽을 기회가 없었다. 카트린 바르자크가 사망했을 때, 아드리앙은 그러기에는 블랑슈가 너무 어리다는 판단에서 읽지 못하게 막았다. 나중에는 그 문서를 더 이상 열람할 수 없다고 말했다. 그리고 그녀는 그 말을 믿었다.

블랑슈는 읽으면서 어느 정도 거리를 두어야만 했다. 어머니의 모습을 떠올려서는 안 됐다. 그럴 때가 아니었다. 줄지은 전문 용어들을 해석하는 것에 그쳐야 했다. 대부분의 단어를 찾아봐야 할 거라 예상했으나, 그럴 필요는 없었다. 첫 문단은 명쾌하고 충분한 정보를 담고 있었다.

블랑슈는 어머니의 시신을 볼 수 없었다. 검시 이후에는 의무적으로 관을 봉인해야 했다. 그리하여 블랑슈는 어머니가 오른쪽 관자놀이에 총을 맞았다는 것을 처음 알게 되었다.

카트린 바르자크를 잘 알지 못하는 이에게는 그녀가 오른손잡이라는 데 의심의 여지가 없었다. 그녀는 늘 오른손으로 글을 썼다. 하지만 일상을 함께한다면 카트린 바르자크가 그 시절 대부분의 왼손잡이처럼 강제로 교정된 왼손잡이라는 것을 알 수 있었다. 카트린은 오직 글을 쓸 때만 오른손을 썼다. 나머지 모든 활동에서는 본성이 제자리를 찾았다.

법의학자가 이 특이점을 알았을 리 없었다. 기초 검증을 하러 왔던 경찰관들도 마찬가지였다. 그러려면 카트린 바르자크와 가까운 이가 그들에게 알려 주었어야 했다. 예를 들어 시신을 발견한 사람처럼.

블랑슈는 눈물을 참았는데, 그 눈물이 뜻하는 게 무엇인지 알 수 없었기 때문이었다. 그간 어머니를 오해했기 때문인지, 아니면 증오 혹은 안도를 느껴서인지. 아드리앙은 그녀에게 거짓말을 했고, 경찰에도 거짓말을 했다. 그 점은 더 이상 의심의 여지가 없었다. 그 발견은 어머니가 자살한 게 아니라는 뜻이었다. 어머니는 고의로 그녀를 버린 게 아니었다.

계단 발판이 삐걱거리는 소리를 들었을 때 그녀는 돌아보지 않았다. 그녀처럼, 아드리앙도 잠을 못 이뤘던 게 분명했다. 블랑슈는 어느 정도 만족을 느꼈다. 그를 대면하기 위해 날이 밝을 때까지 기다릴 필요가 없었으니까.

아드리앙은 커피 한 잔을 따르고 블랑슈 맞은편에 앉았다. 그의 얼굴에는 주름이 깊었다. 블랑슈는 그녀의 시선을 버티는 게 고작인 노인을 마주하고 있었다. 동정심은 전혀 들지 않았다.

그는 간신히 알아들을 수 있는 몇 마디를 중얼거렸다. 그녀는 상투적인 말을 주고받을 기분이 아니었다.

그녀는 컴퓨터를 붙잡고 화면이 그쪽으로 가도록 테이블 위에 놓았다.

"이게 뭐냐?"

"잘 알 텐데요! 전에도 본 적 있잖아요!"

아드리앙은 안경을 끼고 화면 가까이 다가갔다. 블랑슈는 그를 주의 깊게 관찰했고 양아버지가 정확히 어느 순간에 깨달았는지 알아냈다. 그의 눈에서 눈물이 보인 것 같았고 그녀는 고함을 질러대고 싶은 것을 참았다. 그에겐 고통을 드러낼 권리가 전혀 없었다. 그가 그녀에게 주어야 할 것은 진실이었다.

"내가 했던 모든 일은 널 위해서였다! 널 보호하기 위해서였어."

"이번엔 안 통해요!" 그녀가 내뱉었다.

아드리앙은 안경을 벗고 콧등을 꼭 쥐었다. 그는 기운이 하나도 없어 보였으나 블랑슈는 아랑곳하지 않았다. 그녀는 기다렸다.

"네게 진실을 말할 수가 없었어."

"그건 내가 판단해요! 당신이 죽였어요?"

"어떻게 그런 생각을 할 수 있니?" 아드리앙은 목이 메었다. "난 네 엄마를 사랑했다!"

블랑슈는 그 논거로는 부족하다는 것을 분명하게 드러내며 팔짱을 끼고 있었다. 아드리앙은 시선을 떨구고 마침내 이야기하기 시작했다.

"내가 처음 만났을 때, 네 엄마는 부동산 일을 하고 있었어. 매일 쉽지만은 않았지. 좋은 거래를 하는 날도 있었지만 두 사람의 생활 수준을 보장하기에는 충분치 않았어. 물론 내가 돕겠다고 제안해도 그녀는 거절했어. 자존심이 아주 강했거든.

난 그녀에게 내가 청소용품 회사에서 일한다고 말했어. 외판원이라고. 그래서 내가 며칠씩 나돌아다녀도 그녀는 이상하게 생각하지 않았지. 난 네 엄마를 정말로 사랑했단다, 알겠니! 어느 날 재정 상태가 위태로워지자 그녀는 내게 파트타임 일자리를 구해 줄 수 있느냐고 부탁했어. 하던 일을 그대로 유지하면서도 할 수 있는 일자리를. 그런 요청은 예상하지 못했던 터라 제대로 둘러대지도 못했지. 내 변명이 너무 형편없던 나머지 그녀는 내가 우리 회사에 그녀가 들어오는 걸 원치 않는다고 믿었어. 그녀는 몹시 언짢게 여겼지. 나는 그러다 괜찮아질 거라고 생각했지만 우리 관계는 악화되기 시작했어. 네 엄마는 날 피했어. 늘 핑계를 찾아내 저녁 약속을 미뤘지. 난 그녀가 날 떠나고 말 거라고 확신했어. 그래서 위험을 감수했지. 내 평생 가장 큰 위험을.

난 그녀에게 내가 먹고살기 위해 실제로 하는 일이 무엇인지 말했어. 네 엄마는 이번에도 내가 자기를 조롱하는 거라 생각했지. 난 그녀를 범죄 현장에 데려가는 것밖에 다른 수가 없었어. 그녀는 내가 피투성이 소파에서 얼룩을 지우는 걸 지켜보았어. 난 수치스러웠지만, 어느덧 그녀는 바닥에 엎드려 마룻바닥을 닦기 시작했어. 그날, 난 카트린이 내 평생의 여인이라는 걸 알게 됐지.

우린 더 이상 내 직업 얘기를 하지 않았지만 그녀는 내 재정적 원조를 받아들였어. 그녀의 수입은 점점 줄어들었고 내가 내 비밀을 나눌 만큼 그녀를 신뢰한다는 사실 때문에 약간 숙이고 들어오기로 했던 거야.

단 한 가지 내가 그녀에게 말하지 않았던 것, 게다가 너에게도 말하지 않았던 것은, 내가 청소 일만 하는 게 아니라는 거였어. 오르티니 가를 위해 몇 가지 더 까다로운 계약들을 수락해야 할 때가 있었지."

"어떤 종류의 계약인데요?"

"그들을 위해 살인을 했지."

블랑슈가 내용보다 형식에 대해 질문했으므로 그는 놀랐다.

"그 바닥과는 연을 끊은 줄 알았는데요."

"그 시절엔 아니었어. 그건 훨씬 나중 일이야."

그녀는 이 새로운 정보를 머릿속에 넣고 계속하라고 손짓했다.

"네 엄마가 죽기 몇 주 전, 앤초의 아버지가 내게 임무를 맡겼어. 난 위험한 서류들을 소지한 한 남자를 제거해야 했지. 임무는 상당히 단순했어. 문제의 남자는 먼 교외의 외딴 별장에 살았어. 집에는 경보 장치가 없고 혼자 살았지. 너도 알겠지, 복잡할 건 하나도 없었어. 나는 그의 집에 찾아가 밤이 되기를 기다렸다가 이층으로 올라갔어. 달빛이 방을 충분히 밝혀 불을 켤 필요가 없었지. 나는 두 발 연달아 쏜 다음 확실히 죽었는지 확인해 보았어. 침대에 있던 건 그가 아니었어. 나중에 알게 됐지만 방학 동안 그를 만나러 와 있던 그의 딸이었던 거야. 그 애는 네 나이였어. 그는 외출 중이었지. 딸에게 침실을 내주고 자기는 소파 침대에서 잤던 것 같아. 난 밤새도록 그를 기다렸지만 그는 돌아오지 않았지. 나중에 알고 보니 그는 내가 별장으로 들어가는 걸 봤어. 자기 딸을 구하려 하지도 않고 줄행랑을 친 거지. 난 시체를 처리했지만 잘못은 이미 저질러졌어. 죄 없는 아이를 죽였고 오르티니 아버지의 분노를 불러 일으켰지. 죽을 날을 받아 놓은 거나 마찬가지였어. 내겐 달아나는 수밖에 없었어. 하지만 그럴 수 없었지. 네 엄마 없이는. 그래서 난 그녀에게 모든 걸 말했어. 내가 무슨 일을 했고 그 결과가 어떨지를."

"엄마는 어떻게 반응했어요?"

"아무 말 하지 않았어. 우린 떠나야 한다고 말하자, 그녀는 생각해 봐야겠다고만 말했지. 일주일 후 그녀는 내게 반지를 주었어. 즉각 이해하지 못하는 내게 그녀가 설명해 주었지. 날 용서하지만, 그런 일들을 그만두어야 한다고. 자기에게 가장 중요한 것은 너이고 영원히 너일 거라고. 도주한다는 건 네 인생이 망가진다는 의미였어. 있을 수 없는 일이었지. 그녀는 또한 그 문구가 너일 수도 있었던 소녀를 죽였다는 사실을 내게 언제까지나 일깨우리라는 걸 알았어."

"그래서요?"

"그래서, 아무것도 하지 않았지. 네 엄마가 떠나기를 원치 않았으니, 나도 남았어. 그녀 곁을 떠날 수는 없었어. 그녀 없이 사느니 차라리 죽는 편이 나았지."

블랑슈는 하늘을 올려다보았다.

"언젠가는 너도 이런 사랑을 알길 바란다." 그가 온화하게 말했다.

"계속해요!"

"난 오르티니가 내 실수의 대가를 내게 치르게 할 줄 알았어. 잘못 생각했던 거지. 그 벌로는 그의 분노를 누그러뜨리기 부족하다는 걸 알았어야 했는데. 네 엄마와 난 새해 전날 밤을 함께 보내기로 했어. 내가 너희 아파트에 도착했을 때, 현관문이 열려 있었지."

아드리앙의 목소리가 쉬었으나 블랑슈는 더 들을 필요가 없었다. 그녀는 그다음을 짐작했다.

"누가 죽였어요?"

"누가 총을 쏘았냐, 그 말이냐? 난 모르지만 사냥개는 아니야."

"어떻게 확신할 수 있어요?"

"그가 그렇게 말했고 난 그를 신뢰하니까. 사냥개에겐 명예 규범이 있었어. 결코 거짓말하지 않았지."

"엄마의 복수를 하려 하지 않았어요?"

"복수? 누구에게 복수한단 말이냐? 오르티니? 책임이 있는 건 나다! 네 엄마가 죽은 건, 오로지 내 탓이야, 알겠니? 모든 행동에는 결과가 뒤따른다, 블랑슈. 내가 몇 번이나 말해야겠니?"

아드리앙은 화를 냈지만 블랑슈는 돌처럼 냉정했다. 그는 한층 차분하게 말을 계속했다.

"잘못을 바로잡기 위해 내가 할 수 있던 것이라고는, 널 맡아 돌보는 것뿐이었어. 네 엄마가 네게 바랐던 인생을 네가 살 수 있도록 하는 것."

"엄마의 죽음을 자살로 위장한 건 당신이죠?" 그녀가 물었다.

"그게 아니면 시체를 사라지게 해야 했어. 넌 엄마의 장례를 치르지 못했을 거고 평생 그녀가 돌아오기를 기다렸겠지."

블랑슈는 마리옹 팔랭의 메일을 떠올렸다.

"엄마는 결코 미치지 않았어요, 그렇죠?"

아드리앙은 고개를 저었다. 그는 더 이상 그녀와 눈을 마주치지 못했다.

"왜 내게 그렇게 믿도록 했죠? 그리고 왜 내가 미쳤다고 믿게 했어요?"

"네게 뭐라고 말해야 할지 몰라서 지어냈다. 돌아왔을 때 넌 너무나 큰 충격을 받았었기에 난 네가 감당할 수 있을 만한 설명을 찾아야 했어. 머리가 이상해졌고 돌이킬 수 없는 상태였다고 말한다면 네가 어머니의 행동을 한결 쉽게 받아들일 거라고 여겼지. 그 순간에는 깊이 생각하지 않았다. 네가 그녀의 병에 대해 알아보기 시작했다는 것을 알고, 나는 당황했어. 난 의사들이 정확히 진단하지 못했다고 말했지. 네가 증상에 대해 내게 질문할 때마다 나는 얼버무렸어. 내가 대답할수록 너는 더 끈질기게 물었지. 네가 유전 이야기를 꺼냈을 때에는 너무 늦은 뒤였어. 더 이상 돌이킬 수는 없었지. 네겐 나밖에 없었고 난 너를 실망시키고 싶지 않았단다."

"실망시켜요?" 블랑슈가 차갑게 되풀이했다.

"그녀가 내게 남긴 건 네가 전부였어." 아드리앙이 떨리는 목소리로 말했다. "너를 잃고 싶지 않았다."

"그럼 약들은요?"

"처음에는 널 진정시키기 위해서였어. 어떤 의사가 그게 널 가라앉혀 줄 거라고 말했거든. 기분이 제멋대로 날뛰는 게 덜할 거라고. 사춘기 때 넌 쉬운 아이가 아니었잖니."

"아마 엄마가 총으로 자살했다고 믿어서 그랬던 게 아닐까요?"

"당연하지." 아드리앙이 인정했다. "잘 대처할 수 있을지 자신이 없었던 내가 문제였어. 그래서 난 널⋯."

"백치로 만들었나요?"

"얌전하게 했지. 하지만 넌 빠르게 중독자가 됐어. 엄마의 병을 물려받았다고 너무나 굳게 믿은 나머지 넌 공황 발작을 일으키기 시작했지. 공황은 점점 더 격렬해졌어. 오직 약으로만 널 진정시킬 수 있었고."

"제가 정신적 문제 때문에 없던 신체적 증상까지 만들었다고 비난하는 건 아니겠죠?"

"아니고말고! 어쩌다 일이 이렇게 걷잡을 수 없이 잘못되었는지 설명하는 거야."

이른 시간이었음에도, 블랑슈는 테이블 위에 있던 위스키 병을 낚아채 병째로 한 모금 마셨다. 술기운이 확 올랐지만, 이제 세상의 어떤 약으로도 잊을 수 없을 것임을 그녀는 알았다.

에필로그

블랑슈는 봄의 첫날이 선사하는 햇살을 즐겼다. 공기는 아직 쌀쌀했지만 그녀는 폐 속 가득 공기를 들이마시고 도취되었다. 아직 다음 몇 주 동안 무엇을 할지 정하지 않았다. 그녀가 빌린 대서양 연안의 집은 일 년 내내 머무르기에는 너무 외떨어졌다. 그 집은 지난 넉 달 동안 은신처가 되어 주었지만, 블랑슈는 삶으로 돌아갈 필요를 느꼈다. 특별한 계획은 전혀 없었다. 레퀴르넷 & 아소시에의 활동은 중단했고 새로운 직업 경력을 향해 나아가는 일은 여름이 끝날 때까지 미뤄 두었다. 이력서가 화려하지는 않겠지만, 블랑슈는 처음으로 미래에 대한 자신감을 가졌다.

망명 생활을 이용해 그녀는 몸에서 약물의 영향력을 싹 몰아냈다. 유난히 힘든 날들도 있었지만 고립되어 있는 덕분에 아무도 모르는 가운데 과도기를 보낼 수 있었다. 그녀가 토하거나 떠는 모습을 볼 사람 없이. 설교나 무익한 격려의 말 없이. 블랑슈는 자신이 왜 그래야 하는지 알았고, 그녀 자신보다 더 동기 부여에 도움이 될 사람은 없었다.

다음 단계로 심리 치료를 받을 생각이었다. 힘든 결정이었지만 도움이 되는 일은 뭐든 해 보고 싶었다. 연말이면 그녀는 마흔 살을 맞이할 것이고 인생이 끝났다고 믿을 생각은 없었다. 마리옹은 이 승부에서 이길 수 없었다. 그녀는 아직 살날이 많았고, 온전한 정신으로 한껏 즐길 작정이었다.

파리를 떠나면서, 블랑슈는 모든 기술로부터 벗어났다. 더 이상 휴대전화도 컴퓨터도 없었다. 텔레비전조차 없었다. 자발적으로 세상과 연결을 끊었다. 세상에 동화되기 전에 스스로를 아는 법부터 배워야 했다.

그녀는 아드리앙이 어떻게 되었는지 알지 못했다. 블랑슈는 그가 속죄할 일말의 기회도 남기지 않았다. 대가는 그의 능력 밖이었으리라. 그는 그녀에게 연락을 시도했을지 모른다. 아니면 그녀를 찾아 프랑스를 누비고 다니거나. 그 생각이 머릿속에 스쳤지만, 결국 그녀는 무관심해졌다. 아드리앙은 더 이상 그녀 관심사가 아니었다. 아직 살아 있는지조차 확실하지 않았다. 사냥개에게 소식이 없었으니, 엔초 오르티니는 그를 처리하라고 다른 부하들을 보냈을 게 틀림없었다. 모든 행동에는 결과가 뒤따르는 법이다.

그녀는 종종 어머니를 다시 생각했다. 오랜 세월 동안 어머니를 향해 쌓았던 분노를. 후회가 들었지만, 그 감정도 결국은 희미해지리라.

블랑슈에게 긴 여정이 될 것이었다. 틀림없이 혼란스럽고.

마담 B는 아직도 청소할 것이 너무나 많았다.

감사의 말

지칠 줄 모르고 나를 지지해 준 내 사람들에게. 여러분은 내 힘이고, 영감의 원천입니다. 내 글에 들어가는 무서운 장면들을 말하는 건 아니에요, 당연하지만.

눈에 띄지 않는 곳에서 열심히 일하며 내가 이 경이로운 모험을 계속할 수 있게 해 주는 위고 스릴러의 팀 전원에게. 아르튀르, 베르트랑, 소피, 셀리아, 마리, 프란체스카, 프랑크, 시몽, 세실… 고마워요!

결코 인내심을 잃지 않고 나를 한 발 한 발 따라와 주는 소피 르 플루르와 베르트랑 피렐에게 특별한 감사를 드립니다. 경의를 표해요!

마지막으로 독자 여러분께 큰 감사를 드립니다. 여러분의 명랑한 피드백, 함께 나눈 감정들… 제 글쓰기에 최고의 동기부여가 되어 주시는 건 독자 여러분이에요!

추천의 말

블랑슈는 청소부다. 아주 특별한 청소부. 그녀는 죽은 사람들을 처리한다. 불행하게 살해된 사람. 복수를 당하고 죽은 사람. 왜 죽었는지는 모르겠지만 어쨌든 죽은 사람. 그녀는 그 시체를 치운다. 원한과 광기의 흔적을 지우고, 차갑게 식은 영혼을 말끔히 삭제한다. 그녀는 일류이고, 서른아홉 살이며 지난 십오 년간 92번의 청소를 했다. 그녀에 의해 완전히 사라진 92명의 사람들. 깨끗하게 지워진 누군가의 과거. 어떤 흔적도 남지 않은 현장.

하지만 정말 그럴까. 과거는 늘 되돌아오는 법이다. 아, 얼마나 매혹적인가. 그리고 얼마나 공포스러운가. 블랑슈는 과거는 모두 타인의 것이라고, 자신은 오직 청소를 했을 뿐이라고 변명하지만, 결코 부정할 수 없는 진실을 이미 알고 있다. 그들의 과거는 결국 그녀의 과거라는 것. 그들의 죄 위에 그녀의 죄가 겹쳐 있다는 것.

어느 날, 정말로 어느 과거가 그녀를 찾아온다. 오래된 기억을 끄집어낼 수밖에 없도록 만든다. 죄책감, 변명, 분노, 원망, 그리고 충격이 그녀를 사로잡는다. 블랑슈는 깨닫게 된다. 완벽히 청소했다고 믿었던 그 모든 곳들에, 언제나 자신의 마음을 조금씩 흘리고 돌아왔다는 것을. 이제 그녀는 책임을 져야 하고, 또 진실을 감당해야 한다.

　자, 이제는 어떻게 될까. 그녀는 과연 회복 '할' 수 있을까. 아니, 그녀가 회복 '되길' 진심으로 빌어줄 수 있을까. 이제 남은 청소는 읽은 자들의 몫이다. 블랑슈. 마담 B. 그녀의 과거를 나누어 가진 나와 당신. 새로운 청소부.

강화길(소설가)

범죄 청소부 마담 $\mathcal{B}$

초판 1쇄 인쇄 2024년 12월 4일
초판 1쇄 발행 2024년 12월 11일

지은이 상드린 데통브
옮긴이 김희진
펴낸이 김선식

부사장 김은영
콘텐츠사업본부장 임보윤
책임편집 김영훈 **디자인** 박영롱 **책임마케터** 배한진
콘텐츠사업2팀장 김보람 **콘텐츠사업2팀** 박하빈, 채윤지, 김영훈, 박영롱
마케팅본부장 권장규 **마케팅2팀** 이고은, 배한진, 지석배, 양지환
미디어홍보본부장 정명찬 **브랜드관리팀** 오수미, 김은지, 이소영, 박장미, 박주현, 서가을
뉴미디어팀 김민정, 고나연, 홍수경, 변승주
지식교양팀 이수인, 염아라, 석찬미, 김혜원, 이지연 **편집관리팀** 조세현, 김호주, 백설희
저작권팀 성민경, 이슬, 윤제희 **재무관리팀** 하미선, 임혜정, 이슬기, 김주영, 오지수
인사총무팀 강미숙, 이정환, 김혜진, 황종원
제작관리팀 이소현, 김소영, 김진경, 최완규, 이지우, 박예찬
물류관리팀 김형기, 김선민, 주정훈, 김선진, 한유현, 전태연, 양문현, 이민운

펴낸곳 다산북스 **출판등록** 2005년 12월 23일 제313-2005-00277호
주소 경기도 파주시 회동길 490
대표전화 02-704-1724 **팩스** 02-703-2219 **이메일** dasanbooks@dasanbooks.com
홈페이지 www.dasanbooks.com **블로그** blog.naver.com/dasan_books
종이 스마일몬스터 **인쇄 및 제본** 민언프린텍 **후가공** 제이오엘엔피
ISBN 979-11-306-6092-9 (03860)